BOWIE'S BOOKS

The Hundred Literary Heroes Who Changed His Life

デヴィッド・ボウイの人生を変えた100冊

ジョン・オコーネル 著
John O'Connell
菅野楽章 訳
Tomoaki Kanno

亜紀書房

Bowie's Books CONTENTS

デヴィッド・ボウイの人生を変えた100冊

凡例

・本文中のアルバム名・曲名は、原則として邦題を用い、アルバム名は『　』、曲名は「　」で表している。
・書名は、邦訳のあるものは邦題を用いている。未訳のものは原題を用い、適宜、訳を付している。
・引用文の翻訳は、特に明記した箇所を除き、訳者による。適宜、既訳を参考にしている。
・［　］は原著者による補足、〔　〕は訳註を示す。

はじめに

1975年7月、棒のように細い身体で、重度のコカイン中毒に陥っていたデヴィッド・ボウイは、『地球に落ちて来た男』の撮影のためにニューメキシコに到着した。28歳の彼はこの映画の主人公、宇宙からの使者トーマス・ジェローム・ニュートンの役に選ばれていた。監督のニコラス・ローグがBBCのドキュメンタリー*Cracked Actor*（気のふれた男優）で彼を見て、その浮世離れした異質な雰囲気に魅了されていたのである。

撮影現場で、ボウイは皆を驚かせた。真面目かつ精力的で、楽しそうにクルーと雑談したり、共演者のキャンディ・クラークとセリフを読み合わせたりしていたからだ。また、撮影中はドラッグをやらないと、なかなか大それた約束をした。そのため、出番でないときは自分のトレーラーにこもり、害のない気晴らしにふけっていた。その気晴らしとは、読書である。

幸い、読むものはたくさんあった。『サンデー・タイムズ』紙の記事にはこう書かれている。「ボウイは飛行機嫌いであるため、米国内の移動には主に鉄道を使うが、その際、携帯書庫とも言うべきものを特別なトランクに入れて運んでおり、そこには彼の蔵書がきれいに並べられている。ニューメキシコでは、彼の目下の関心事であるオカルトの本が大部分を占めていた」。この携帯書庫には1500冊〔400冊ともいわれる〕の本が収められていた。のちにクラークは、『地球に落ちて来た男』の撮影中にボウイは「本当にたくさん読んでいた」と語っているが、「たくさん」どころではなかったようだ。
時は流れ、2013年3月……ヴィクトリア&アルバート博物館（V&A）の企画展『デヴィッド・ボウイ・イズ』がロンドンで開催された。絶賛を浴び、空前のチケット売り上げを記録したこの回顧展は、衣装、絵画、直筆歌詞、ミュージックビデオの絵コンテなど、約500点の品が展示されたものだ。その後世界各地を巡回し、5年後にニューヨークのブルックリン美術館で幕を閉じるが、ロンドンの次の開催地となったオンタリオでのオープニングに際して、V&Aはリストを公開した。ボウイ自身が、生涯に読んできた何千冊もの本のなかから、最も重要で、影響が大きいと考えた100冊の本――厳密な意味で「お気に入りの本」というわけではない――のリストで、本書のもとになったものである。

これらの本は、最初のロンドンでの展示でも、一部が天井から吊るされるかたちで紹介されていた。しかし、リストはすぐに拡散し、訝しむコメントが飛び交った。その多くは、つまるところ、えっ、デヴィッド・ボウイがそんなに本を読んでたなんて知ってた？ということだ。これはおかしなことだった。何しろ、ボウイは長年にわたって本好きを公言していたのだから。インタヴューを通してだけでなく、遠回しに、自身の作品や、世間に見せてきた多様な仮面を通しても。

携帯書庫の話からわかるとおり、世界的に有名になるという目標を達成した70年代半ばの時点で、ボウイの読書癖はすっかり強迫観念による習慣のようになっていたようだ。彼はほかのあらゆることと同じように、読書にも異様なほどの情熱を見せた。しかし、ちょっとした習慣としての読書をはじめたのは、青少年期を過ごしたロンドン郊外ブロムリー、プレイストー・グローヴ4番地の、小さなテラスハウスのベッドルームでのことだろう。

当時、本はクールでセクシーだった。いまよりもずっとクールでセクシーだった。(想像してみてほしい!)。1935年にペンギン・ブックスを創業したアレン・レーンは、ペイパーバックの発明者というわけではないが、マーケティングと起業の才を発揮して読書を大衆化し、世界最良の著作物をタバコ一箱の値段で買えるようにした。ボウイら戦後世代はこの状況を当たり前と考えるようになった最初の世代であり、ビートルズの「ペイパーバック・ライター」がナンバーワンヒットになった1966年ごろ、「大衆作家《ペイパーバック・ライター》」という言葉は、地方や労働者階級の出身者によるイギリスのクリエイティヴ産業の乗っ取りを象徴しているようなところがあった。

ボウイは学校ではうまくいかず、美術でOレベル(一般教育修了普通レベル)を取得しただけで、1963年に学業を離れた。その後に幅広い興味を育むことを考えると、これは怠けや記憶力のなさのためというより、形式的な教育に我慢ならなかったということだろう。多くの独学者と同じように、ボウイも早いうちに、教えられるよりも自ら学ぶほうがはるかに楽しいと気づいた。そして彼は、学んだことを人に伝えるのを大いに楽しんだ。気に入った本があると熱心に布教していたと、友人たちは言っている。

だからこそ、1998年、彼は米国の書店チェーン、バーンズ&ノーブルで書評を書きはじめたのかもしれない。「僕がサイト［彼の初期のウェブサイトのBowieNet］で書評をたくさんやって

●ニコラス・ローグ監督『地球に落ちて来た男』の撮影現場の控え室で、台本を読むボウイ。
ニューメキシコ、1975年（Photo by Steve Schapiro/Corbis via Getty Images）

いるのを見た彼らが、自分たちのところでやってもらうのも悪くないかもしれないと考えたんだ」と、彼は『タイム・アウト』誌に語っている。「アート、フィクション、音楽など、書評を書いてみたい五つのカテゴリを伝えた。最初にやったのはバーニー・ホスキンスの『グラム！』だ。どんな本かって？　素晴らしい本だよ」。

ボウイの創造の方法は独特で、模倣者たちが追いついてくるまで、ポップミュージシャンとしては異例だった。その方法では、影響を与えてくれうるすべてのものに対して、広く自分を開く。ほかの音楽だけでなく——そしてこれこそが彼の特徴なのだが——ヴィジョンを与えてくれそうなあらゆる媒体のあらゆるものに対して。そうして生まれた曲、ヴィジュアル、ビデオ、アルバムジャケットは、必然的にそのネタ元へ戻る道を示しているが、その道は入り組んだ回り道だ。ネタ元はボウイのカリスマ性によってすっかり蒸留されているため、ほとんど認識できないこともある。ボウイは読書が好きだったから、このプロセスには本も当然含まれている。

ボウイはゲームをするのも好きで、V&Aのリストは、彼のいちばんお気に入りのゲーム——すなわち、自らの神話を構築するというゲーム——の一要素にすぎないとも言える。ボウイも間違いなく知っていただろうが、これには有名な先例がある。1985年、ある出版社が、図書館と迷宮の詩人であるアルゼンチンの作家ホルヘ・ルイス・ボルヘスに、お気に入りの本を100冊選び、それぞれ紹介文を書いてほしいと依頼した。ボルヘスは74冊目まで行ったところでこの世を去ったが、そのリストは、ボウイのリストと同じように、素晴らしく多様で、示唆的で、あっと驚くものだ。言うまでもなく、ボウイが評価していたはずの作家（オスカー・

ワイルド、フランツ・カフカ、トマス・ド・クインシー）がたくさん含まれているが、不思議なことに、共通するタイトルはひとつもない。

私としては、ボウイのリストにはボルヘスへのオマージュという意図があったと考えたい。というのも、彼のリストは（ボルヘスの有名な作品のタイトルを借りれば）「八岐の園」のようだからだ。エドワード・ブルワー＝リットンの薔薇十字団を題材にしたロマンス『ザノーニ』を左に曲がると、アンジェラ・カーターの『夜ごとのサーカス』にたどり着き、そこで『フロベールの鸚鵡』に刺激を受け、「本当」のデヴィッド・ボウイのアイデンティティの手がかりを見つけようとすると、行き着く先は、細工と本物は紙一重なのだと明かす『ウィルソン氏の驚異の陳列室』である。

このリストが真摯でないとか、何も物語っていないとかいうことではない。その逆だ。じっくり長く見ていると、そこには大まかに二つのものが浮かび上がってくる。一つ目は、ボウイの芸術的感性を形成したさまざまな文化的要素。二つ目は、少しぼんやりしているが、年代記のようなものだ。適切な順序に並べると、これらの本は、子どもからティーンエイジャーへの、薬漬けのスーパースターから思慮深い隠遁の家庭人への、ボウイの人生の変遷を表している。「たぶん12年か15年前まで、僕はなるべき者になっていなかった」と、彼は2002年にトーク番組司会者のマイケル・パーキンソンに語っている。「人生のかなり多くを……自分を見つけること、自分は何のために存在し、人生で何が自分を幸せにし、自分は正確には何者で、自らのどの部分から自分は逃れようとしているのか、ということを理解することに費やした」。

この探求のなかで読書が果たした役割を軽んじることはできない。読書とは、ひとつには、逃避なのだから――違う人々、違う見方、違う意識への逃避だ。自分自身の外に連れ出してくれ、帰ってきたときには、自分を大いに豊かにしてくれているのだ。

デヴィッド・ボウイ、本名デヴィッド・ジョーンズは、1947年1月8日、南ロンドンのブリクストンで生まれた。そのため、彼が最も重要だと考える本が60年代、70年代に生み出されたもの（あるいは流行したもの）であるのは驚くことではない。

ほかのあらゆることと同じように、私たちの大人になってからの文化的傾向は子ども時代に方向づけられている。どこでどのように育ったかということだけでなく、時代の精神にも左右されるものだ。ボウイはことあるごとに、自分の人生で最も重要な出来事のひとつは、異父兄のテリー・バーンズからビート・ジェネレーション〔1950年代に米国で起きた文学運動。物質主義や既存の価値観を否定した〕の代表作であるジャック・ケルアックの『オン・ザ・ロード』を紹介されたことだと言っていた。デヴィッドはビートには間に合わなかったが、60年代初めの時点で、そのムーヴメントはイタリア製スーツを粋に着こなすモッズ〔50年代後半からロンドンを中心に広まった若者文化。また、そのスタイルを支持する人々。初期のモッズは、米国のR&Bやジャズ、ジャマイカのスカなどの音楽を好んだ〕に変容しながら、核となる美学を保っていた。それは、あるモッズの言葉を借りると、「アンフェタミン、ジャン=ポール・サルトル、ジョン・リー・フッカー」を結び合わせたロマンティックな実存主義だ。

今日、モッズと言うと、スクーター、コート、1979年のザ・フー『四重人格』の映画版〔邦題は『さらば青春の光』〕を想像しがちだ。しかしこれはだいぶ後年の荒っぽい姿である。ザ・フーの「マイ・ジェネレーション」がイギリスのシングルチャートで2位になった1965年11月の段階で、元々のモッズの信奉者たちは、すでにこのムーヴメントはピークに達したと思っていた。プリマス出身のモッズで、『タイム・アウト』誌やITN〔報道番組制作会社〕で仕事をするようになるデイヴィッド・メイは、ジョナサン・グリーンの著書*Days in the Life: Voices from the English Underground 1961-1971*（人生の日々——イングランドのアンダーグラウンドの声 1961～1971）でこう説明している。「モッズはつねに知的だった。つねに大いなる華やかさがあった……私たちはロッカーズ〔モッズと同時期に流行した若者文化で、ロックンロール、革ジャン、バイクを好んだ〕と戦ったりはせず、それよりも誰かのすごい靴やレザーコートにはるかに興味があった。そしてその裏で、カミュを読んでいた。『異邦人』は、そう、あれがいろいろ教えてくれた。ジャン・ジュネのごろつきのようなものも重要だった」。

友人であり、ときにライバルだったマーク・ボランと同じく、ボウイは1964年にモッズになった。ボランは、服やドラッグ以上のものがあることを理解できていなかったため、「本来」のモッズから認められていなかったが、ボウイは、異父兄のビート趣味（ボウイもそれを分かち合っていた）と、「モダニスト（modernist）」の略としてのモッズ（Mod）につながりを見出していた。

ボウイのリストの本の多くは、そういった意味で、モッズの本だ。『オン・ザ・ロード』や『異邦人』だけでなく、T•S•エリオットの『荒地』、そしてビートの関心事でもあったダダやシュルレアリスムに関するタイトルもある。『時計じかけのオレンジ』のアレックスと仲間《ドルーグ》たちはボウイにとって馴染み深く感じられたに違いない。何しろボウイは、ピーター・シャーツァーと彼が率いるモッズのストリートギャング「ザ・ファーム」のバカ騒ぎについて知っていただろうから。彼らはイルフォード出身の無頼漢で、パーティーに現れてはその場を破壊していたが、アートテロリストとしてのマニフェストを持ち、自分たちの破壊行為をルネ・マグリットやマン・レイ、ルイス・ブニュエルの作品になぞらえていた。ロンドンのアートカレッジには知的なモッズが群がっていた。ザ・フーを結成するピート・タウンゼンドは、1961年の夏にイーリング・アートカレッジに入学した。そこで彼はグスタフ・メッツガーの「自己破壊」芸術の理論に出合い、数年後、ザ・フーがステージ上で楽器を破壊するもっともな口実にした。

1967年までに、デヴィッド・ジョーンズは、ザ・フーの影響を受けたマニッシュ・ボーイズ、キング・ビーズ、ロウアー・サードなど、見込みのないさまざまなバンドを渡り歩いていた。最初のソロアルバムも失敗に終わったデヴィッド・ボウイ――モンキーズのデイヴィ・ジョーンズと混同されないように改名した――にとって、次のステップはヒッピーであり、そこでの興味の対象は、ハプニングやフェスティヴァル、秘教やオカルトだった。もっとも、ボウイはこれまでどおり自分のやり方でやっていただけで、「決してフラワーチャイルドではなかった」とのちに強調しているが。

彼はチベット仏教を探究し、その教義――成就者《アデプト》と呼ばれる、師から弟子に受け継がれていく深遠な知識を持ったヨギの概念など——と、さまざまなところから拾い集めた生半可な考えを混ぜ合わせた。たとえば、ＳＦ小説（「ユー・プリティ・シングス」の歌詞に出てくる「超人類《homo superior》」というフレーズのネタ元であるオラフ・ステープルドンの『オッド・ジョン』など）、ニーチェ、神智学などで、それらからボウイが学んだのは、選ばれし者が歴史を通して存在し、この星の運命を見守るとともに、社会の下層に学識を広めている、ということだった。

　このような思想は、60年代後半の大衆的知識人のあいだで流行していた——本当に、どこにでも見られた。たとえば、コリン・ウィルソンに。ヒッピーのお気に入りのヘルマン・ヘッセやＨ・Ｐ・ラヴクラフトに。当時売れていた小説家ジョン・ファウルズの１９６４年の哲学的格言集『アリストス』（ヘラクレイトスを引き合いに出し、存在しているだけで満足している下劣な大衆を向こうに、社会を前進させる「選ばれた」超人たちがいるとする）に。そして、ルイ・ポーウェルとジャック・ベルジェによる陰謀論的ナンセンスの宝典『神秘学大全』（１９６３年に英語に翻訳され、『ハンキー・ドリー』の「流砂」に明らかに影響を与えている）に。

　ボウイとしては、個人的な思いもあったのかもしれない。子どものころに慕っていた異父兄は20代のときに統合失調症を患い、人生の多くを病院で過ごした。心理学者のオリヴァー・ジェームズは『デイリー・テレグラフ』紙に、ボウイは「なぜ自分は偉大になる運命で、テリーは狂人になる運命なのかとよく考えていた」と書いている。ボウイはこの段階では必ずしも自分を偉大だとか、才能があるというふうには考えていなかったと思う。とはいえ、頭の回転が速いということには気づいていただろう。まわりの人たちよりも魅力的で、野心的で、セクシーなカリスマ性があるということにも。

　こうした性質が彼をどこに導くかは誰にもわからなかった。ボウイの天性のエゴティズムは、60年代後半に広まっていたユートピア的左翼主義の風潮に反していたが、一方で彼はベックナムに「アーツ・ラボ」をつくり、「アンダーグラウンドの理想と創造的プロセス」を追求していた。先述のグリーンの著書*Days in the Life*でもうひとつ印象的なのは、スー・マイルズ（ロンドンで話題になっていたインディカ・ブックショップ・アンド・ギャラリー——ジョン・レノンとオノ・ヨーコが最初に出会った場所——の共同創業者バリー・マイルズの妻）の回想だ。彼女は、自分や友人たちがいかにアルフレッド・ジャリ（劇作家で、ビートルズの「マックスウェルズ・シルヴァー・ハンマー」でジョーンが学んでいる神秘的な形而超学《パタフィジックス》の発明者）やアンドレ・ブルトン、マルセル・デュシャン——彼女が言うところの「あのモダンなアヴァンギャルドのもの」——に夢中になっていたか、そしてそれが、反核兵器運動など、当時の政治的動きといかに溶け合っていたかを振り返っている。

　興味深いのは、ボウイが「あのモダンなアヴァンギャルドのもの」を、世界平和の確立や資本主義の弱体化のためではなく、ある種のネタ帳、好きなように漁れる衣装箱のようなものとして受け入れていたことである。数年後にモット・ザ・フープルに提供するグラムロックのアンセム「すべての若き野郎ども」で言っているように、彼は決して革命的政治に興奮しなかった。彼はただ、ハイモダニストたち——大胆不敵で並外れた魅せるセンスを持つアーティストや作家——の影響を、新しい垢抜けたポップミュージックのパフォーマンスに取り入れたかっただけなのだ。

　とはいえ、真剣に探求をしていなかった――ジョージ・エリオットの『ミドルマーチ』で「すべての神話の鍵」を追い求めるカソーボンのようではなかった――ということではない。彼は初期のマネージャーのケネス・ピットらを知的な師としたが、ピットによれば、ボウイは彼のメリルボーンのアパートの書棚で3冊の重要な本を手に取ったという。アントワーヌ・ド・サン＝テグジュペリの『星の王子さま』、ジェームズ・ボールドウィンの『誰も私の名を知らない』、オスカー・ワイルドの『ドリアン・グレイの肖像』である。一方、マイムアーティストのリンゼイ・ケンプは、ボウイに日本文化への興味を抱かせるとともに、ジャン・コクトーやジャン・ジュネなどを紹介した。また、1966年にボウイはチベット高僧のチャイム・リンポチェと親しくなり、自ら仏教僧になることまでうっすらと考えた。彼のリストで言うと、ダグラス・ハーディングの仏教的思索『心眼を得る』（212ページ）への興味はこの時期に生じたに違いない。

　ボウイの仏教的な面について、伝記作家たちの意見は割れている。彼は真の信者だったのか、それともフリをしていただけなのか？　彼の仏教への関心のルーツが異父兄のテリーから受け継いだケルアック愛にあるとしたら（おそらくそうだろうが）、ビートと親和性が高い禅ではなくチベット仏教に惹かれたのは、チベットが1966年に政治的な論点になっていたためだ。そもそも、西洋人は長年この国を美化していた。1933年に出版されたジェームズ・ヒルトンのベストセラー小説『失われた地平線』は、幻のチベットの理想郷「シャングリラ」のイメージを世界に広め、ボウイもそれに心を奪われていたようだ。1966年、彼は『メロディ・メイカー』誌にこう語っている。「チベットに行きたい。魅惑的な場所ですからね。休みをとって、僧院のなかを見てみたいです。チベットの僧侶、ラマは、何週間も山のなかに籠って、3日に一度しか食べない。とんでもない話です——しかも何世紀も生きていると言われていて……」。リストに含まれてはいないが、含まれてしかるべきだろう本として、オーストリアの登山家ハインリヒ・ハラーがダライ・ラマ14世の個人教師をつとめた日々を綴った回想録『セブン・イヤーズ・イン・チベット』が挙げられる。ボウイは1997年のアルバム『アースリング』で同名の曲を制作し、当時あるジャーナリストに、これは19歳のころに非常に影響を受けた本で、ずっと印象に残っているのだと言っていた。デヴィッド・ジョーンズは、その後、ハラー、ブルース・チャトウィン（296ページ）、デイヴィッド・キッド（332ページ）などの作家を、デヴィッド・ボウイというペルソナの「探求するオリエンタリスト」の面に取り込んでいくことになる。

1974年のダイアモンド・ドッグズ／フィリー・ドッグズ・ツアーのあいだに、ドラッグの霧が立ち込めてくると、このペルソナ構築の行為はだんだんと不穏なものになっていった。『ステイション・トゥ・ステイション』のシン・ホワイト・デュークは、あらゆる好ましくないタイプの人物を混ぜ合わせている。19世紀の魔術師エリファス・レヴィ（リストにも登場する）から、公然たるファシストだったノルウェイのモダニズム作家クヌート・ハムスン（リストには登場しないが、ボウイはこのころに読んでいただろう）、オカルティストのなかのオカルティストであるアレイスター・クロウリー（同じくリストには出てこないが、ボウイの彼に対する入れ込み具合を考えると不思議だ）まで。面白いことに、ロサンゼルスでイカれていた70年代半ばに読んでいたとよく言われるオカルトやナチス関連の本は、リストにいっさい含まれていない。『神秘学大全』やイスラエル・リガルディーの『黄金の夜明け』、トレヴァ・レヴンズクロフトの『ロンギヌスの槍』、ダイアン・フォーチュンの『心霊的自己防衛』などは見当たらない。

これをどう説明するべきか。ひとつ考えられるのは、いまとなっては憂鬱でみじめだったと思える時期に立ち戻りたくなく、その時期を思い出させるような、大半は愚かな本を含めたくなかったということだろう。気が狂っていた時期に、それらがどれほど意味のある本だったにしても。

ボウイはほかに何を好んで読んでいたか？　まず、スティーブン・キング。「スティーブン・キングが大好きだ。ぞくぞくする」と、彼は1999年に『Q』誌に言っている。また、ヴィンセント・バグリオーシとカート・ジェントリーのベストセラー*Helter Skelter: The True Story of the Manson Murders*（ヘルター・スケルター――マンソン殺人事件の真実の話）のような犯罪ノンフィクションも好きで、ティナ・ブラウンは1975年7月に『サンデー・タイムズ』紙の取材で彼にインタヴューしたとき、ロサンゼルスのホテルの部屋で、食べかけのチーズがこの本の上に乗っかっていたのを見ている。（ブラウンは本のタイトルを『マンソン殺人事件裁判』としていて、著者の名前は出していないが、おそらくは、この年にエドガー賞犯罪実話部門を受賞したこの本のことだろう）。

1978年、ボウイはカフカの『変身』から受けた強烈な影響について『クロウダディ』誌に語った。頭がおかしくなるかのような気がしたという。「あれについての鮮明な悪夢を見た。彼が書いていたことを文字どおり翻訳したようなものだった。巨大な虫が飛んでたり、あおむけになってたり、ほかにも恐ろしい夢を見た。気づいたら自分自身が、なんだか認識できないもの、怪物になってたんだ」。

一方、娯楽として読んでいた本もある。たとえば、彼と幼馴染のジェフ・マコーマックは、1974年9月にフィラデルフィアからロサンゼルスまでアムトラックの鉄道で移動中、*Yodel in the Canyon*〔「クンニリングスをする」という意味の俗語〕というポルノ小説を朗読して楽しんでいたという。「この古典的文学作品の主人公は、ビッグ・ロッド・ランデリと、そのガールフレンドのモナだった」とマコーマックは振り返っている。「詳しくは言わないが、ロッドもモナもシャイなタイプじゃないと言えば十分だろう」。

ボウイが特に好きだったらしいジャンルはエキゾティックな紀行文で、リストにはデイヴィッド・キッドやアルベルト・デンティ・ディ・ピラーニョのものが含まれている。やはりボウイの幼馴染であるアーティストのジョージ・アンダーウッドによれば、1989年にマスティク島の別荘を訪れたとき、ボウイはヴィクトリア時代の探検家・博物学者アルフレッド・ラッセル・ウォレスのインドネシア遠征に関する本——ウォレス自身が書いた『マレー諸島』のことだろう——を読んでいたという。（アンダーウッドはさらにこう言っている。「つい数週間前、アマゾンでそれを調べて買おうかなと思ったとき、火星に生命は存在するのかという本

［*Is Mars Habitable?*（火星は住めるのか）のことだろう］をウォレスが書いていることに気づいた……デヴィッドに、これも読んだことがあるかと訊きたかった！」）。

ボウイはアンダーウッドに*Skulduggery*（いんちき）も薦めている。これは、旅行作家のマーク・シャンドがフォトジャーナリストのドン・マッカランとのイリアンジャヤ（現在の西パプア）の旅について書いたものだ。「デヴィッドはマーク・シャンドに会って、イリアンジャヤに魅了されていた」とアンダーウッドは言っている。

「彼に会ったというあとに僕に電話してきて、一緒にこの未知の土地へ行きたがっていた。それはつまり、丸木舟でセピック川を進み、これまで白人を見たことがない現地の人々に会うということだ。デヴィッドは、これで一人前の男になれるし、これは死ぬ前にやるべきことだと言った。完全に真剣で、僕と一緒に行きたがった。もちろん実現はしなかったけど、僕も少し考えてみた。少しだけ！」。

ボウイには作家の友人が多く、文学にまつわる世間話を楽しんでいた。ハニフ・クレイシと親しくなったのは、彼の小説『郊外のブッダ』がBBCでドラマ化されることになったときに、曲を使わせてほしいと本人から依頼されたのがきっかけだった。「待ってました」とボウイは答えた。そして、サウンドトラックをまるごと制作して提供した。

ほかに仲がよかったのは、1990年代半ばに『モダン・ペインターズ』誌にともに寄稿していたウィリアム・ボイドだ。彼とは主にアートについて話し、1998年には一緒にナット・テイトの悪ふざけ［ナット・テイトという架空の画家の伝記を発表し、あたかも実在の人物であるかのように思わせた」（56ページ）をした。ボイドはこう振り返っている。

ボウイとはたしかに本についてたくさん話した。とはいえそれは、「これ読んだ？　誰々のこと知ってる？　彼／彼女はどんな感じ？」というような世間話のレベルだった。彼は僕の本はすべて読んでいるといつも言っていた（そして僕は彼に新刊を送っていた）が、僕は彼のリストに含まれていない。なぜだろう。もしかしたら、ナット・テイトの共同作業で十分だと思ったのかもしれない――そして、次第に彼が正しいとわかった。フランク・オハラ［55ページ］はもちろん*Nat Tate: An American Artist 1928–1960*〔ボイドが書いたナット・テイトの伝記〕に出てくるし、ハート・クレイン［279ページ］も同様だ。思い出せるかぎり、僕たちは主に同時代の作家について話していた――エイミス、ラシュディ、マキューアンなど。彼と定期的に会っていたころの日記を見てみたら、話題になっていたのはみんなアーティストだった。

ボイドと同じくリストには含まれていないが、ボウイが盛んに称えていた小説家に、ジェイク・アーノットがいる。彼が書いたムード漂うスリラー『暗黒街のハリー』は、1950年代のソーホーが舞台で、それはボウイにとって馴染み深かっただろう。ひとつには、異父兄から聞いたジャズクラブやエスプレッソバーの話のために。もうひとつには、父親と関係する「家族の神話」のために。彼の父は若いころ、相続した数千ポンドを費やして、ブープ・ア・ドゥープというピアノバーをシャーロット・ストリートに開いたが、一年持たずに潰れたのだという。「ボウイはかなりたくさんの本を読んでいたから、僕やハニフなどがトップ100に入っていないことに驚きはない」とアーノットは言っている。「最初は、〔映画監督の〕スティーヴン・フリアーズから、ボウイが『暗黒街のハリー』を読んでいたと聞いた。2000年の本の出版イベントでフリアーズに会って、ボウイがコンコルドでそれを読んでいて『すごくいい！』と言っていたと言われたんだ。そのときは、このベテラン映画監督にかつがれているんだろうと思ったけど、本当のことだった」。

ボウイとアーノットはやがてハマースミス・アポロの楽屋で顔を合わせ、アーノットの2003年の小説 *Truecrime*（犯罪実話）の表紙には、このスターからの惜しみない推薦文——「彼が新作を出したときは、ほかのことはすべて放り出す」——がしかと掲げられた。

幸運なことに、私も一度デヴィッド・ボウイに会う機会があった。2002年、アルバム『ヒーザン』発売の直前のことだ。私が仕事をしていた雑誌は、ロンドンのサウスバンクで行われる「メルトダウン」という音楽フェスティヴァルのスポンサーだった。その年はボウイがキュレーターを務めることになっていたため、私はニューヨークに飛び、彼のマンハッタンのアパートの近くのホテルで話をした。

私はびくびくしていた。12歳のとき以来、彼は私のヒーローなのだ。そのとき、私は30歳だった。何を着ていけばいいかわからなかったから、流行りの店に行って、細身のジーンズと、可愛いおもちゃがギター、ベース、ドラムを演奏しているデザインのＴシャツを買った。とりあえず、これでストロークスのファンだと（実際にそうだった）印象づけられればいいと思った。少しやけっぱちだった。

ボウイはこういった事情には気づいていないように振る舞ってくれた。数年前の引っ越しのときにテープをなくしてしまったため、私たちが会ったという証拠は、インタヴュー記事（主にメルトダウンの出演アーティストの人選について語ってもらった）以外には何も残っていない。彼はフレンドリーで、丁重だった――申し分なくそうだった――が、存在感が部屋中に漂っていた。そわそわしていて、少し興奮気味で、濃いエスプレッソを数杯飲んだあとのようだった。おそらく実際に飲んでいたのだろう。

私が何より覚えているのは、インタヴューをしながら、彼はなんて面白い人なんだろうと考えていたことだ。スタンダップコメディアンのように面白いのだ。「そうすることで少し客を引っ張り込めると思ったら、シャーリー・バッシー〔イギリスを代表する大衆的な歌手〕をメルトダウンのラインナップに入れていたよ」と彼は私に言った。（このフェスティヴァルは硬派なことで評判だった）。「シャーリー・バッシーがユーゴスラビアの曲芸師たちと共演！」。

ボウイにインタヴューしたジャーナリストたちがよく言うのは、彼は相手を品定めし、相手が望んでいそうなヴァージョンの自分を見せるということだ。これは若いころにケネス・ピットから学んだ技だという。私は「ブロムリーのデイヴ」を見せてもらえたことを光栄に思うべきだろう。ときに場違いに思える知的な話（「もちろん、キリスト教の神学の三分説は……」）

を散りばめながらも、南ロンドンのアクセントまる出しで気さくに話してくれた。

　彼は55歳にしてはすごく健康そうだった。髪はアッシュブロンドに染め、目の下のたるみにはうっすらとコンシーラーを塗っていた。しかし身体はこれまでどおり引き締まっていて力強かった。何度もの失敗の末に、ついに禁煙に成功していた。2年後、私は彼が心臓発作を起こしたと聞いて驚いた。この由々しい、恐ろしい出来事によって、ボウイのキャリアは突如長い中断を迎えた。そしてそれから10年ほどのあいだ、ちょっとしたゲスト出演はありながらも、彼は夫であること、父であることに力を注いだ。

　また、そのあいだに、長年のプロデューサーであるトニー・ヴィスコンティが『タイムズ』紙に言ったところの「並外れた量の読書。イングランドの古い歴史、ロシアの歴史、イギリスの君主たち——彼らの何がよくて、何がいけなかったか」にも時間を費やした。リストのなかでこの時期に出版された本——つまり、この時期に読んだのであろう本——は、ジュノ・ディアスの『オスカー・ワオの短く凄まじい人生』、トム・ストッパードの『コースト・オブ・ユートピア』、スーザン・ジャコビーの *The Age of American Unreason*（アメリカの非理性の時代）、ジョン・サヴェージの *Teenage*（ティーンエイジ）だ。このなかで、ストッパードのものだけがヴィスコンティの挙げたカテゴリに当てはまる。しかしボウイは、ヴィスコンティがほのめかすように、この中断期間を使って特定のテーマに関するものを深く読んでいたのだろう。オーランドー・ファイジズの超大作 *A People's Tragedy*（人民の悲劇）に取り組んだのもこの時期だと思われる。これには暇な時間がたっぷり必要だから。

年をとると、歴史との関わりが変わってくる。70歳というほろ苦い節目が近づくにつれ、ボウイには次のようなことがわかってきたのかもしれない。(a)一世紀はそれほど長くない、(b)自分は人生という映画の主人公――どんな暮らしをしていようと、私たちの多くが若いころに抱く幻想――にはほど遠く、実際には、それよりもはるかに大きな、古くからの物語、すなわち、誰もが死に、毎日毎日、最後の最後まで死に続ける復讐悲劇の、かぎりなくちっぽけな役にすぎない。

彼の最後の曲のひとつである「★」は、もはや何も失うものがない男の残酷な歓びをにじませ、この壮大なアイロニーに向き合っている。途中から語り手となり、自分はさかさまに、あべこべに生まれたのだと語る、悪魔のようなトリックスターは、癌だ――天使ルシファーが堕ちてサタンとなったように、悪くなってしまった細胞だ。

本書は、デヴィッド・ボウイの人生の物語ではない。そういったものはほかにたくさん見つかる。本書は、彼が人生の水先案内に使った道具に目を向けるものであり、読書は人を立派にするという、私が昔から好きな、もはや流行らない理論を蘇らせるものである。伝記好きの人なら、成功したアーティストが成功した人間であることがいかに珍しいかを知っているだろう。ボウイの死後、悲嘆に暮れるファンが慰めを見出したのは、彼のことを悪く言う人がほとんどいないようだということだった。代わりに私たちが繰り返し耳にしたのは、彼はいかに誠実で愛情深かったか、いかに親切で、思いやりがあり、賢く、面白かったかということだ。(そしていかに魅力的だったか。この点を忘れてはいけない。これを忘れたら彼は我慢ならないだろう）。

デヴィッド・ジョーンズは、金ずくの音楽業界、薬物中毒による脱線の危機、最大のスターになるという壮大で冷酷ですらある野望のなかで、いかにしてこのような人になったのか？その答えは、いまあなたの手のなかにあるかもしれない。

1

時計じかけのオレンジ

アントニイ・バージェス

1962年

デヴィッド・ボウイの最初のヒット曲「スペイス・オディティ」がスタンリー・キューブリックの『2001年宇宙の旅』に多くを負っていることはこれ以上ないほど明白だ。しかしキューブリックの次の作品、アントニイ・バージェスの小説『時計じかけのオレンジ』（乾信一郎訳、ハヤカワepi文庫）の恐ろしい映画版において、この話は本当に面白くなってくる。

全体主義の近未来のイギリスを舞台にした『時計じかけのオレンジ』は、ベートーヴェンを愛する非行少年アレックスの物語で、ギャングのリーダーである彼はアンフェタミン入りの「ミルク・プラス」でハイになり、夜ごとレイプや強盗を繰り返す。キューブリックは、『博士の異常な愛情』で一緒に仕事をした脚本家のテリー・サザーンからこの本を渡されて惚れ込んだため、ナポレオン・ボナパルトの伝記映画の企画を棚上げし、この小説を映画化することにしたのだった。1972年、ボウイはこの映画のかっこよさと衝撃を自らのキャリアの転換点に利用した。ふわふわした赤い髪で、非対称のニットのボディースーツを愛好し、最終的にファンに殺される、異星から来たバイセクシュアルのロックスター、「らい病の救世主《leper messiah》」のジギー・

●1973年5月12日、ジギー・スターダスト・ツアーのロンドンでのステージ。ニットのボディースーツに身を包んだボウイ(Photo by Gijsbert Hanekroot/Redferns)

スターダストとして。

ジギーはさまざまな要素の衝突からつくられている——曖昧なもの（薬漬けの歌手ヴィンス・テイラー、アメリカのサイコビリーの先駆者レジェンダリー・スターダスト・カウボーイ）もあれば、そうでないものもあった。ボウイがキューブリックの映画から何を拝借したかはわかりやすく、「スターマン」のコーラスに「虹の彼方に」のメロディーを使ったのと同じくらい、その借用はかなり露骨だ。ジギーとなったボウイは、『時計じかけのオレンジ』のサウンドトラックでモーグ・シンセサイザーの大家ウェンディ・カルロスが演奏したベートーヴェンの交響曲第九番に合わせてステージに上がり、バンドのスパイダーズはアレックスと彼のドルーグ——バージェスが発明した「ナッドサット」という言語で「仲間」を意味する——をモデルにした衣装に身を包んだ。

イギリスにおいて、70年代初めは厳しい波乱の時代だった。ジョン・レノンは1970年に（ヒッピーの）夢は終わったと歌った。しかし1971年こそが、世の中が獣のように荒れた年だった。新たな社会《オルタナティヴ・ソサエティ》は分裂し、互いに争うようになった。たとえば、急進左派の都市型テロ組織「怒りの旅団」——ドイツ赤軍のイギリス版——は、体制に対する爆弾攻撃を繰り返した。キューブリックの『時計じかけのオレンジ』がイギリスで公開されたのは1972年1月で、『ジギー・スターダスト』が発売される5ヵ月前のことだ。翌年、殺害予告を受けたキューブリックは上映を中止したが、その意思表示は、この映画の妖しい不穏さを高めるとともに、当時の熱を帯びた社会環境を代弁しているかのようだった。

映画も原作も、ギャングの一員であることで感じられる心地いい帰属意識を称えながら、その行く末にも目を向けている。ギャングが解散し、それを結びつけていた力が消えてしまったときに、何が起こるかということだ。望むなら、アレックスをジギー、そしてそのドルーグをスパイダーズ――実際のバンドメンバーであるミック・ロンソン、ウッディ・ウッドマンジー、トレヴァー・ボルダーではなく、虚構のバンド――として見ることもできるだろう。ボウイの不明瞭なジギーの物語のなかで、彼らは憤慨したサイドマンであり、リーダーのファンについて文句を言い、超暴力を味わわせて彼の見事な両手をつぶすべきか考えている……。

小説そのものの起源も悲劇的だった。1959年のこと、バージェスは末期の脳腫瘍と誤診された。駆り立てられた彼は、まもなく未亡人となる妻を支えるべく5冊の小説をかなりの速さで書いた。『時計じかけのオレンジ』は、執筆期間わずか3週間で、1944年4月に起きた恐ろしい事件に着想を得ていた。当時妊娠中だった最初の妻のリン――その後、流産した――が、灯火管制のあいだにアメリカの兵士の一団に暴行されたのである。Dデイの上陸作戦の計画に関わっていた彼女は、戦時輸送省のロンドンのオフィスから家に帰る途中だった。『時計じかけのオレンジ』は、何が人をこのような凶行に及ばせるのかということだけでなく、更生の倫理にも鋭く目を向けている。アレックスが受ける嫌悪療法の「ルドヴィコ療法」のように、苦痛を与えることで人を強制的に善人に変えることはできるのだろうか?

バージェスとキューブリックがボウイにとって等しく重要だったとしたら、彼らのヴィジョンの違いについて触れておくべきだろう。その違いを非常に重大だと考えたバージェスは、映画版のせいで読者に誤解されやすくなっていると感じ、この小説を拒絶するに至った。性と暴力の扱いに関して、自分のもののほうがキューブリックのものより複雑なニュアンスを持っていると、彼は考えた。それはたしかにそうかもしれない。とはいえ、小説のほうが物騒なところもある。たとえば、アレックスが未成年の少女二人を酔わせたあとにレイプする場面などだ。映画では明らかに大人の女性になっていて、性行為も明らかに同意の上でのものであり、キューブリックはコマ落としのテクニックを使って動きをぼかし、スラップスティック的な雰囲気を生み出している。

しかし、最大の違いは結末だ。小説のイギリス版は、アレックスが暴力に背を向け、父親になることについて考えるという、楽観的な結末を迎える。しかし、キューブリックが原作にした最初の米国版はこのエピローグを省いていた。そのため、アレックスが「クリーチ〔泣き叫ぶ〕する世界のリッツォ〔顔〕全体をブリトバ〔剃刀〕で切り裂く」という夢を語り、皮肉っぽく「完璧に治ったんだ」と言うところで終わる。

バージェスは、剃刀を持った1950年代後半の不良、テディー・ボーイに興味を持っていた。キューブリックは、ボウイが1960年代半ばに手を出したモッズ文化の両性具有性に注目し、アレックスのつけまつげ——ロンドンのヒップなブティック「ビバ」で大量に買ったが、その店は撮影が終わってまもなく、怒りの旅団による爆弾テロの標的になった——を重要な視覚的モチーフにした。アレックスが話す英露混交のスラングのナッドサットは、「サフラジェット・シティ」にひょっこり登場している。しかしその数十年後、最晩年の「ガール・ラヴズ・ミー」

でのナッドサットの使い方は、この小説の豊かな言語構造にまで踏み込む深い理解を示している。この曲でボウイはナッドサットとゲイの隠語のポラーリを意図的に混ぜ合わせていて、それは文化史家マイケル・ブレイスウェルの見方を補強しているようだ。ブレイスウェルによれば、『時計じかけのオレンジ』は現代の男らしさに対する検閲であり、その結果いまやそれは危機にあることがわかり、若き魂の反逆者、感情豊かな理想主義で腐敗を抑え込む新しいタイプの一匹狼の誕生が促されている。私にはこれはボウイのように聞こえてならない。

これを聴きながら 「Girl Loves Me」「Suffragette City」

気に入ったら、これも グレアム・グリーン『ブライトン・ロック』(丸谷才一訳、ハヤカワepi文庫)

2

異邦人

アルベール・カミュ

1942年

ボウイがこのカミュの代表作に出合ったのは、タイトルを同じくする1950年代のベストセラー、コリン・ウィルソンの『アウトサイダー』（67ページ）を通してだろう（『異邦人』のイギリスでのタイトルはThe Outsider）。カミュを崇めていたウィルソンは、そのフランス人作家のいわゆる実存主義（カミュはこの語を嫌っていたが）という哲学を使って、選ばれし少数者の超然としての「アウトサイダーダム」という、独自のロマンティックな概念を生み出した。カミュの『異邦人』（窪田啓作訳、新潮文庫）はそれよりもとらえがたいものだ。実際、そのさりげなくも重大な、言葉とトーンの多義性によって、この作品は読むたびに違うふうに感じられる稀有な小説になっている。

実存主義は自由意志と個人の責任を重視していたため、戦争のノスタルジアに酔った体制順応的な老いぼれの両親とともにつまらない郊外——ボウイの場合はブロムリー——に閉じ込められたティーンエイジャーにとっては信じられないほど刺激的だった。それは、才気と気概のあるティーンエイジャーの、自分は特別だという感覚、自分だけがあらゆるものの中心にある不条理を理解できるという感覚を正当化した。かつて、このようなティーンエイジャーは自らをビートと呼んだ。（ドイツでは、実存主義（Existentialismus）に由来してエクシス（Exis）と呼ばれた。ハンブルクでビートルズをマッシュルームカットにした写真家のアストリッド・キルヒャーもそのひとりだった）。ボウイがこういったことを楽しめる年頃になったころには、ビートはモッズに姿を変えていた。彼はこのサブカルチャーに熱を上げた。特に、細身のジーンズ、テーラードジャケット、半インチの幅のネクタイというファッションに。

『異邦人』は、植民地のアルジェに住むフランス人ムルソーの物語だ。彼は奇妙な人物である――うつろで、ぼんやりしていて、少し冷淡だ。彼の致命的な欠陥は、自分を偽れないことにある。母親が死んだとき、彼はそれを特に何とも思わないから、わざわざ気にしているようなふりはしない。また、恋人のマリイから、愛しているかと訊かれると、ノーと答えるが、それは実際にそうだからだ。彼は暴力的な隣人のレエモンと友達になり、やがて、うだるような暑い日に、浜辺でアラブ人男性を射殺する。脅迫や恐怖を感じたりしたからではなく、殺すのは殺さないのと同じくらい造作ないことであり、その男の刃物に反射する太陽がまぶしくて不快だったからだ。裁判で、ムルソーは射殺についても母の死についても遺憾の意を示さなかったため、有罪を宣告されてギロチンに送られる。彼は慣例を気にとめないが、カミュがあとがきに皮肉っぽく書いているように、自分の母親の葬式で泣かない人間は自ら処刑してほしいと言っているようなものなのだ。

しかし、『異邦人』はそれで終わりとするにはあまりにも謎が多い。ムルソーはサイコパスなのか？　彼の母親との関係はどのようなものなのか？　なぜ、1発目でアラブ人を殺したあとに、さらに4発の弾をその死体に撃ち込んだのか？　なぜこのアラブ人男性は終始「アラブ人」としか呼ばれないのか？　それは意図的な異化効果かレイシズムか？　後者だとしたら、ムルソーのレイシズムなのか、カミュのレイシズムなのか？　動機、良心、規則の理不尽さなど、考える材料は無限にある。
「カミュのような作家は、僕にはしっくりくる感じがずっとある」と、ボウイは2003年に『SOMA』誌に語っている。「かなりネガティヴなものとして読まれていたけど、違うんだ！　僕にはよくわかるよ、彼が言わなきゃならなかったことが」。

これを聴きながら　「Valentine's Day」

気に入ったら、これも　ジャン＝ポール・サルトル『嘔吐』（鈴木道彦訳、人文書院）

3 Awopbopaloobop Alopbamboom ニック・コーン 1969年

ジャーナリストのニック・コーンは、22歳になったばかりのときに、アイルランド西海岸のコネマラで部屋を借りてこもり、ポップミュージックに関する最初の本格的な評論と言えるAwopbopaloobop Alopbamboom〔リトル・リチャードの「トゥッティ・フルッティ」の一節〕を短期間で執筆した。コーンが見ていた時代をいま振り返ると――1968年、ビートルズの『ホワイト・アルバム』、ローリング・ストーンズの『ベガーズ・バンケット』、マーヴィン・ゲイの「悲しいうわさ」、スライ&ザ・ファミリー・ストーンの「ダンス・トゥ・ザ・ミュージック」の年――ポップミュージックがまだ動き出していないことははっきりしている。ひとつには、デヴィッド・ボウイがまだイギリスのトップ40を飾っていないからだ。しかしコーンにとっては、もはや楽しみは消え失せてしまったかのように感じられていた。

この本はそんな気持ちを映し出している。悲観的で、あきらめを見せている――愛するビートルズでさえ、後年の作品はLSDまみれの傲慢で尊大なものだと彼は感じている。もはや、エルヴィスの「偉大なリーゼントと口元を歪めた笑み」、フィル・スペクターの「美しいノイズ」、そしてもちろん、彼がこれまで見たなかで最もエキサイティングなライヴパフォーマー――コーンにとってもボウイにとってもそうだった――リトル・リチャードのような素晴らしいものは現れない。悲しい話だ。しかし、この本の大半は、イーヴリン・ウォーの言葉を借りれば、空《から》の棺に向けた賛辞である。コーンが忌み嫌う荘厳なプログレッシヴ・ロック――ピンク・フロイドのことは「信じられないほど退屈」だと思っていた――は決して主流にはならなかった。まもなく、グラム、そしてパンクが、3分間のスリルをたっぷり届けてくれるようになった。そして、エクステンディッド・リミックス〔オリジナルよりも長いリミックス〕の流行とともに、ディスコがそのエクスタシーを引き延ばすと、そこでコーンは図らずも重要人物になった。ビージーズが見事なサウンドトラックをつくった映画『サタデー・ナイト・フィーバー』は、コーンが1976年に『ニューヨーク・マガジン』誌に書いたニューヨークのディスコシーンに関する記事、'Tribal Rites of the New Saturday Night'（新しい土曜の夜の部族儀式）がもとになっているのである。コーンはのちに、その記事はほとんどがでっち上げであり、主人公のヴィンセントは60年代に出会ったシェパーズ・ブッシュのモッズをモデルにしたと認めているが。

アイルランドの偏狭なロンドンデリーから逃れたコーンは、17歳のときにロンドンにやって来た。するとほどなく、『オブザーヴァー』紙で若者について、『クイーン』誌（海賊放送局「レディオ・キャロライン」を支えた社交雑誌）でロックミュージックについて書く看板ライターになった。*Awopbopaloobop* は容赦のない鋭い意見に満ちている。たとえば、詩人のアレン・ギンズバーグは「ちょっとした冗談だが、悪くない冗談」、ドアーズは「セクシーだが器用ではない」というように。ボウイのお気に入りのバンドのひとつで、デトフォードのR&B信奉者からサイケデリック・ロックの予言者に変わったバンド、プリティ・シングズについてのコメントも面白い。「やれやれ、彼らは醜かった。つまり、本当に醜かった――シンガーのフィル・メイは太った顔で、それを髪ですっかり隠し、不具のゴリラのようにステージ上でドタドタやっていた」。こうした具合でも、人は彼の推薦を得ようと必死になるのをやめなかった。ザ・フーの『トミー』を制作中だったピート・タウンゼンドは、コーンにそのアルバムのラフミックスを真面目くさっているると批判されると、土壇場で「ピンボールの魔術師」を書いた。コーンがピンボールに熱狂していたからだ。

おそらく、ボウイは*Awopbopaloobop*を出てすぐに読んだだけでなく、マニュアルとして研究してもいただろう。ジギーのモデルと言われる人物のひとりに、自己破壊的なロックスターを描いたコーンの1967年の小説*I Am Still the Greatest Says Johnny Angelo*（オレはいまだに最も偉大だとジョニー・アンジェロは言う）の主人公ジョニーがいる。60年代半ばのスター、P・J・プロビーをモデルにしたジョニーは、「同時にすべてのものになり、男性的で女性的で中性的、能動的で受動的、動物で野菜、そして悪魔的、救世主的、キッチュ、キャンプ〔わざとらしい大げさな表現や滑稽な気取りを楽しむこと〕で、精神病で、殉教者ぶっていて、ただ単純に汚らしい」。

コーンとボウイの歩んでいた道は1974年にぼんやりと交差したが、そこで得をしたのはコーンではなかった。コーンはベストセラーとなった*Rock Dreams*（ロックの夢）――歌詞や世間のイメージに着想を得た場面を背景にロックスターたちを描いた絵画集――で、ベルギーのアーティストのギィ・ペラートと一緒に仕事をしたところだった。それを大いに気に入ったボウイは、先にローリング・ストーンズの『イッツ・オンリー・ロックン・ロール』のデザインを頼もうとしていたミック・ジャガーを出し抜いて、ペラートに『ダイアモンドの犬』のジャケットのデザインを依頼したのである。

私が知るかぎり、コーンがボウイについて書いたことはない――彼はボウイが成功を収めたころにはポップミュージックへの興味を失っていた――が、死後に敬意を表し、『アイリッシュ・タイムズ』紙にこう語っている。ボウイは「つねに片足をしっかりとストリートに置き、そこで起きていることを非常に鋭く感じ取っていたようだ」と。

これを聴きながら 「Let Me Sleep Beside You」

気に入ったら、これも レスター・バングズ *Psychotic Reactions and Carburetor Dung*

4

神曲 地獄篇

ダンテ・アリギエーリ

1308〜20年ごろ

「ここに入る者、すべて望みを捨てよ」。地獄の門の上に刻まれているというこの銘文は、宗教、芸術、科学、政治、愛に関する中世後期ヨーロッパの思想がスリリングかつ驚くほどわかりやすくまとめられた、フィレンツェの作家ダンテ・アリギエーリの寓意詩『神曲』の第1部「地獄篇」（平川祐弘訳、河出文庫）に出てくる誰もが知る一節だ。

『神曲』の主人公であるダンテは、35歳で、「人生の道の半ば」にいたときに、目を覚ますとあの世の縁の暗い森にいた。彼はローマの詩人ウェルギリウスの霊に救われるが、その霊を送ったのはダンテの理想の女性、ベアトリーチェである。（現実のダンテは、銀行家の娘のベアトリーチェ・ポルティナーリに心を奪われていたが、彼女は1290年に24歳で亡くなった）。彼らはともに地獄の暗闇に下りていき、そこから続けて中間地点の煉獄の山へ、そして最後に天国へと向かう。

　ダンテの宇宙論は明確で均整がとれており、ボウイが若いころに好んでいた秘教やオカルト関係の本にも見られるようなものだ。ダンテにとって、地獄とは異界ではなく、現実の物理的な場所であり、九つの同心円からなる。比較的恵まれた辺獄《リンボ》からはじまって、下っていくにつれて恐ろしさを増し、最後には裏切り者の地獄がある。そこでは、ブルトゥス、カッシウス、イスカリオテのユダが氷漬けにされていて、その中央には、三つの顔とコウモリのような翼を持った魔王《ルシファー》がいる。「六つの目すべてから涙を流し、その涙は血のあぶくと混ざって三つの顎に垂れた」。

「地獄篇」には気取ったところがある。堕落した教皇や政治家を揶揄するようなところもある。しかし、現代の感覚に最もアピールするのは、ゾクッとする恐怖だ。たとえば第34歌には、ダンテとウェルギリウスが魔王の毛で覆われた体を「房から房へと」滑り降り、「最も深く孤立した」地獄の底から逃れるという場面がある。

このような生々しく立体感のある描写のために、「地獄篇」はウィリアム・ブレイク、ギュスターヴ・ドレ、サルバドール・ダリなどの未来の画家への贈り物になった。また、ダンテの象徴的な風景を文字どおり解釈することで、ジュール・ヴェルヌ、エドガー・ライス・バローズ、エドワード・ブルワー＝リットンなどの「地球空洞説」のSF小説も生まれた。それらはボウイが好きだったものだ。一方でボウイはシュルレアリスムも好きだったから、1924年の『シュルレアリスム宣言』で、運動の中心的な理論家であるアンドレ・ブルトンがシュルレアリストの先駆者のリストの最上位にダンテを挙げたことに気づいていただろう。ちなみにこのリストには、ボウイが気に入っていた『マルドロールの歌』（117ページ）のロートレアモン伯爵も含まれているが、これは有能な弟子がダンテの傑作の類似品を一気呵成に書き上げた感じだ。
本当のところ、『神曲』の根っこにあるのは愛だ。それは神に対する愛、そして、ベアトリーチェ——最も途方に暮れていたであろう時期のダンテを救おうとした、天使の声を持つ「清らかで気高い婦人」、いちばんかわいい星《プリティエスト・スター》——に対する愛だ。

これを聴きながら 「Scary Monsters (and Super Creeps)」

気に入ったら、これも ウィリアム・ラングランド『農夫ピアズの夢』（辻康哲訳、デザインエッグ社）

5

オスカー・ワオの短く凄まじい人生

ジュノ・ディアス

2007年

ボウイはとりわけ記憶に残るペルソナを、子どものころに夢中になったSFからつくり上げた。たとえば、有人宇宙飛行の恐ろしい顛末を描いたBBCの革新的なドラマ『原子人間』がそうで、6歳の彼はそれをソファのうしろから見ていたという。（両親は彼がベッドに行ったものだと思っていた）。宇宙、疎外、異世界への執着は、「スペイス・オディティ」から「★」まで、彼の作品に一貫して見てとれる。だから彼は、ジュノ・ディアスのピューリッツァー賞受賞小説に描かれたドミニカ系アメリカ人の主人公、オタクで肥満の社会不適応者オスカー・デ・レオンの苦境に深く共感したのだろう。

若いオスカーはSFとファンタジーを愛している――『ブレイクス7』のようなイギリスのマイナーなものも含め、そのすべてを。ほかの子どもたちがボール遊びなどをしているときに、オスカーは正典（ラヴクラフト、ウェルズ、バローズ、ハワード、ハーバート、アシモフ、ボーヴァ、ハインライン）を読み倒していた。幸運なことに、地元の図書館は資金不足で、それらを捨てるほどの余裕がなかったのだ。1980年代にニュージャージーで育ったこの少年は、このオタク気質のためにいじめられ、そうしてますます自分の殻にこもり、終末兵器やミュータントや魔法がテーマの映画にのめり込んでいく。

しかし、それだけの話ではない。SFやファンタジーは、オスカーの家族の出身国、小説中で『指輪物語』のサウロンと比較される独裁者ラファエル・トルヒーヨが支配するドミニカ共和国の、悪質な異世界のような暮らしを映し出せる唯一のジャンルなのである。アントニイ・バージェスの *Earthly Powers*（349ページ）と同じように、『オスカー・ワオの短く凄まじい人生』（都甲幸治・久保尚美訳、新潮クレスト・ブックス）は、人間のあれこれは究極的に超自然的存在、はっきり言えば悪魔のような力によって支配されていると示唆している。この小説において、それはヨーロッパの植民地開拓者によって新世界にもたらされたフクという呪いだ。

ボウイのオタク気質はまさにオスカー並みで、彼が人生のどれほど長きにわたって宇宙人を装っていたかを考えると、V&Aのリストには驚くほどSFが少ない。ブロムリー嫌いの同志であるH・G・ウェルズや、ロサンゼルスでときおり食事をともにしていたレイ・ブラッドベリの作品はない。ハインラインの『スターマン・ジョーンズ』――読んでいたに違いない！――や、火星からの救世主という筋書きが少なからずジギー・スターダストを思わせる『異星の客』も見当たらない。ボウイのジギー期のマネージャー、トニー・デフリーズはこの小説の映画版の構想までしていて、そこでは火星で生まれ育った宇宙人である主人公ヴァレンタイン・マイケル・スミスをボウイが演じ、ハリウッドデビューを果たす計画だったというが。

オスカーにとって、執着がもたらす悲劇は、女の子に見向きもされなくなることである。（これはティーンエイジャーのボウイにはなかった問題だ——ちなみに、当時の彼が考えるデートとは、ハムステッド・ヒースにUFOを見つけに行くことだった）。ガールフレンドのようでそうでない相手のひとりであるジェニがオスカーを振って、ルー・リードのような背の高いパンクボーイに乗り換えたあと、失意のどん底のオスカーは列車の前に身を投げる。フクを止める対抗呪文のサファを表す、神秘的な黄金のマングースの出現を無視して。

オスカーの大学のルームメイトであるユニオールは、その一件のあとに彼の家を訪れる。（われらが主人公は生き延びたが、両脚を骨折して実家に戻っていた）。ユニオールはスター・ウォーズのXウィングとTIEファイターがいまも天井から吊るされていることに目を留める。また、オスカーのギプスに殴り書きされたさまざまな名前のうち、本物は二つだけ——ほかはすべて、オスカーのヒーローであるSF作家たちのサインを偽造したもの——であることに気づく。これは、この数世代にわたる移民の暮らし、愛、喪失のめくるめくサーガのなかで、心に突き刺さる、含蓄のある場面だ。

これを聴きながら 「The Supermen」

気に入ったら、これも ジェフリー・ユージェニデス『ミドルセックス』（佐々田雅子訳、早川書房）

6 午後の曳航 三島由紀夫 1963年

『ヒーローズ』のレコーディング中に暮らしていたベルリンのアパートで、ボウイは自ら描いた三島由紀夫の肖像の下で寝ていた。ハンサムで多才（作家、俳優、劇作家、歌手、テロリスト）な三島は、1970年11月、私兵である「盾の会」の4人のメンバーとともに天皇の復権を目指すクーデターの呼びかけに失敗したのち、割腹自殺を遂げている。

ボウイは、三島の戦闘的なマチスモの何にそれほど惹かれたのだろうか？ ひょっとすると、明らかにそれがパフォーマンスだったという点かもしれない。三島と知己だった映画史家のドナルド・リチーの見方によれば、三島は伊達男であり、その才能と深く結びついていたのは、自分が目指す者のように振る舞えばそのようになれるという考えだった。鍛錬することで自分をつくるのだ。

子どものころの平岡公威《きみたけ》――「三島由紀夫」は筆名である――は、気が狂った横柄な祖母の夏子によって孤独に育てられ、ほかの男の子たちと遊んだり、日差しを浴びたりすることが禁じられていた。夏子の教えで、彼は手に取れるものをすべて読み、落ち着いた早熟な気品を漂わせるようになった。その後、半自伝的小説『仮面の告白』で語られているように、健康上の理由で軍への入隊が認められないと、その恥を追い払うため、ひ弱な体を力強い筋肉の塊に変えた。また、武士の作法を学び、剣道の腕を磨いた。

妻と二人の子どもがいたが、三島はバイセクシュアルというより公然たるゲイだった――このパラドックスは、後年の自伝的作品『太陽と鉄』のなかで、矛盾や衝突を受け入れる方法として正当化されている。(『仮面の告白』のもうひとつの重要な場面は、矢を刺された聖セバスチャンの絵に興奮し、初めて激しい自慰をする場面だ)。病気の母を喜ばせるため、彼の結婚は、日本の伝統的なしきたりに従って、お見合いでなされた。三島が求めたのは、花嫁は自分より背が高くてはいけない、丸顔で可愛らしい、仕事中に邪魔をしない、などだった。最終的に、著名な日本画家の娘で21歳の杉山瑤子に決めた。

ボウイが1972年にバイセクシュアルであることを公表したのは売名行為のようにも思われたが、彼は4年後になっても自身の変わりやすさについて語っていた。ゲイの面は基本的に眠っているが、日本に行くと必ずそれが目覚めるのだと、1976年のキャメロン・クロウによる『プレイボーイ』誌のインタヴューでは説明している。

「すごく美しい男の子たちがいるんだ。少年？ それほど若くはない。18歳か19歳くらい。素晴らしい精神を持っているよ。彼らはみな女王様で、それが25歳になると突然サムライになり、結婚してたくさん子どもを持つ。僕はそれが大好きだ」。

一般的に三島の最高傑作には挙げられない『午後の曳航』(新潮文庫)は、日本の戦後の屈辱の寓話であるとともに、三島が幼いころに貪り読んでいたグリム童話の一編の残酷な均整美を湛えた小説である。物語の舞台は戦後間もない横浜だ。ヨーロッパの奢侈品を販売する店を営む未亡人の房子は、船乗りの竜二と恋人関係になる。彼女の息子の登は、自分の部屋の覗き穴越しに彼らの性行為を見る。最初、登は世界を旅した英雄として竜二を偶像視するが、翌日、社会病質者《ソシオパス》の級友たちと一緒に迷子の子猫を殺し、解剖した帰り道に再び竜二に会うと、体を冷やすために噴水を浴びてきたという彼を、弱く無能だと判断する。

竜二は船乗りの生活を、登の母と築く家庭の安心と交換した。しかし登はそれに感心しない。そして、再び穴越しに覗いているのが房子に見つかったとき、彼女が叱るように言うにもかかわらず竜二が叱らないのを見て、ますますその気持ちが強くなる。登と仲間たちは、子猫への処置を竜二にも施すことで、彼の失われた名誉を回復させることにする。

ボウイが俘虜《ふりょ》の英軍少佐ジャック・セリアズを演じた大島渚の『戦場のメリークリスマス』に三島的なテーマ（傷つけられた名誉、抑圧されたホモセクシュアリティ）を見出せなかった人も、デヴィッド・シルヴィアンと坂本龍一による印象的なテーマソングのタイトルを見ればわかるだろう——「禁じられた色彩」（Forbidden Colours）は、三島の同名の小説（『禁色』）からとられている。ボウイは２０１３年の『ザ・ネクスト・デイ』で三島に立ち戻り、『春の雪』の滝をふさぐ死んだ犬の不吉なイメージを、簡素でスコット・ウォーカー的な「ヒート」の歌詞に借用している。

これを聴きながら 「Blackout」

気に入ったら、これも 三島由紀夫『仮面の告白』（新潮文庫）

7 Selected Poems フランク・オハラ 2009年

ニューヨーカーとして、ボウイは、その街の日常を詠んだ非公式の桂冠詩人、フランク・オハラの気だるく可笑しな完璧さに惹かれていた。オハラは単調なものを魅力的に変える。たとえば、「労働者たちが汚く/きらめく胴にサンドウィッチと/コカ・コーラを流し込む、黄色いヘルメットを/かぶって」というような歩道の昼休みの光景が、輝く記憶になるのである。オハラがニューヨークに15年しか住んでいなかった――1951年から、浜辺でジープに轢かれて早すぎる死を遂げる1966年まで――というのは信じがたい。

ルー・リードがロックの殿堂入りを果たした際のスピーチで、パティ・スミスは、リードはオハラのファンで詩を諳んじていると紹介し、たとえばボウイがプロデュースしたアルバム『トランスフォーマー』の「ニューヨーク・テレフォン・カンヴァセイション」などではそれがよくわかるし、都会的で皮肉のこもったリードの歌詞を読み解くヒントになると語った。オハラをはじめ、ケネス・コックやジョン・アッシュベリーなどのニューヨーク・スクールの詩人たちは、アンディ・ウォーホルのファクトリーとヴェルヴェット・アンダーグラウンドを生んだアヴァンギャルドの世界にいた。(ウォーホルの右腕でファクトリーの重要人物だったジェラード・マランガはコックに教えを受けていた)。

またオハラは、ウィリアム・ボイドによるいたずらの伝記*Nat Tate: An American Artist 1928–1960*(ナット・テイト――アメリカの画家 1928〜1960)に愉快なカメオ出演をしている。実在しない画家を称賛させ、ニューヨークのアート界に一杯食わせようとしたこの1998年の企みの共謀者はボウイであり、彼は序文を書き、自らの会社「21」からこの本を出版した。ボイドはオハラについて、「文学の世界と現代絵画の世界をつなげる鎖の重要な輪」であると、これについてはきわめて正確に書いたあと、真面目な調子でこう説明している。オハラのテイトへの入れ込みようを見て、(架空の)ギャラリー経営者ジャネット・フェルザーはハドソン・ストリートの(架空の)アペルト・ギャラリーでテイトの作品を展示することにしたのだ、と。

オハラは、質は一定ではなかったかもしれないが、神業のように軽々と詩を生み出した。兵役を終えたあと、復員兵援護法(GIビル)の恩恵を受けてハーヴァードで学んだ彼は、それからニューヨークに移って、ジャクソン・ポロックやウィレム・デ・クーニングを有するアートシーンの先鋒となった。また、執筆活動を行うとともに、ニューヨーク近代美術館でアシスタント・キュレーターとして働いた。

たいていの人がフィリップ・ラーキンをその詩「これも詩であれ」で知っているように、オハラのことは、*Selected Poems*(詩選)にも収録された'Having a Coke with You'(コークを君と)で知っている。詩的な枠組みの欠如によって、かえって流れるような会話的な性質をもつこの詩は、官能的な瞬間、美的な瞬間に浮かれることを詠ったものであり、芸術が長く残るようにこの瞬間がいつまでも続いてほしいと願いながらも、心の底ではそうはならないとわかっている。ボウイにはわかっていたように、瞬間が続くことに期待をかけてはいけない。動き続けることによってのみ、自分が真に生きていることを保証できるのだ。

これを聴きながら 「It's Hard to Be a Saint in the City」(ブルース・スプリングスティーンの曲のカバー)

気に入ったら、これも テッド・ベリガン *The Sonnets*

8

アメリカの陰謀とヘンリー・キッシンジャー

クリストファー・ヒッチェンズ

2001年

早く客電が落ちてショーがはじまってほしいと思うときがある。『アメリカの陰謀とヘンリー・キッシンジャー』（井上泰浩訳、集英社）で、いまは亡きイギリスのジャーナリスト、クリストファー・ヒッチェンズ――『ヴァニティ・フェア』誌に寄稿していたコラム、「女性は面白くない」という挑発的な意見、酒とタバコに目がないことで知られた――は、ニクソン政権およびフォード政権期の国家安全保障担当補佐官・国務長官をこてんぱんにする。ときおりちらつく傲慢さと尊大さを気にさせないほどの勢いで。

ヒッチェンズの告発状は長大だ。とはいえ彼は意図的に、立件可能な罪だけに目を向けている。彼が挙げるキッシンジャーの罪状は以下のようなものである。1968年のベトナム和平会談の妨害に一役買って、戦争を長引かせ、さらに7年もの殺戮の日々をもたらした。正当な理由なくカンボジアとベトナムへの爆撃を命じた。キプロスのマカリオス大主教の暗殺計画およびチリの経済学者オルランド・レテリエルとチリ陸軍総司令官レネ・シュナイダーの殺害に関与した。これらはほんの皮切りにすぎない。

こうしたことのほとんどは、この本が出版された2001年の時点で、これまで知られていなかった新事実というわけではなかった。しかしそこがヒッチェンズの狙いだ。何か行動を起こせたはずの人も、アメリカ帝国の尊厳のほうが重要だと考え、目を背けていたのだから。1998年にチリの独裁者アウグスト・ピノチェトが、スペインの要請のもとにロンドンで逮捕されたことで、新たな先例がつくられ、国家犯罪の「主権免除」という伝統的な防御が崩された。国際舞台で、アメリカは一度ならず、自分たちは他国よりも倫理的に優れているという仮定に立って行動してきた。それに対してヒッチェンズは、アドルフ・アイヒマンの手腕を持つ戦争犯罪人（ヒッチェンズはキッシンジャーをそう見ている）を自由の身としていながら、どのようにこのまやかしを続けるのかと問う。

ハワード・ジン（322ページ）やジェームズ・ボールドウィン（132ページ）と同じように、ヒッチェンズも軽率な愛国心に憤っている。そのような愛国心は、アメリカが敵に対してどのように振る舞ってきたかを率直に語る言説をかき消してしまうからだ。アメリカという、欠陥がありながらも「僕の頭の大部分を埋め尽くした」国——ボウイはアラン・イェントープにそう語ったことがある——を愛した者として、ボウイもその憤りを感じていただろう。

これを聴きながら 「This Is Not America」

気に入ったら、これも ☛ クリストファー・ヒッチェンズ *Hitch-22*

Bowie's Book

9

ロリータ

ウラジーミル・ナボコフ

1955年

12歳のドロレス・〝ロリータ〟・ヘイズは、ウラジーミル・ナボコフに称賛と悪名をもたらした。彼女は、『ロリータ』（若島正訳、新潮文庫）の主人公・語り手であるハンバート・ハンバートの不運な犠牲者だ。学者でマイナー詩人のハンバートは、遺産を食いつぶして暮らしており、あるとき、ニューイングランドのラムズデールで裕福な未亡人シャーロット・ヘイズの家に下宿することにする。彼はまもなくシャーロットと結婚するが、彼が本当に求めているのは彼女の娘だ。ハンバートは、「ニンフェット」と呼ぶ9歳から14歳の少女に執着する小児性愛者なのである。シャーロットの死後――彼女はハンバートの本性を知り、彼を告発する手紙を出そうと急いで道を渡ったときに車に轢かれた――ハンバートはロリータをアメリカのモーテルの旅に連れ出すが、彼女は彼を見捨てて劇作家のクレア・クィルティのもとへ行く……。

ハンバートは読者に吐き気を催させる大した同伴者である――皮肉屋で、自惚れ屋で、傲慢で、スノッブで、ナルシスト。アメリカの消費主義に対する彼の旧世界的な軽蔑は滑稽だ。巧みな言葉遊びや引喩《いんゆ》に満ちたナボコフの卓越した文章は、私たちの目をくらませ、私たちをこの怪物、この小児レイプ犯との共犯関係に引きずり込む。

1959年、『ロリータ』の成功でたっぷり儲けたナボコフは、米国からヨーロッパに戻り、スイスのモントルー・パレス・ホテルの6階のスイートで暮らした。そこは、ボウイのローザンヌの家から遠くないところだ。もっとも、ボウイがそこに引っ越したときには、ナボコフはすでに亡くなっていたが。長年、『ロリータ』のペンギン・ブックス版は表紙にバルテュスの絵《少女と猫》（1937年）を使っていたが、この隠遁した画家もスイスでボウイの家の近くに住んでいて、ボウイは1994年に『モダン・ペインターズ』誌で彼に長いインタヴューを行っている。

ナボコフは堂々たる王のような印象がある。「アーティストはオーディエンスについて気をもむべきではないと思う」と、彼はBBCの『リスナー』誌に語っている。「最良のオーディエンスとは、毎朝髭剃り用の鏡の前で見る人物だ」。1980年代に『トゥナイト』や『ネヴァー・レット・ミー・ダウン』のようなアルバムが不発に終わったあと、ボウイもそのような考え方をするようになった。「僕の大きな失敗はすべて、ああだこうだ考えたり、オーディエンスを喜ばせようとしたりしたときに起こる」と、彼は2003年に『ザ・ワード』誌に告白している。「僕の作品が力強いものになるのは、すごく自分勝手になったときだ」。

気に入ったら、これも ☛ ウラジーミル・ナボコフ『淡い焔』(森慎一郎訳、作品社)

Bowie's Book

10

Money マーティン・エイミス 1984年

金の破滅的な効果、そしてそれを使って得られるもの、それはセックス、ドラッグ、酒……。これがマーティン・エイミスの最も愛されている小説Money（金《マネー》）のテーマだ。この大西洋を股にかける物語で、コマーシャル監督のジョン・セルフは自身初の本格的な長編映画の配役と資金集めに奮闘する。語り手でもあるセルフは、風変わりで叙情的なスラングを使う（ヘアカットは「かつら再考」で、ニューヨークのパトカーは「うかつな脚が引っかかるのを待つブタ捕獲器」）が、それはトム・ウルフに多くを負っている。そしてナボコフに。しかし主にトム・ウルフだ。

セルフは消費主義に消費されていて、金に気を取られ、ポルノや低俗なテレビ番組によって感覚を麻痺させられているため、もはや何にも気づかない。「この状態は何だ」と、彼は珍しく自分というものを認識したときに自問する。「善と悪の違いを見て、悪のほうを選ぶ——悪を認めているのか?」。彼は結局、ほぼすべての人にとってのカモになる。特に、映画プロデューサーのフィールディング・グッドニーは、ふんぞり返りながら彼の転落を画策している。

ボウイは金のいかがわしい魅力を理解していた。1982年10月、ついに元マネージャーとの厄介な契約から解放された彼は、1700万ドルと言われる契約をEMIと結び、最も商業的なレコード『レッツ・ダンス』をつくり、これまでで最大となるシリアス・ムーンライト・ツアーをスタートさせた。16ヵ国で96公演を行い、チケットは完売した。1983年末には、彼はこれまで以上のスターになっていた。しかし成功は、予期せぬ大きさであり、不意打ちとなった。彼は裕福になったが、不安を抱え、キャリアのなかで初めて退屈していた。

友人のイギー・ポップを連れてカナダに行った彼は、スキーとクラブ遊びと女漁りの合間に、味気ない投げやりな『トゥナイト』を制作したが、キャリア史上最低の評判で、700万枚を売り上げた『レッツ・ダンス』と比べてセールスも低調に終わった。そしてそこから90年代に入るまでスランプに陥る。

*Money*が出る数年前、ボウイはデヴィッド・ヘミングスの映画『ジャスト・ア・ジゴロ』でマレーネ・ディートリッヒを相手役にプロイセンの兵士を演じた際に、ひどい経験をしていた。何しろ、ボウイとディートリッヒが顔を合わせることはなかったのだ。2日間の仕事で25万ドルのギャラをもらうディートリッヒは、すべての出演場面を、残りのキャストやクルーが集まるベルリンではなく、自身が住むパリで撮影することを要求した。結果的に、彼女とボウイが同時に画面上に現れることはなかった。たとえ同じ場面にいてもである。批評家たちは容赦なくたたき、この映画は大失敗となった。とはいえ、それはボウイにとって驚きではなかった。「あの映画の関係者はみんな──いま会うと、お互いに目をそらすんだ」と、彼はのちに

『NME』誌に告白している。「あれは、32本のエルヴィス・プレスリー映画をひとまとめにしたようなものだった」。

映画制作のお粗末な面を個人的に知っていたことで、ボウイはいっそう*Money*を楽しめたのだろう。エイミスがこの小説の元にしたのは、映画『スペース・サタン』で自ら脚本家をつとめた経験で、その低予算のイギリスの宇宙映画は、監督と、老いてなお盛んなスター、カーク・ダグラスとの不和によってひどいものになった。ダグラスは*Money*に登場するローン・ガイランド――つねに励ましを必要とし、共演の20歳のスパンク・デイヴィスと裸で戦う場面を入れるようセルフに要求する――のネタ元になっている。

これを聴きながら 「Tonight」

気に入ったら、これも トム・ウルフ『虚栄の篝火』（中野圭二訳、文藝春秋）

Bowie's Book

11

アウトサイダー
コリン・ウィルソン
1956年

1981年、マンハッタンのボウイのロフトで開かれたパーティーで、ブロンディの元ベーシスト、ゲイリー・ラックマンがコリン・ウィルソンをめぐってボウイと議論になった。「彼は夜にあちこちへ行って、家々の戸口の階段に五芒星《ペンタグラム》を見つけてるんだ」と、ボウイはラックマンに言った。「死んだナチたちの心霊体《エクトプラズム》を引き出して、人造小人《ホモンクルス》をつくり出してるんだ」。ラックマンは、ウィルソンはそういったことにのめり込んではいないと思うと答えた。「いや、実際にそうなんだよ」とボウイは言った。「事実として、彼がコーンウォールで魔女の集会を主宰してるのを知ってるんだ」。ラックマンは再び異議を唱えたが、そこでアシスタントから帰るように言われた。

コリン・ウィルソンとは何者か？ いまとなっては、そう尋ねられるのも無理はない。しかし、1956年の6週間にわたって、彼はイギリスで最も有名な知識人だった。彼の大ヒット作『アウトサイダー』（中村保男訳、中公文庫）は、アルベール・カミュ（38ページ）からニーチェ、ハイデガー、ドストエフスキーまで、アート、文学、哲学の世界のニヒリスティックな一匹狼について論じた野心的な研究である。自らの才能を固く信じていたウィルソンは、16歳で学業を離れた独学者で、ゲイを装うことで兵役を免れていた。『アウトサイダー』は、ハムステッド・ヒースで寝袋生活をしていたときに、大英博物館の図書室で書いた。発売されると絶賛を浴び、ベストセラーリストのトップに躍り出た。

しかし、精読されるにつれ、この本は大したものではないと認識されるようになり――「初めから終わりまで、二流の、出来合いの哲学だ」と、批評家のテリー・イーグルトンは近年『ガーディアン』紙で述べている――2作目の『宗教とアウトサイダー』は完全な失敗に終わった。とはいえ、何世代もの学生たちにとって、『アウトサイダー』は、最もロマンティックかつ英雄的な意味での実存主義について知る入門書として多少なりとも機能している。そして、ウィルソンが定義するところのアウトサイダーは、面白いほどボウイを思わせる。あるいは少なくとも、ボウイがキャリアのさまざまな段階で自ら生み出してきたイメージを――「アウトサイダーは、自分が誰なのか確信を持っていない。『私』を見つけてはいるが、それは真の『私』ではない。アウトサイダーの主たる務めは、自分自身に戻る道を見つけることである」。その後、ウィルソンのレパートリーはだんだんと広がりを見せ、連続殺人犯、UFO、ナチス、オカルトなどが含まれるようになった。どれもボウイが大きな関心を抱いていたものだ。

しかし、『地球に落ちて来た男』の監督のニコラス・ローグがたまたまウィルソンと会い、ボウイがあなたのファンだと伝えたところ、ウィルソンは、賛辞をお返しすることはできない、何しろロックミュージックには興味がなく、デヴィッド・ボウイが誰かもわからないのだ、と答えたという。これはボウイにとって残念だったことだろう。

これを聴きながら 「Space Oddity」

気に入ったら、これも コリン・ウィルソン『オカルト』（中村保男訳、河出文庫）

●1976年5月2日、すっかり有名人になったボウイは、ロンドンのヴィクトリア駅でファンたちに盛大に迎えられる
(Photo by Mark and Colleen Hayward/Getty Images)

Bowie's Book

12

ボヴァリー夫人

ギュスターヴ・フローベール

1856年

ボウイが育った郊外のブロムリーは、19世紀のノルマンディーの平地とそう変わらない。フローベールが書いたこの地方生活——すなわち、パリの外での生活——への風刺小説に登場する空想家の主人公は、ボウイの「火星の生活」に登場する空想家の主人公とそう変わらない。ヘンリー・ジェイムズが『ボヴァリー夫人』（芳川泰久訳、新潮文庫）について漏らした不満は、つまるところ、ふわふわした若い女性の二流の医者との不幸せな結婚生活という地味な物語が、「些細なこと《スモール・アフェア》」すぎるということだった。エンマ・ボヴァリーは黒髪で、「火星の生活」の少女のネズミのようなさえない茶色の髪ではない。しかしどちらの女性も刺激と逃避を強く求め、物憂さと激しいロマンティックな憧れのあいだで揺れていて、エンマの場合はそれが自殺という悲劇で終わる。

「火星の生活」の少女は、映画を観ているが、退屈ですぐに飽きてしまう。映画はどこも新しいところには連れていってくれず、ただ彼女が経験してきたことが映し出されているだけだ。エンマ・ボヴァリーは本を貪り読んでいるが、間違った種類の本である——陳腐で、馬鹿げていて、空想的。それらは彼女の頭を誤った考え、非現実的な期待で満たし、何より、不倫はシャルルとの結婚生活より面白いと考えさせる。その結婚生活は彼女の個性を奪い、彼女をたんなる三番目のボヴァリー夫人にした。一番目は義母で、二番目はシャルルの亡き最初の妻だが、エンマは彼女の古いウェディングブーケを引き出しのなかに見つける――絶妙にゴシック的なタッチである。エンマは、嫌いな馬鹿男との結婚生活というある種の地獄に閉じ込められたと気づくが、知性に欠けているため、レオンやロドルフのような愚か者と付き合うという以上に洗練された脱走を企てることができない。

『ボヴァリー夫人』は、逃避の挫折と、濫読の危険性を描いた小説だ。しかし一般的に言えば、何より、密通の魅力を描いた小説であり、フローベールはそれが理由で1857年1月に猥褻《わいせつ》罪で起訴された。その根拠となったこの本の最も有名な場面では、エンマとレオンがブラインドをしっかり閉めた辻馬車に乗って何時間もルーアンを駆け巡り、御者が止まろうとするたびに大声で制す。

「ボヴァリー夫人は私だ」とフローベールが言ったことは有名だ。そしてボウイも、彼女の欲求不満、刺激への強い憧れを理解していただろう。しかしフローベールの場合は、同一化が行きすぎて、エンマの死の場面――薬剤師の瓶から急いですくった砒素のインクのような味、「遠ざかる交響曲の最後の響きのような」鼓動――を書いたときには何度も吐いていたという。

これを聴きながら 「Life on Mars?」

気に入ったら、これも ギュスターヴ・フローベール『感情教育』（太田浩一訳、光文社古典新訳文庫）

Bowie's Book

13

イリアス

ホメロス

紀元前8世紀

ヨーロッパの正典《ヨーロピアン・キャノン》はここにはじまる。ボウイが『イリアス』（松平千秋訳、岩波文庫）に目を向けたのは、ジュリアン・ジェインズの「二分心」の理論（171ページ）を通してだろうか？『性のペルソナ』でそれを論じ、ホメロスの映画的なピクトリアリズムを称えた、カミール・パーリア（300ページ）を通してだろうか？あるいは、たんにギリシアの叙事詩に目がなかったのだろうか？

詩人ホメロスの作とされる『イリアス』は、トロイア戦争とギリシアによるトロイアの包囲の末期の出来事を伝えている。神話上の英雄たちの、血なまぐさい、好戦的な物語である。ボウイにとって特に興味深かったのは、ときに同性愛とも言われる、戦士アキレウスとその親友パトロクロスの関係だろう。輝かしい鎧《よろい》——ブロンズで、星が散りばめられている——を持つアキレウスは、戦士のなかでも際立った存在で、その鎧は彼の強さを象徴している。ある日、アキレウスはアガメムノン王と言い争い、戦闘を拒否した。そこでパトロクロスがアキレウスの鎧を借りると、彼は両陣営からアキレウスだと間違われる。さらにパトロクロスは、その鎧から実際に力を引き出し、アキレウスの戦闘力と作法を身につけはじめる。しかし不幸なことに、アポロン神が介入し、トロイア勢に手を貸す。アポロンはパトロクロスを気絶させ、彼の兜《かぶと》を落とす。そうして晒し出されたパトロクロスは、トロイアの英雄ヘクトルに殺され、鎧を奪われる。

ここには、個性を映し出すのにきわめて重要な、身にまとうものの力に関する教えがある。そして、その力がいかに大きいものであり、その身にまとう衣装によって、その人自身がいかに力を得たり、あるいは失ったりするかを伝えている。

またこの話は、ボウイとイギー・ポップやルー・リードとの複雑な関係を解き明かすヒントにもなる。彼らはボウイに影響を与えたアーティストであり、ボウイの登場で輝きを失ったが、やがて彼の取り成しで力を取り戻し、1980～90年代、ボウイが『レッツ・ダンス』で得たメインストリームのオーディエンスとの関わり方に苦労していた時期に逆にクールな存在になった。

『イリアス』と、ホメロスのもうひとつの大作『オデュッセイア』は、宴や祭り、儀式の場で、「ラプソドス」という職業的な吟誦詩人がリラを弾きながら朗誦していた。読み書きのできないラプソドスたちは、既存の詩《うた》を混ぜ合わせ、練り上げ、パフォーマンスのなかで新たなヴァージョンを「創作」していた。そのやり方は、実にビート的だと、ボウイは思ったことだろう。

これを聴きながら 「Wishful Beginnings」

気に入ったら、これも マデリン・ミラー『アキレウスの歌』（川副智子訳、早川書房）

Bowie's Book

14

西洋美術解読事典
ジェームズ・ホール
1974年

若いころ、ボウイは美術に関する知識を貪欲に求めていた。それは音楽と同じくらい彼を魅了するものだった。印象派からはじまる近代美術は、彼にとって比較的解読しやすかった。しかしそれ以前の美術、すなわち彼の親の世代が「真の美術」と考える類のものは違った。まず、形式を理解するということがある。しかし、その内容については?

批評家のジョージ・スタイナー(107ページ)は、教育水準の低下のために、過去の美術が若い世代にとって理解できないものになっていることを気にかけていた。スタイナーによれば、学校で子どもたちはかつてのように聖書やギリシア・ローマ文学を詳しく学んでいない。そのため、聖書や神話のイメージにもとづいた美術を「読む」力が不足しているのだ。

このことを理解するには、ジェームズ・ホールの『西洋美術解読事典――絵画・彫刻における主題と象徴』(高階秀爾監修、河出書房新社)が必要だ。これは、親しみやすい、一目でわかる手引きであり、個々の絵画そのものではなく、西洋美術の象徴《シンボル》や主題《テーマ》について解説している。この本を読めば、専門家ではない美術愛好家でも、首に鈴をつけた豚のそばにいる修道士が大アントニウスである理由――放牧権と関係することだという――がわかるし、オランダ絵画の頭蓋骨や水差しやブドウの房が何を意味しているのかもわかる。また、人物は私たちが思っているほど多くの意味を持っていない場合もあるという。たとえば、ウェヌス〔ヴィーナス〕はあちこちに現れているが、まったく象徴的な意味合いがないことが多いと、ホールは説明している。彼女は、たんに、裸婦なのだ。

高貴な権威を感じさせるホールだが、実は専門的な美術史家ではなく、出版社J・M・デント&サンズのプロダクションマネージャーであり、17歳で学業を離れ、昼休みにロンドン中の美術館やギャラリーを巡る――デントのオフィスはコヴェント・ガーデン〔ロンドン中心部の地区〕にあった――ことで自ら知識を蓄えた。この本を書くのには長い年月がかかった。ハーペンデンの自宅から市内に向かう列車に乗る前の早朝に作業をした。出版されると、美術の専門家たちは、この本が同業者によって書かれたのではないという事実に耳を疑った。

ボウイは伝統的な美術のシンボルの力を愛していた。それらが長きにわたって運んできたもののためかもしれない。そのようなシンボルは、彼のキャリアを通じて、ステージ、アルバムのアートワーク、ミュージックビデオに登場している。しかし、特にこだわった、凝った使い方をしているのは、「ラザルス」と「★」の素晴らしいミュージックビデオだ。ホールの助けを借りれば、ボウイがその二つのビデオで演じている目隠しをした乞食のバトン・アイズは、処刑されようとしている聖人か、精神的・道徳的盲目の象徴だと割り出すことができる。もっとも、「ラザルス」のビデオで机の上の頭蓋骨が何を意味しているかはあまりにも明白だ。ボウィはそこで狂ったように殴り書きをし、必死に自らの最期の考えを書き留めようとしているのだから……。

これを聴きながら（そしてミュージックビデオを観ながら） 「Lazarus」

気に入ったら、これも エルンスト・H・ゴンブリッチ『美術の物語』（田中正之ほか訳、河出書房新社）

15

ハーツォグ

ソール・ベロー

1964年

ソール・ベローの第6作『ハーツォグ』（宇野利泰訳、ハヤカワ文庫NV）は、アンディ・ウォーホルの《ブリロ・ボックス》やボブ・ディランの初の全曲自作アルバム『時代は変る』と同じ年に出た。一見、この壮大だが内省的なユダヤ系アメリカ人の知的生活をめぐる小説は、その二つの作品とはほとんど関係がなさそうに思えるし、異父兄のテリーが当時ボウイに吹聴していたビートニクの幻影とのつながりも見えない。

しかし、『ハーツォグ』には『オン・ザ・ロード』（153ページ）と同じスピーディーでジャズ的なエネルギーがある。万華鏡のような世界のすべてがひとりの人間の視野に引き込まれていく感覚、その世界は人を狂わせることができるという意識を共有している。

『ハーツォグ』は骨の折れる果てしない小説であり、難解で知的であるとともに、世俗的で笑える。アンチヒーローのハーツォグは、不安を抱えた中年のユダヤ人の学者で、元妻マデリンの不倫に偏執的なほどに悶《もだ》えている。その不倫相手は、彼のかつての友人で、片足の、赤毛のラジオ司会者、ヴァレンタイン・ガーズバックだ。とはいえ、はっきりとしたプロットがあるわけではない。むしろこの小説は、私たちをハーツォグの忙しい脳内――ボウイには馴染みがあったであろうタイプの脳だ――に閉じ込める。ハーツォグの思考は連想が連想を生み、貧困に苦しんだモントリオールでの子ども時代――父親は禁酒法時代に酒の密造をしていた――から、うまくいかないキャリア、過去の結婚、現在のめちゃくちゃな性生活、子どもたちとの距離のある関係まで、あちこちへ飛んでいく。そして、急な発作のように、ハーツォグから友人、知人、家族、著名人、哲学者への（送られることのない）手紙が差し挟まれる。

私たちはハーツォグのパラノイアを深く共有するため、この失敗した高潔の士は状況を読み違えているというベローのほのめかしに気づかない恐れがある。マデリンの行動はそれほど無分別だったのか？ ヴァレンタインはそんなにずるい奴なのか？ ハーツォグは立ち止まって考えることがほとんどない。落ち着きがなく、絶えず動きまわっていて、ときに目的地に着いてもうろたえて引き返すだけだ。エキゾティックで男の空想の体現のような恋人のラモーナとのセックスだけが、彼の脳のスイッチを切るようである。

ドラマが注入されるのは、ハーツォグがマデリンとのあいだの娘ジュニーのベビーシッターから、ヴァレンタインがマデリンとの口論中にジュニーを車に閉じ込めていたという手紙をもらったときだ。この手紙に駆り立てられたハーツォグは、ヴァレンタインとマデリンを殺そうと、父親の古い拳銃を持って彼らの家に行く。しかし窓越しに覗くと、ヴァレンタインは優しく愛情を込めてジュニーの体を洗っていた。そのときを境に、ハーツォグはバランスのとれた自己認識をするようになり、小説の最後にはっきりとそのような状態に達した彼は、ラモーナのために花を摘み、料理を振る舞う。シンプルで、家庭的なこと。そのような人と人との些細なつながりは、ボウイがつくるのが得意だったものだ。手紙を書きたいという衝動は、偏頭痛が治ったかのように、ハーツォグのもとから消え去った。

これを聴きながら 「Without You」

気に入ったら、これも ソール・ベロー『オーギー・マーチの冒険』（渋谷雄三郎訳、早川書房）

16

荒地 T・S・エリオット 1922年

1974年、ウィリアム・S・バロウズは、ボウイの歌詞とT・S・エリオットの詩のあいだに結びつきを見出した。『ローリング・ストーン』誌でボウイにインタヴューしたバロウズは、『ハンキー・ドリー』の「8行詩」はエリオットの1925年の詩「空ろな人間たち」から影響を受けたものかと尋ねた。ボウイは、何も知らないと答えた。「エリオットを読んだことはない」。

これは奇妙だ。ボウイは間違いなくエリオットに影響を受けていたのだから。ボウイがプロデュースしたルー・リードの1972年のアルバム『トランスフォーマー』の「グッドナイト・レイディズ」は、エリオットの1922年の革新的な詩『荒地』(岩崎宗治訳、岩波文庫)の第2部「チェス遊び」の終わりに出てくるフレーズである。(エリオット自身は『ハムレット』のオフィーリアのセリフを引用している)。そしてもちろんエリオットは、コリン・ウィルソン(67ページ)が文学界のロマンティックな社会不適応者の殿堂に入れた作家のひとりだ。

ボウイがバロウズに真実を語っていたとすると、彼はいつ『荒地』を読んだのだろうか?

『ロジャー』をレコーディングした1978年にはすでに読んでいただろうか？　どちらであれ、『ロジャー』のなかの雷の海を行く「赤い帆《red sails》」（『荒地』の第5部の題が「雷の言ったこと」であることを思い出してほしい）は、第3部「火の説教」でテムズ川を下る艀《はしけ》の「赤い帆」と関係しているのだろうか？

パスティーシュ、パロディ、引喩の氾濫である『荒地』は、キュビスムが視覚芸術で行ったことを詩で行った。その頑なな難解さは、見事だとも、不快だとも思われる。エリオットは書籍化（もともとは自身の雑誌『クライテリオン』で発表していた）にあたって7ページの注釈を付け加えたが、のちに、それは水増しであり、真の洞察を与えるのではなく、読者をあてどない探求に向かわせるものだったと告白した。ボウイもこうしたやましさを感じることがあった。「言葉には耳を傾けないで、意味のないものだから」と、彼は『ハンキー・ドリー』の「ザ・ビューレイ・ブラザース」をレコーディングしていたときにエンジニアのケン・スコットに言った。「アメリカ市場向けに書いたんだ、彼らはこういうのが好きだから」。

2016年1月10日、『★（ブラックスター）』のリリースの2日後にボウイが亡くなると、悲しむファンは解釈に熱中した。「★」という曲の、「ただひとつの蠟燭」が灯る「オーメンの屋敷」とは何なのだろうか？　タイトルはエルヴィス・プレスリーの同名の曲を指しているのか、ガン病巣のことなのか、それとも量子物理学の仮説的な概念なのだろうか？

エリオットが『荒地』で用いたアプローチはブリコラージュだった。さまざまな断片——ふと耳にした話、ジャズのリズム、ポピュラーソング、ほかの作家の引用——を集め、つなぎ合わせることで、驚くほどモダンであると同時に、第一次世界大戦後のヨーロッパの精神的破綻を映し出した詩を創造した。エリオットにとって、現代の都市は汚らしく、やかましかった。真に現代的な詩はこれを映し出さなければならず、そのためにエリオットは、下劣なものと魅惑的なものの融合を試みた――これはまさにボウイが『ダイアモンドの犬』とそれに伴う壮大なステージで目指したことだ。エリオットにとって、最良の詩人とは威厳のある予言者のような浮世離れした人物ではなく、不安を抱えた繊細な人で、自己不信に苦しみ、防護マスクのように詩をまとっているのだった。

エリオットの手法は、芸術的窃盗の新たなしきたりを定めた。現代の詩人は先人たちと絶えず対話しているが、そのような先人たちは、くすんだ過去ではなく、時を超越したある種の同時性のなかに存在し、お互いの関係を絶えず改めながら新参者を受け入れている。そして新参者は、過去の詩人の作品を自由に再設計できる。実際、それをうまくやることこそが彼らのいちばんの野望だろう。「未熟な詩人は真似をし、成熟した詩人は盗む。よくない詩人は取ってきたものを傷つけ、よい詩人はそれをより優れたものに、あるいは少なくとも違ったものに変える」とエリオットは書いている。(ボウイは、自分がほかのアーティストたちからどれほどのものを取ってきているかについて、しばしば率直に語っていた。LCDサウンドシステムのジェームズ・マーフィーがボウイの曲から盗んだと告白したときは、「泥棒から盗むことはできない」と言って安心させた)。

トマス・スターンズ・エリオットは、ミシシッピ川岸のセントルイスで生まれ育ち、191

4年にロンドンにやって来た。若いころの彼は、1970年代半ばのボウイのように、オカルトに手を出し、民主政に疑いを抱いていた。ロンドンで、彼はイギリス人女性のヴィヴィアン・ヘイ＝ウッドと結婚し（ボウイがアメリカ人のアンジー・バーネットと結婚したように）、執筆と編集の資金を稼ぐために銀行で働いた。しかし1921年、過労とともに、経済的な不安、そして抑うつ症のヴィヴィアンとの生活のストレスが重なり、神経衰弱に陥った。健康を取り戻すため、エリオットはまずマーゲートに行き、それからスイス・ローザンヌの療養所に入って、そこで『荒地』を書き上げた。（ボウイもローザンヌに住んでいて、1980年代と90年代の多くを、1900年にロシアの皇太子のために建てられた14部屋の豪邸、シャトー・デュ・シニャルで過ごしていた。『ロジャー』とその後のいくつかのアルバムは、そこから車で40分のモントルーのマウンテン・スタジオで録音された）。

だから、バロウズの理解は正しかったのだ。ボウイとエリオットの結びつきの強さは否定のしようがない。最後にもうひとつ注目したいのは、エリオットの「空ろな人間たち」と、「★」と「ラザルス」のビデオに出てくる盲目のバトン・アイズとの関連だ。

その目はここにない
ここに目はない
この死にゆく星々の谷には

バトン・アイズは、「死にゆく星」ボウイであり、リーシーズ・ピーシーズ（映画『E.T.』でE.T.をおびき出すために撒かれる菓子）で道をつくっているのだ――「アメリカ市場」だけでなく、彼を愛したすべての人のために。

これを聴きながら 「Eight Line Poem」

気に入ったら、これも T・S・エリオット「空ろな人間たち」（『四つの四重奏』所収、岩崎宗治訳、岩波文庫）

17

A Confederacy of Dunces ジョン・ケネディ・トゥール 1980年

「真の天才が世に現れたとき、それはこのような兆候からわかるだろう、すなわちまぬけ者たちが連合を組んで彼に対抗するのだ」

ジョナサン・スウィフト

Puckoon（356ページ）と同じく、*A Confederacy of Dunces*（まぬけ者たちの連合）は、創造的な才気と精神の不安定とのあいだに結びつきがあることを示す一例だ。自ら選んだ業界に入るまでに長い不遇の年月を送った者として、ボウイはこの本が生まれるまでの不思議な物語を愛していたのだろう。私たちは、デヴィッド・ジョーンズが国際的なスター「デヴィッド・ボウイ」になる前の時代があったことを忘れがちだ。しかし、彼は決して忘れなかった。

ジョン・ケネディ・トゥールは、1960年代初め、プエルトリコで兵役についていたときに、人知れずこの小説を書いた。サイモン&シュスターの高名な編集者ロバート・ゴットリーブにそれを送ると、ゴットリーブは最初はトゥールを応援したが、結局、「これといった中身がない」

という理由で受け入れなかった。落胆したトゥールは学術の世界に流れ着き、ニューオーリンズの大学で英語を教えたが、徐々に常軌を逸した振る舞いをするようになった。ある日、彼はカリフォルニアへの3ヵ月のロードトリップに消えた。そして1969年3月26日、ミシシッピ州ビロクシの外れで、車の排気管にホースをつないでガスを吸って自殺した。

トゥールの母親のセルマは、息子の遺品のなかに、*A Confederacy of Dunces* の原稿とサイモン&シュスターとのやり取りの手紙を見つけた。その小説が受け入れられなかったことに憤った彼女は、残りの人生をかけて息子の才能を証明しようと取り組んだ。そして、なんと、成功した。*A Confederacy of Dunces* は小さな大学の出版局から発売されると、予期せぬベストセラーになり、1981年にピューリッツァー賞を受賞した。

トゥールの小説の滑稽なアンチヒーロー、肥満でだらしのないイグネイシャス・J・ライリーは、冒頭から私たち読者の目に飛び込んでくる。特徴的なぐしゃぐしゃのハンティング帽は、伸びっぱなしの髪と毛深い大きな耳を覆いきれていない。これは1960年代のニューオーリンズに舞台を移したドン・キホーテの物語であり、ライリーはネット荒らしという言葉が生み出されるより前のネット荒らしなのだ。Reddit〔掲示板サイト〕が存在しなくとも、陳腐なレイシスト的罵りや、中世哲学についての学者ぶった考えをビッグ・チーフ・タブレット〔子ども用のノート〕に書き散らせるのである。30歳だがまだ母親と暮らし、「フォルトゥーナの運命の車輪」やら「幽門弁」やらについて絶えず心配しているライリーは、高校時代に飼っていたコリー犬のレックスについて夢想しながら自慰をする。

ボウイは社会不適応者に魅力を感じていた。それは彼にとって（何より）中年になっても親と暮らす者のことだった。1967年発売の最初のソロアルバム『デヴィッド・ボウイ』に収録された風変わりな「アンクル・アーサー」は、まさにそのような人物を描いている――30代前半の小商店主で、いまもコミックを読み、バットマンを追いかけ、仕事が終わると自転車で母の待つ家に帰る。ボウイ研究の大家であるニコラス・ペッグは、ボウイはこの曲のアイデアをアラン・シリトーの陰鬱な短編「ジム・スカーフィデイルの屈辱」から得たのだろうと考えている。（この短編はベストセラーになったシリトーの最初の作品集『長距離走者の孤独』に収録されている）。アンクル・アーサーと同じように、ジムも家を出て女性と暮らしはじめるが、うまくいかずに戻ってくる。のちに *A Confederacy of Dunces* を読んだボウイが、こうしたテーマがスタイリッシュに反復されているのを見て興奮したことは想像に難くない。

これを聴きながら 「Uncle Arthur」

気に入ったら、これも アラン・シリトー『長距離走者の孤独』（丸谷才一・河野一郎訳、新潮文庫）

Bowie's Book

18

ミステリー・トレイン

グリール・マーカス

1975年

グリール・マーカスは最初のロック批評家のひとりで、いまも最良のひとりだ。『クリーム』誌など60年代後半のカウンターカルチャー雑誌で経験を積んだ彼は、誰よりも早く――すべてのカルチャーを等価に扱うポストモダニズムの何年も前に――最良のポップミュージックはあらゆる「高級」芸術と同等であると理解していた。表面上いかに陳腐な一過性のものに見えたとしても、ポップミュージックのルーツはアメリカとイギリスの文化史の奥深くにある。だから、敬意と学問的な眼識をもって書かれるに値するのだ。ザ・バンドとハーマン・メルヴィルを、あるいはセックス・ピストルズとミュンスターの再洗礼派〔16世紀に反乱を起こした〕を比較したいなら――さあ、やりなさい。先に弁明などする必要はない。

しかし、実のところ、マーカスはデヴィッド・ボウイをあまり好んでいなかった。『ハンキー・ドリー』のメロディーの独創性については評価していたが、その後の果てしない変身については評価せず、『ローリング・ストーン』誌で『ロジャー』を酷評したことは有名だ。「何度も何度も、アイデアが旗竿を上がっていく」と彼は書いている。「しかし、旗竿そのものを見つけようとしたほうがいい」。この事実からわかるのは、このような侮辱を受けてもマーカスの最も有名な本を躊躇なく推薦できたボウィの度量だ。そしてそれと同時に、『ミステリー・トレイン――ロック音楽にみるアメリカ像』(三井徹訳、第三文明社)がどれほど素晴らしいかということもわかる。

ボウィは世界のどこでレコーディングしようと、ロックンロールを発明した(と言えるだろう)男、リトル・リチャードの額縁入り写真を持っていき、作業に入る前にスタジオの壁にかけていた。『レッツ・ダンス』をプロデュースしたナイル・ロジャーズは、赤いスーツを着て赤いキャデラックに乗り込むリトル・リチャードの写真をボウィに見せられ、アルバムのサウンドをこういうふうにしたいと言われたという。

『ミステリー・トレイン』もリトル・リチャード(218ページ)の話からはじまり、マーカスは、このピアノを叩く、性的に曖昧な、「トゥッティ・フルッティ」の歌手が米国のトークショーに出たときのことを語る。ほかのゲストたちの偉ぶったおしゃべりに口を閉ざしたリトル・リチャードは、腹を立ててぐつぐつと煮えたぎり、やがて抑えきれなくなった。小説家のエリック・シーガルが芸術の歴史について皆に講義をはじめると、彼は立ち上がり、地獄の責め苦について説教する牧師のように、白人の文化保護者たちを非難した。こうして彼は、自分がここにいる唯一の真の芸術家だと証明した――唯一の真の掟破り屋だと。

マーカスが『ミステリー・トレイン』を書きはじめたのは1972年の秋、ジギー・スターダストの人気が過熱していたころで、書き終えたのは1974年の夏、ボウィがダイアモンド・

ドッグズ・ツアーでアメリカ中をまわり、その途中にそれをソウルレヴューに変えたころだった〔セカンドレグからソウルミュージック色を強め、サードレグでは大々的にソウルミュージックを取り入れた〕。マーカスは当時現役で（多かれ少なかれ）活躍中だった次の四者に焦点を当てている。エルヴィス・プレスリー、ランディ・ニューマン、ザ・バンド、スライ・ストーンである。しかし、リトル・リチャードの系譜を引くショーマンにして破壊者で、マーカスが言うところの「偉大で奇抜な黒人スーパースター」のイメージをアルバム『暴動』で捨て去ったストーンについて書かれたところは、ボウイについて書かれているようなものである〔『ミステリー・トレイン』のこの箇所で、マーカスは必ずしもストーンだけを対象にして論じているわけではない〕。

オーディエンスが、すでに受け入れているものをさらに求めるだけだとして、アーティストには選択の余地がある。ひとつには、動き続け、ことによっては自分をオーディエンスから切り離すという選択肢がある。その場合、そのアーティストの作品は、他者にとって重要であったときに持っていた生気と強さを失う。一方、オーディエンスが抱いているイメージを受け入れ、オーディエンスはぼんやりとした理想像なのだというふりをし、オーディエンスのなかに身を没するという選択肢もある。そのとき、そのアーティストは確認することしかできなくなる。創造することはできなくなる。

この葛藤――確認と創造のあいだの、そして大勢のオーディエンスを必要とすることとそれを軽蔑することのあいだの葛藤――は、ボウイを生涯にわたって駆り立てた。最も難解かつ非商業的なアルバム『★（ブラックスター）』でキャリア最大級の成功を収めた、最後の最後まで。

これを聴きながら 「Fame」

気に入ったら、これも グリール・マーカス *Lipstick Traces*

19 The Beano 1938年創刊

イギリスの戦後の子ども向けコミックの世界では、二つのタイトルがひときわ際立った存在だった。*The Beano* と *The Dandy* である。どちらも同じD・C・トムソン社が出版していたが、*The Beano* にはエッジがあった。より突飛で、ふざけていた。よりアナーキーだった。戦時中にはナチスをとことん嘲り、編集長はヒトラーの「殺害リスト」に載るほどだった。総統は、1940年に計画していたイギリス侵攻のあとに、彼を捕まえたいと考えていたのである。

レオ・バクセンデールやデイヴィッド・ローのようなイラストレーターは、その創作物――ビフォ・ザ・ベアー、ロード・スヌーティ、バッシュ・ストリート・キッズ――と同じくらい有名だった。デヴィッド・ジョーンズが初めて *The Beano* を手に入れた1950年代初めは、この雑誌の商業的な最盛期（週200万部販売）で、最も愛されるキャラクターが登場した。ミニー・ザ・ミンクス、ロジャー・ザ・ドジャー、そしてもちろん、逆立った髪に赤と黒のセーターのデニス・ザ・メナスだ。誰よりもベビーブーマーたちにとって、*The Beano* は大人の権威に立ち向かう反抗を意味した。だからこそ、ジョン・メイオール&ザ・ブルースブレイカーズの1966年のアルバム『ブルースブレイカーズ・ウィズ・エリック・クラプトン』のジャケットで、エリック・クラプトンはこの雑誌を持っているのだ。写真撮影を嫌ったクラプトンは、皆を困らせるため、*The Beano*を買って、ほかのメンバーたちが言われたとおりにポーズをとるなかでそれを読むことにしたのである。

ボウイのコミックやグラフィックノベルへの生涯にわたる愛は*The Beano*からはじまった。それゆえ、彼が亡くなった日に、この雑誌がアラジン・セインのメイクを模したデニスの絵をツイートして彼を称えたことは、もっともであるし、どこか美しかった。

これを聴きながら 「The Laughing Gnome」

気に入ったら、これも **2000 AD**

Bowie's Book

20

嫌いなものは嫌い

フラン・レボウィッツ

1978年

ボウイはフラン・レボウィッツの膨大な蔵書のなかから本を1冊借り、そのまま返さなかったらしい。とはいえ、それがきっかけで二人のあいだがギクシャクしたのかと心配する必要はない。ニューヨークのユーモア作家でスタイルアイコンの彼女は、ボウイの古い友達だった。そしていまもボウイの妻イマンの友達であり、2001年に出た彼女の自伝兼マニフェスト *I Am Iman* で、ボウイはレボウィッツにインタヴューしている。二人は数ページにわたって語り合い、『ヴォーグ』誌に黒人モデルが少ないこと、なぜファッションショーはスポーツ大会のようになったのか、なぜアンディ・ウォーホルがローマのスターバックスと関係しているのか、隠されているべき感性（たとえば、キャンプ〔43ページ参照〕）が主流になるとどうなるのか、などを話題にしている。これは実に楽しい。

『嫌いなものは嫌い――メトロポリタン・ライフ入門』（小沢瑞穂訳、晶文社）には、レボウィッツが1970年代に『マドモアゼル』誌とウォーホルの『インタヴュー』誌に書いたコラムとエッセイが収められている。ニューヨークの生活を、茶目っ気をもって、冷笑的に観察した彼女のコラムとエッセイは、内輪ノリを楽しんでいる。まさに『インタヴュー』誌と同じだ。レボウィッツはかつて、その雑誌を読んでいる人は皆お互いに知り合いだと言っていた。はからずも、その人たちの多くは、エドマンド・ホワイトが『ニューヨーク・タイムズ』紙に書いたように、「アメリカの嗜好、音楽、絵画、詩、娯楽に、長く続く影響」を持つようになった。

レボウィッツのコラムは「娯楽」のカテゴリに入るだろうが、それは悪いことではない。まず、彼女のコラムは笑えるのだ。そして、昔のニューヨーク——ジェントリフィケーション〔都市の富裕化〕以前、エイズ以前——のタイムカプセルになっている。スタジオ54〔有名人が多く訪れたディスコ〕、マクシズ・カンザス・シティ〔アーティストが集ったクラブ・レストラン〕、ロバート・メイプルソープ、スーザン・ソンタグの、芸術的で性的で知的なニューヨーク。レボウィッツはこうした人や場所の名前を挙げるだけの俗物ではない。彼女の真のテーマは、都会の精神と、都市で生き延びるためにはそれをいかに磨き上げなければならないか、ということだ。

その仕事に最適なツールは風刺と皮肉だった。たとえば彼女は、家主になりたいならゴキブリ対入居者の割合を最低でも4000対1にすること、などと書く。ソーホー（SoHo）やトライベッカ（TriBeCa）など、略語を使って地区を表すラプキン・レポート〔ソーホーという名を生み出した都市計画家チェスター・ラプキンによる報告書〕以後の風習に憤る彼女は、ノーティフソーシャー（NoTifSoSher）——ティファニー（Tiffany's）の北（North）、シェリー＝ネザーランド（Sherry-Netherland）の南（South）というのを提案する。それから、機知に富んだドロシー・パーカー風の寸言がある。「睡眠とは責任を伴わない死だ」「私にとって、屋外とは、アパートを出てからタクシーに乗るまでに通過しなければならないもののことだ」。

これらすべての底流にはニューヨークへの強い愛があるが、それはボウイも抱いていたものだ。実のところボウイは、1971年1月にマーキュリー・レコードに招かれてこの街を初めて訪れたときから、それを抱いていた。『世界を売った男』を米国でリリースするところだった彼は、ミスター・フィッシュの「男物ドレス」を着て、ヴェロニカ・レイクのような髪を肩まで垂らし、マンハッタンを巡った。西54丁目と6番街の交差点にヴァイキングのような格好で立っていた盲目でホームレスの路上詩人・ミュージシャンのムーンドッグにランチを買ったりもした。そして、お気に入りのバンド、ヴェルヴェット・アンダーグラウンドのライヴをイースト・ヴィレッジのエレクトリック・サーカスで見た。そのショーに圧倒されたボウイは、楽屋に行ってルー・リードを称え、彼の曲をどれほど素晴らしいと思ったか伝えた。二人はしばらくおしゃべりに興じた。あとになってボウイは、ルー・リードが前年の夏にバンドを辞めていたこと、その激賞を受けた相手はベーシストから急遽昇格したダグ・ユールだったことを知った。

このロックセレブリティのいい加減さから教えられるのは、かつてレボウィッツが言ったように、「あなたの評価はいちばん最近のヘアカットで決まる」ということだ。

これを聴きながら 「New York's in Love」

気に入ったら、これも ☛ フラン・レボウィッツ『どうでも良くないどうでもいいこと』（小沢瑞穂訳、晶文社）

Bowie's Book

21

David Bomberg

リチャード・コーク

1988年

ボウイは、探求的で真にラディカルなイギリスの画家、デイヴィッド・ボンバーグの絵を何点か所有していた。「ずっとデイヴィッド・ボンバーグの大ファンだ」と、彼は1998年に『ニューヨーク・タイムズ』紙に明かしている。「あの流派が大好きなんだ。かなり偏狭なイングランド性があるのはたしかだ。でもかまわない」。死後にサザビーズで売りに出されたボウイのコレクションに含まれていたボンバーグの作品は、《Sunrise in the Mountains, Picos de Asturias》《Moorish Ronda, Andalucia》などだった。どちらも1930年代中頃にスペインで描かれた風景画で、形式と感情を結びつける手法、ボンバーグが言うところの「塊のなかの精神」の追求を表す例だ。

ボンバーグは1890年、バーミンガムで、革細工人だったポーランド系ユダヤ移民の父とその妻のあいだに、11人きょうだいの五番目として生まれた。彼が5歳のとき、家族は東ロンドンのホワイトチャペルに引っ越した。子どものころのボンバーグは、早くも芸術的な才能を感じさせていたが、美術学校に行くお金はなかった。しかし、1908年から1910年まで、ウエストミンスター美術学校でウォルター・シッカートが教える夜学に通った。そして、ユダヤ教育支援協会の融資を受けて1911年にスレード美術学校に進むと、有名な絵画教師ヘンリー・トンクスのもとで、ポール・ナッシュ、スタンリー・スペンサー、ドーラ・キャリントン、マーク・ガートラーとともに学んだ――このきらめく一団は、トンクスいわく、本校とっておきの「才能の極み」だった。

そのなかでボンバーグは、トンクスの授業のヴィクトリア時代的な堅苦しさに誰よりも強く反発し、大胆な実験に取り組むとともに、ポスト印象派、未来派、ヴォーティシズム（326ページ）、キュビスムの影響を取り入れた。《In the Hold》（1913～14年）などの作品に見られる、入り組んだ幾何学的な枠組みと色づかいは、同時代の批評家の多くを困惑させた。

第二次世界大戦後、ボンバーグはロンドンのバラ・ポリテクニック（現ロンドン・サウスバンク大学）で教師をし、そこでの教え子のなかには、ボウイのお気に入りのレオン・コゾフやフランク・アウアバークもいた。しかし、画家としてのキャリアは低迷していた。リチャード・コークは、*David Bomberg*（デイヴィッド・ボンバーグ）のなかで、ボンバーグの生涯の作品の大半が物置にしまい込まれていた状況を、抑えきれない怒りを込めて伝えている。1951年、大物批評家のハーバート・リードは、*Contemporary British Art*（現代英国美術）でボンバーグに言及しなかった。その2年後、博識な芸術パトロン、エドワード・マーシュの遺したコレクションが国に寄贈されたとき、現代美術協会はボンバーグの作品2点の受け入れを断った。ボンバーグは1957年8月に亡くなったが、そのころには貧窮し、忘れ去られていた。コークはこう述べている。「肉親と数人の友人を除いて、ボンバーグの業績の大きさや複雑さに気づいている人はいなかった」。

しかしそれから面白いことが起こった。死後ほどなく、ボンバーグの再評価が起こったのだ。批評界は激しい罪悪感に襲われ、美術批評界のスーパースター、デイヴィッド・シルヴェスター（168ページ）も、ボンバーグが亡くなるまで彼の重要性を認めていなかったとして、自身を含めた誰も彼もを責めた。ボンバーグが切望していた回顧展は、1958年にアーツ・カウンシルで開催された。1987年にはコークが重要な論考を出版し、その翌年、彼のキュレーションによってテート・ギャラリーで初めての個展が行われると、ボンバーグの名誉回復は完了した。ボンバーグのキャリアから引き出せる教訓があるとすれば、それは、ある世代が異端だとみなしたとしても、次の世代は天才として迎え入れるかもしれないということだ。ティン・マシーンの再評価をはじめようではないか！

これを聴きながら 「Up the Hill Backwards」

気に入ったら、これも デイヴィッド・ボイド・ヘイコック A Crisis of Brilliance 1908–1922: Nash, Nevinson, Spencer, Gertler, Carrington, Bomberg

22

ベルリン アレクサンダー広場

アルフレート・デーブリーン

1929年

ボウイのベルリン3部作とイギー・ポップの『イディオット』の機械的なサウンドには、『ユリシーズ』のドイツ版と言えるアルフレート・デーブリーンの傑作、『ベルリン アレクサンダー広場――フランツ・ビーバコプフの物語』(小島基訳、ぷねうま舎)の影響が響き渡っている。この小説の主人公フランツ・ビーバコプフは、ポン引きで殺人犯であり、出所を機に立派な責任あるベルリン市民になることを誓うが、どのようにしたらいいかわからない。彼は怒りやフラストレーションを抑えられないようだし、彼が知るのは犯罪生活だけだ。軽い窃盗と愛のないセックス、何気なくも恐ろしい残酷な暴力の世界に戻っていく運命なのである。あるときビーバコプフは、友人であるギャングの一員、ラインホルトに走行中の車から投げ出される。そしてその後、ラインホルトはビーバコプフの恋人である娼婦のミーツェを殺す。デーブリーンは、その殺害場面を、モンタージュの手法を使って食用子牛の屠殺法を差し挟みながら、詳細を割愛することなく読者に伝える。

『ベルリン アレクサンダー広場』はドイツでベストセラーになり、2年間で5万部を売り上げたが、ヴァイマル期の退廃の産物だとしてナチスによって禁じられた。（1933年1月にヒトラーが首相になると、デーブリーンはスイスに逃げ、それからパリ、ロサンゼルスへ移り、MGMの映画スタジオで少しのあいだ働いた）。ストリートの隠語が多用され、意識の流れの手法で語られるこの小説は、いかなる他言語にも翻訳不可能だと言われている。ボウイは、評判の悪い1931年の英訳（ジェイムズ・ジョイスの友人のユージーン・ジョラスが、デーブリーンのベルリン方言を通俗的なアメリカのスラングに訳した）を読んだのだろう。1980年に、ライナー・ヴェルナー・ファスビンダーが、心が折れるような、壮大な長さのテレビ映画を制作すると、『ベルリン アレクサンダー広場』はより多くの人に知られるようになった。

　デーブリーンが1920年代に執筆していたとき、この小説の精神的核であるアレクサンダー広場は、路面電車が行き交うナイトライフの中心地であり、醜い赤色の警察署とティーツ百貨店で有名だった。ボウイとイギー・ポップがクリストファー・イシャウッド（148ページ）的な暮らしをしていた1970年代後半には、そこは東ベルリンの中心になっていた。ボウイとポップは『ベルリン アレクサンダー広場』を読んで過去へ旅しながらも、ノスタルジックな安らぎも何も感じなかっただろう。デーブリーンの小説は安らぎとは無縁なのだから。

　都市生活のとりとめなく不条理な性質のために、犯罪者と非犯罪者を分けるはっきりとした線は存在しないと、デーブリーンは言う。彼はビーバコプフの物語をいくつもの視点から、そして、広告の宣伝文句、聖書の引喩、歌、レシピなどのさまざまな様式を混ぜ合わせて語っている。ビーバコプフはシェイクスピアの何もかも剝ぎ取られた人間《unaccommodated man》で、孤立無援の状態にある

――ボウイがヘビーな夜遊びの最もヘビーな瞬間に、ふとなってみたいと思った類の男だ。とはいえボウイはそこまではなれなかった。そのぬかるみから引きずり出してくれる人がいつもいたからだ。

一方、ビーバコプフには誰もいない。デーブリーンでさえ彼への興味を失いはじめる。片腕を失い、新たな殺人の濡れ衣を着せられ、精神病院に強制的に入れられたあと、彼は工場で門番のアシスタントの職につく。彼はそれに順応したと、デーブリーンは私たちに教え、ビーバコプフの人生についてそれ以上報告することはないと言う。報告することはなくとも、推測したいことはたくさんある。ナチスの新聞を読み、ユダヤ人に疑いを抱くビーバコプフは、デーブリーンが不可避と見ていた戦争に向かっていく兵士たちの行進に加わったあと、果たしてどうなったのだろう……。

これを聴きながら 「V-2 Schneider」

気に入ったら、これも アルフレート・デーブリーン『ハムレット――あるいはながき夜は終りて』（早崎守俊訳、筑摩書房）

Bowie's Book

23

青ひげの城にて

ジョージ・スタイナー

1971年

ボウイが抽象概念としての「現実《リアリティ》」というものについて初めて語ったのは1990年代中頃だ。ひょっとすると、彼はU2とブレインストーミングをしていたのかもしれない。U2のほうは、アルバム『アクトン・ベイビー』の制作中に、プロデューサーをつとめたボウイの仕事仲間のブライアン・イーノとブレインストーミングをしていたのだから。

U2が1992〜93年に行ったマルチメディアなズー・TV・ツアーは、フランスの理論家ジャン・ボードリヤールが1991年に発表して物議を醸した評論集『湾岸戦争は起こらなかった』に目配せしていたが、その本で論じられていたのは、湾岸戦争をめぐる西洋メディアの報道はあまりにも様式化されており、視聴者にとっては、現実には戦闘が起こっておらず、すべてシミュラークル〔オリジナルの存在しないコピー。ボードリヤールが『シミュラークルとシミュレーション』で論じている〕にすぎないかのように感じられるということだった。ドン・デリーロ（209ページ）も入れ込んでいたこの考えを、イーノは1992年にサドラーズ・ウェルズで行った「香水、防衛、デヴィッド・ボウイの結婚式」と題する講演で取り上げている。

こうした問題――そしてそれと関係する、より大きな文化的相対性の問題、すなわち「下位《ロウ》」と「上位《ハイ》」の文化のあいだの壁の浸食――に、ボウイは年をとるにつれて関心を深めていったようだ。「人が真実だとみなしていたものが消えてなくなってしまったようで、僕らはいまやほとんどポスト哲学的に思考しているようだ」と、彼は2003年に『サウンド・オン・サウンド』誌に語っている。さらに『インタヴュー』誌では、イングリッド・シスキーに対し、この考え方は「最初に読んだポストモダニズムに関する本、ジョージ・スタイナーの『青ひげの城にて――文化の再定義への覚書』（桂田重利訳、みすず書房）によって補強された」と説明している。

スタイナーの本はボウイにこう確認させたという。「自分が取り組んでいたことの裏には実際のところ何らかの理論があった――アンソニー・ニューリーとリトル・リチャードのようなまったく異なるアーティストを好きになることができるし、両方を同時に好きでいることは間違いではなかったと気づいたんだ。あるいは、イーゴリ・ストラヴィンスキーとインクレディブル・ストリング・バンド、ヴェルヴェット・アンダーグラウンドとグスタフ・マーラーを好きになることもできる」。

誤解のないように言うと、スタイナーは、すべての文化的産物が等しい価値を持つというポストモダニズムの言説を支持しているわけではない。この博識な文芸批評家はヴェルヴェット・アンダーグラウンドよりもマーラーを好んでほしいと考えていただろう。1971年3月にカンタベリーのケント大学で行った四つの講演をまとめた『青ひげの城にて』で彼が論じているのは、西洋のハイカルチャーは危機にある、なぜならそれを何百年も支えてきた古典的な人文主義が、20世紀になってまやかしだと暴かれたからだ、ということである。ホロコーストのあと――子どものころにユダヤ人のスタイナーの家族はまずオーストリアを逃れ、それから占領下のフランスを逃れた――人文主義が人間らしさをもたらすという考えは馬鹿げたものになった。スタイナーはこう書いている。「ダッハウというすぐ隣の世界で起きていたいかなることも、ミュンヘンで催されているベートーヴェンの室内楽の冬の大演奏会に影響を与えはしなかった」。

こうした事態の後遺症は、スタイナーが「ポストカルチャー」と呼ぶ状況だ。高級芸術の価値が下がり、ロックミュージックのような解読しやすい大衆芸術の価値が上がったのである。「教養と無学の境界線がもはやはっきりと階層的なものではなくなっている」とスタイナーは結論づけている。「社会の精神行動の多くは、いまでは個人的な折衷主義の中間地帯で生じている」。ほとんど正式に学んでいない独学者があらゆるところ(アヴァンギャルド、ブロードウェイのミュージカル、UFOについての本)からあらゆるものを引き出して芸術に変えられるこの中間地帯は、明らかにボウイが住んでいた場所だ。

これを聴きながら 「Reality」

気に入ったら、これも ウンベルト・エーコ *Travels in Hyperreality*

24

チャタレー夫人の恋人

D・H・ロレンス

1928年

1960年11月2日、わずか3時間の審議の末、ロンドン中央刑事裁判所で開かれた「チャタレー夫人裁判」の陪審は、D・H・ロレンスの『チャタレー夫人の恋人』(木村政則訳、光文社古典新訳文庫)――30年前に書かれた彼の最後の小説――の出版で猥褻出版法(1959年)違反の罪に問われていたペンギン・ブックスに無罪を言い渡した。

評決を熟慮するために席を立った陪審員団に対して、主任検察官のマーヴィン・グリフィス＝ジョーンズは、粗末に扱われている上流階級の女性と森番との性的関係を描いたロレンスの作品は、「自分の妻や使用人に読んでもらいたい」類の本かどうかということを考えるように言った。結果的に、彼らの断固とした「イエス」という答えは、検閲の古い慣習を覆し、私たちが知る1960年代の土台をつくった。フィリップ・ラーキンは詩「驚異の年」のなかで、性的交渉というものがはじまったのは、チャタレーの出版禁止が解かれたのと、ビートルズの最初のLP『プリーズ・プリーズ・ミー』がイギリスで発売された1963年3月22日のあいだだと言っている。そして、嘆くように、それは自分には少し遅かったと付け加えている。

そうだったのかもしれない。しかし、1960年に13歳だったボウイにはそうではなかった。最初のペンギンのペイパーバック版は、著名な社会学者のリチャード・ホガートによる序文が掲載され、ロレンスの文章は煽情《せんじょう》を意図したものではないと読者に請け合っている。実際、性行為の動物的な面はロレンスにとって精神的な面と同じように重要なものだったし、それは単純にエロティシズムと結びつくものではない。(「こりゃ誰よりもいいケツだ」と、森番のメラーズはコニー・チャタレーに言う。「そんでそれが糞や小便をしたりすると最高だ」)。しかし、1960年に13歳だった少年たちにとって、この区別は机上の空論にすぎなかったのだろう。ボウイの級友のジョージ・アンダーウッドによれば、「ページがぼろぼろで汚い」本が校内で順に回されていたという。

デイヴィッド・ハーバート・ロレンスは、1885年9月11日、ノッティンガムシャーのイーストウッドで、炭鉱夫の父と元教師の母のもとに生まれた。病気がちで、勉強好きな子どもだった彼は、母の彼に対する熱意と、地方の労働者階級のコミュニティで当時受けられた教育の機会を大いに享受した。彼は『チャタレー夫人の恋人』が物議を醸しそうだとわかっていて、「これまでに書かれた最も不適切な小説」だと言った。

不適切だが、ポルノではない。むしろ、「性的関係を恥ずべきものではなく正当かつ大切なものにする」ための試み、「男根的意識」に革命を起こし、第一次世界大戦で荒廃したイギリスを再興するための試みだと、彼は書いている。戦争によって男性の一世代が壊滅し、コニーの29歳の夫は下半身不随になった。「われわれの時代は本質的に悲劇の時代だ」と小説ははじまる。「だからわれわれは、それを悲劇的に受け入れはしない。大変動が起き、われわれは廃墟のなかにいて……」。

検察官のグリフィス＝ジョーンズ氏を怒らせた四文字語〔通例4文字からなり、穢いとされる言葉。shit など〕は、ロレンスが言うところの「不純な精神的意味合い」をそれらの語から取り除くために意図的に使われていた。「カンガルーは無害な動物であり、shit（糞）という語は無害な語である。それらをタブーにすれば、最も危険なことになる。タブーの結果は狂気だ。そして狂気、とりわけ大衆の狂気、集団の狂気は、われわれの文明を脅かす恐ろしく危険なものだ」。

これを聴きながら 「Let's Spend the Night Together」（ローリング・ストーンズの曲のカバー）

気に入ったら、これも D・H・ロレンス『虹』（中野好夫訳、新潮文庫）

Bowie's Book

25

Octobriana and the Russian Underground ペトル・サデツキー 1971年

1967年、ペトル・サデツキーというチェコのアーティストが、チェコのイラストレーターのグループから漫画本のアートワークを盗み、西ドイツへ逃げた。それには、胸が大きく、髪を漂白した、残忍そうなスーパーヒロイン、アマゾナが描かれていた。彼はこのアートワークに手を加え、偽のプロパガンダを生み出した。アマゾナの額に赤い星を叩きつけ、彼女を十月革命の精神、オクトブリアナに変えたのである。数千年前に放射性火山に生まれたオクトブリアナは、バーバレラ〔フランスのSFコミックの主人公〕のコミュニスト版で、「ワンダーマシン」に乗って時空を超えて駆け巡る。

4年後、サデツキーは*Octobriana and the Russian Underground*（オクトブリアナとロシアのアンダーグラウンド）という本でオクトブリアナを世界に紹介した。地下出版《サミズダート》について長々と解説するなかで、サデツキーは、オクトブリアナは「進歩的政治ポルノグラフィー（PPP）」というソヴィエトの急進的な反体制グループが生み出したものだと述べた。彼は、1960年代初めに講演でキエフを訪れた際にPPPから過激な性の営みを伝授されたのだと言い、オクトブリアナの素材をＰＰＰのメンバーの写真や彼らの別の作品とともにウクライナからこっそり持ち出したのだと説明していた。

Octobriana and the Russian Underground は、西洋のメディアを魅了し、発売前からイギリスの『デイリー・テレグラフ・マガジン』誌の表紙を飾った。しかし、サデツキーの語る話、特にオクトブリアナというキャラクターの出所の信憑性について、まもなく疑いが浮かび上がった。本来のイラストレーターのひとり、ボフスラフ・コネチニーがドイツの『シュテルン』誌に連絡し、盗用されたと訴えたのである。しかしそれでも、オクトブリアナはヒップな人々のあいだでセンセーションになった。

ミック・ロックの写真集 *Moonage Daydream*（月世界の白昼夢）のなかでボウイは、サデツキーへの興味はアントニイ・バージェスが発明したロシア風言語のナッドサット（34ページ）への関心から派生したのだと言っている。1974年、ボウイはデザイナーのフレディ・ブレッティに頼み、賞の受賞のためにオランダのテレビ番組で着る予定の暗緑色のボレロジャケットにオクトブリアナの絵のアップリケをつけてもらった。しかし災難に見舞われた。セレモニーの前の記者会見の際、彼はそのジャケットを脱いで、椅子の背にかけた。当然のことながら、それは通りがかったジャーナリストに盗まれてしまった。

それからまもなく、ボウイはオクトブリアナを題材にした本格的な映画を制作する計画を発表した。主演は当時のガールフレンドで歌手・モデルのアマンダ・リア。彼女は前年の10月に、ロンドンのマーキー・クラブでアメリカのテレビ向けに特別に収録されたジギー・スターダストのショー、*The 1980 Floor Show* にオクトブリアナとして出演していた。ボウイ――厳密には、彼を装った広報担当のチェリー・ヴァニラ――は、『ミラベル』誌に詳しく語っている。

『オクトブリアナ』の漫画のコレクションをプレゼントでもらったんだ。そして読んでいたら、ふと思った。オクトブリアナを実写化して、彼女の冒険の映画をつくったら素晴らしいことになるぞって。僕らはオクトブリアナの冒険をアップデートもするから、彼女はやはりエキゾティックなロシア人ではあるけど、その冒険は世界中にわたって、ときには宇宙に行き着くこともあるかもしれない……。

アマンダにこのことを話したら、すごく興奮していて、すぐに一緒に脚本に取りかかった。やっぱり、少しくらいは自分で書き加えずにはいられないね。「オクトブリアナ、スターマンに出会う」みたいなパートを考えなきゃいけないだろう。スターに魅せられたボウイを登場させるためのものを！

いずれにせよ、アマンダはこのキャラクターをすごく楽しんでいて、それ以外のものとして認識されたくないというほどなんだ。「アマンダは過去、オクトブリアナは現在」なんて言ってるよ。これを完璧なロシアのアクセントで言うから、彼女の願いを尊重したくなる。

オクトブリアナの衣装をデザインするのもすごく楽しい。いまのところの計画では、オクトブリアナは動物の皮でつくられた衣装を着て、ハイブーツを履いて、輝くサーベルを持つ。この女は本当に本気だ。エキサイティングだろ？

本当にエキサイティングだ――しかし残念ながら何も生まれなかった。だが、オクトブリアナはパブリックドメインのキャラクターだ。コミュニストを起源とする彼女は、誰のものでもあるから、理論上、どこにでも現れ、何でもすることができる。あの女を注意しろ《ウォッチ・ザット・ウーマン》。

これを聴きながら 「Rebel Rebel」

気に入ったら、これも ホセ・アラニス *Komiks: Comic Art in Russia*

26

マルドロールの歌

ロートレアモン伯爵

1868年

シュルレアリスムはここにはじまる。フランスの詩人〝ロートレアモン伯爵〟（本名イジドール＝リュシアン・デュカス）のこの小品に。1870年に24歳で謎の死を遂げた——死亡証明書には「それ以上の情報はない」と書かれていた——約50年後、デュカスの作品に対する称賛がはじまった。アンドレ・ブルトン、サルバドール・ダリ、アントナン・アルトーは、それを未来への方向性を示すものだと考えた。ダンテ（45ページ）をはじめ、過去のものに多くを負っているということには気を留めず。

この作品では、ウィリアム・S・バロウズとブライオン・ガイシンのカットアップ技法のように、意外なイメージの衝突が予期せぬ意味の摩擦を生み出している。デュカスの最もよく引用される一節——「手術台の上でのミシンと傘の邂逅のように美しい」——は、T・S・エリオットの「J・アルフレッド・プルーフロックの恋歌」のイマジズム（20世紀初めに英米で起こった詩の運動で、韻律にこだわらず、明確なイメージの提示を重視した）的な書き出しを、そして、「袋のなかのレモンがタイガー・ラグを奏でた／画面に映った体の出血が止まった」（「あの男を注意しろ」）というようなボウィの曲の歌詞を先取りしていた。

6編構成の散文詩である『マルドロールの歌』（前川嘉男訳、集英社文庫）は、臆病者向きではない。実のところ、この詩のアンチヒーローは、コカイン精神病の時期のボウィを怖がらせた（そして魅了した）であろうあらゆるものを体現している。マルドロールはある面で悪魔で、ある面でエイリアン――そして完全に悪だ。洞穴に住む変幻自在《シェイプシフター》の存在で、しわの寄った緑色の額に目がひとつの彼は、狡猾な目つきで人間の苦しみのすべてを支配する。そしてそう、彼は少年たちを痛めつけるのが大好きだ。

> 二週間、爪を伸ばさねばならない。ああ、どんなに甘美なことか、上唇に毛がないきょろんとした目の子どもをベッドから残酷に引きずり出す、まるでやさしく額に触れるかのように、美しい髪に指を通すかのように。そこで突然、彼がまったく予期せぬときに、長い爪でやわらかい胸を突く、しかし、殺しはしない、なぜなら死んでしまったら、あとで彼の苦悶を観察できないのだから。それから傷をなめながら彼の血を飲む、そしてそのあいだ、それは永遠に続くはずだが、子どもは涙を流す。

ヒエロニムス・ボスの絵のような、吐き気を催すほどの濃密さは圧倒的で、主人公が悪魔のような膨れた舌の怪物にレイプされる『世界を売った男』の「円軌道の幅」を強く思い出させる。『アウトサイド』の「ベビー・グレース・ブルーの芸術儀式殺人」をめぐる曖昧模糊な物語にも影響を与えているかもしれない。

これを聴きながら 「The Width of a Circle」

気に入ったら、これも シャルル・ボードレール『悪の華』(ボードレール全詩集1、阿部良雄訳、ちくま文庫)

27

サイレンス

ジョン・ケージ

1961年

1970年代半ば以降、ボウイの音楽制作にとりわけ大きな影響を与えたのはブライアン・イーノだ。そしてイーノにとりわけ大きな影響を与えたのは、1912年にロサンゼルスで生まれたアメリカの作曲家で、戦後実験音楽のパイオニアであるジョン・ケージだ。

ケージの父親が初期の潜水艦を発明したという話は、『サイレンス』(柿沼敏江訳、水声社)に散りばめられたさまざまな短いエピソードのひとつである。この著作集兼マニフェスト兼回想録は、遊び心のあるレイアウト(複数の段、小さな文字、多くの空白)によって、因習的な和声と記譜法の概念に対するケージの軽蔑が映し出されているが、キノコに心を奪われていたケージらしく、キノコの話も繰り返し出てくる。そして、ヴォーティシズム的なスローガン(「私にはいいいいいいいいいいいいい何も言うことはなく、そう言っているのだ」)、問いの列挙(「何がより音楽的なのだろう、工場のそばを通るトラック、あるいは音楽学校のそばを通るトラック?」)、イーノによる1970年代半ばのアンビエント・ミュージックの発明を先取りするような、音の本質に関する深遠な理論化。「どこにいようと、私たちが耳にするのは主にノイズだ。無視すると、それは邪魔になる。耳を傾けると、魅力的に思える。時速50マイルで走るトラックの音。放送局間の雑音。雨。私たちはそれらの音をとらえてコントロールし、音響効果としてではなく、楽器として使いたい」。

たいていの人が音の反対だとみなすもの、つまり沈黙について、ケージはそんなものはないと考えた。彼の最も有名な作品『4分33秒』は、ときにそう思われるような4分33秒の沈黙ではなく、そのときにその時間を埋める音の4分33秒であり、それは空を飛ぶ飛行機の音かもしれないし、客席の誰かの咳かもしれないし、自分の心臓の鼓動かもしれない。批評家アレックス・ロスの言葉を借りれば「禅のような瞑想の儀式」であり、その冗談めかした演劇性――名ピアニストのデイヴィッド・チューダーがピアノの前に座り、楽譜を広げ、時間になるまでただ待つ――は、ケージの真面目な遊び心を簡潔に表している。

「彼は特殊な考えを持った人で、いくらかは僕にも簡単に受け入れられて、とっつきやすいけど、理解不能なものもある。サイバネティクスの分析的研究とか、そういったものの音楽への応用とか、全般的な芸術へのアプローチとか」と、ボウイは1977年の『NME』誌のインタヴューでイーノについて言っている。しかし、ケージについて語っていたようでもある。

イーノは、ブライアン・フェリー率いる美術学校出身のグラムロック・バンド、ロキシー・ミュージックのオリジナルメンバーだった。しかし彼の真の興味は、彼が言うところの生成音楽《ジェネレーティヴ・ミュージック》にあった。それはシステムによってつくられる音楽のことで、たとえばスティーヴ・ライヒの「イッツ・ゴナ・レイン」の場合、そのシステムは同じテープループを再生する二つのテープレコーダーだ。1960年代初めのイングランドでは、生成音楽は作曲家コーネリアス・カーデューが得意とする分野であり、彼が創設した実験的アンサンブルのスクラッチ・オーケストラに、イーノは学業を離れたあとに参加した。

　カーデューが生成音楽にとりつかれたのは1958年、ケルンでのことで、カールハインツ・シュトックハウゼンのもとで学んでいた彼は、ケージの革新的な『ピアノとオーケストラのためのコンサート』のパフォーマンスを目の当たりにした。ケージいわく、古代中国の占いの書『易経』を使ってテンポ、ヴォリューム、音の長さを決めたという作品だ。

　イーノがアーティストのピーター・シュミットと発明した有名な「オブリーク・ストラテジーズ」のカードは、もちろんこれに倣っている。創造性を解き放つ手段であるこのカードは、「汝の誤りを隠れた意図として称えよ」というような指示を通して、既成概念にとらわれない発想を促す。スタジオでボウイとイーノは、「ボーイズ・キープ・スウィンギング」などの曲にそのカードを使う傍ら（「いつもの道具《インストゥルメント》を捨てよ」というカードに従って、バンドのメンバーは担当楽器を交換した）、ときおり高尚なおふざけを楽しんでいた。ボウイはのちにそのことを、「オールド・ケント・ロードのブリックレイヤーズ・アームズ〔ボウイが活動初期にライヴを行っていたパブ〕でジョン・ケージが〝プリペアド・レイヤー〟〔ケージは「プリペアド・ピアノ」という楽器を発明している〕を演奏するみたいなこと」についてピーター・アンド・ダッド〔コメディアンのピーター・クックとダドリー・ムーアが演じたキャラクター〕の声を真似てぺちゃくちゃ話していた、「とても馬鹿げていた」と、『アンカット』誌に語っている。

これを聴きながら 「Boys Keep Swinging」

気に入ったら、これも アレックス・ロス『20世紀を語る音楽』（柿沼敏江訳、みすず書房）

28 一九八四年 ジョージ・オーウェル 1949年

『一九八四年』（高橋和久訳、ハヤカワepi文庫）は文学史上とりわけ有名な書き出しではじまる。「四月の晴れた寒い日で、時計が十三時を打っていた」。さて、デヴィッド・ジョーンズが生まれた日――1947年1月8日――の真夜中12時、厳しい寒さのためにブリクストンのランベス・タウンホールの時計の鐘が12回ではなく13回鳴ったらしいというのは不気味な話だ。その誤動は、そこから歩いて5分の、彼の母ペギーが分娩をしていたスタンスフィールド・ロード40番地でも聞こえていただろう。

ジョージ・オーウェルとして知られるエリック・ブレアは、『一九八四年』の執筆の大半を1947年に行った。戦時中はそれなりの暮らしで、初めのうちは書評を書いてわずかな収入を得ていたが、やがてBBCワールドサービスのインド課で職を得て、それから左派（しかし反スターリン）の雑誌『トリビューン』でよりよい職に就くと、そこで自身の最良のエッセイの大半を書いた。しかし、1945年に出版した『動物農場』が成功したことで、裕福になった彼はジャーナリズムを捨て、『一九八四年』の執筆に専念した。それは彼の頭のなかで数年

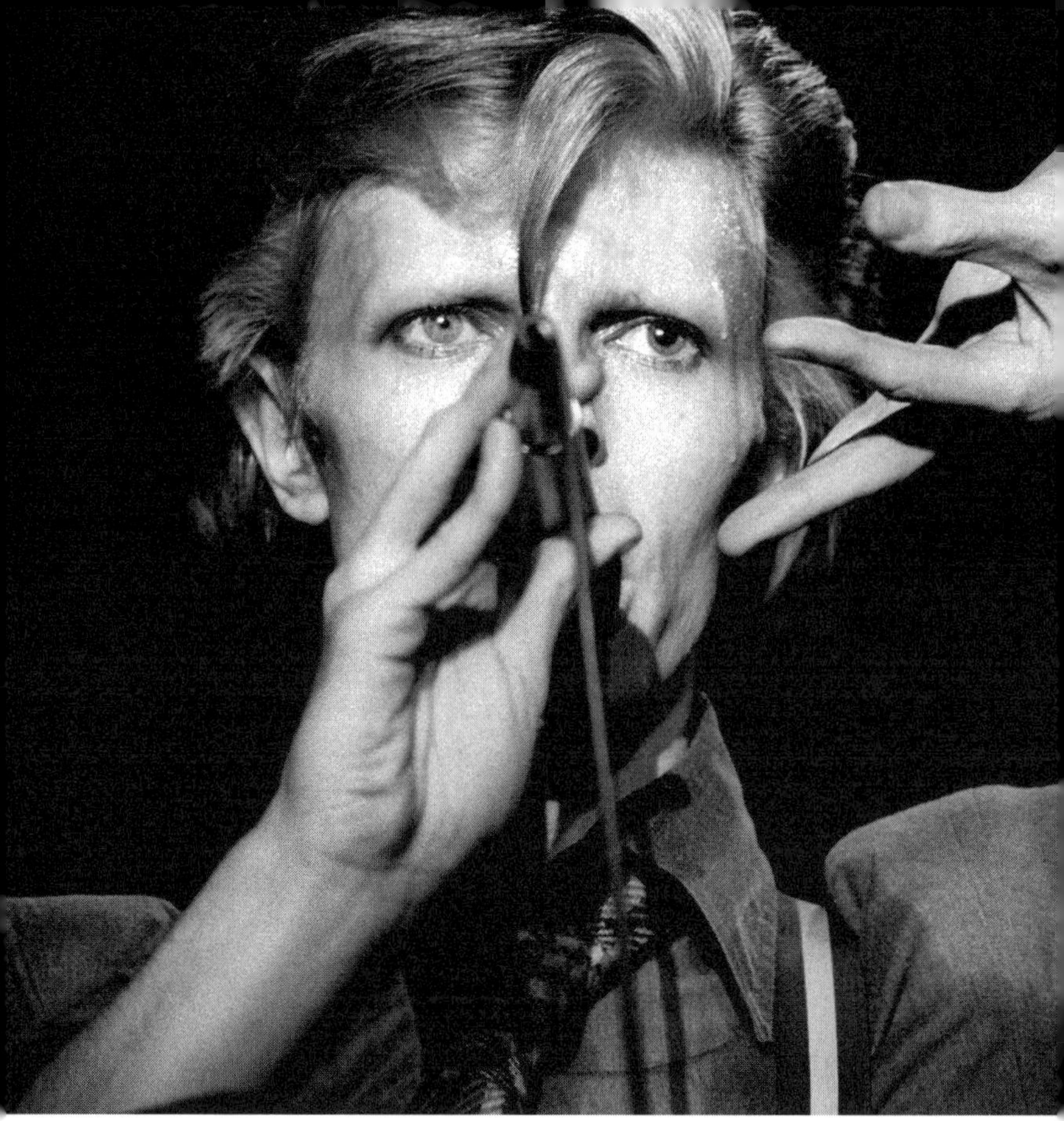

●1974年11月15日、ボストンでのダイアモンド・ドッグズ／フィリー・ドッグズ・ツアー
(Photo by Ron Pownall/Corbis via Getty Images)

かけてまとまってきていたもので、それを煽《あお》ったのは、エヴゲーニイ・ザミャーチンの『われら』（1920～21年）を読んだことだった。その小説では、名前はなく番号をつけられた「単一国家」の市民が、彼らを監視する秘密警察にとって都合よくつくられたガラスの建物に暮らしている。

末期の結核を患い、遠いヘブリディーズ諸島のジュラ島に隔離されたオーウェルは、ボウイの幼少期の風景、爆弾に荒らされた灰色のロンドンを「エアストリップ・ワン」の首都としてつくり直した。そこは超大国オセアニアの一地域であり、スターリンのような「ビッグ・ブラザー」が支配するオセアニアは、ライバルの超大国ユーラシアと永続的な戦争状態にある。この小説の仮題は『ヨーロッパ最後の人間』だった。その最後の人間は39歳のウィンストン・スミスで、「真理省」で働く彼は、反逆行為をして蒸発した「非在人間」を歴史の記録から抹消している。

この本が完成したのは奇跡だ。何しろ、オーウェルには驚くべき自己破壊の才能があったのだから。1946年8月の不幸な船旅では、潮汐表《ちょうせきひょう》を読み違え、自らと息子、姪、甥を溺れさせそうになった。また、何年も医者を避け、肺が悪いにもかかわらず絶えず喫煙していた。しかしながら、抗生物質のストレプトマイシンを使った実験的な治療によって、人生の延長時間が与えられた。アナイリン・ベヴァン――オーウェルが『トリビューン』で働いていたときの編集長で、当時はクレメント・アトリー内閣で保健大臣をつとめていた――が、アメリカから特別にその薬を手に入れたのだ。そのおかげで、オーウェルは『一九八四年』が出版されるのを見ることができた。それに対するたっぷりの称賛を味わうことはできなかったにしても。

『一九八四年』はボウイの心に強い印象を残した。子どものころに『原子人間』を見たのを覚えていたということを考えると、ボウイはその作者ナイジェル・ニールが脚色し、ピーター・カッシングがウィンストン・スミスを演じた、1954年12月放送のBBCの『一九八四年』も見ていたかもしれない。しかし、どのようにこの本と出合ったにしろ、彼はそれに対する愛を自分が最もよく知る方法で示した――つまり、途方もない方法で。1973年、彼は『一九八四年』をミュージカルとして、続いてテレビ番組として制作する壮大な計画を立てた。だが、権利を管理していたオーウェルの未亡人のソニアが許可を出さなかった。これはボウイにとって非常に困ったことで、どこでどのように使えばいいかわからない未完成の素材ばかりが残った。

結果的に生まれたのがアルバム『ダイアモンドの犬』で、彼はそこに「ビッグ・ブラザー」、「1984年」、「死者の世界」などの曲を移し、コンセプトを少し変えて、ウィリアム・S・バロウズが書き直した『オリヴァー・ツイスト』のようなものにした。エアストリップ・ワンを「ハンガー・シティ」につくり変えた『ダイアモンドの犬』は、屋上に暮らし、集団で暴れまわる、不満を持った若者たちの肖像になっている。おそらく、ボウイの父のヘイウッド・ジョーンズがよく彼に聞かせたという、ドクター・バーナード（子どものための慈善団体）でのPRの仕事のなかで出会った行き場のない戦争孤児の話が反映されているのだろう。

『一九八四年』の精神が『ダイアモンドの犬』にあるとしたら、それは「死者の世界」（We Are The Dead）のなかにある。ウィンストンによる恋人ジュリアへの悲劇的な愛の賛歌であるこの曲は、アルバムで最も感情的な瞬間で、タイトル（「私たちはもう死んでいる《We Are The Dead》」）は小説からのそのままの引用だ。ウィンストンは、ジュリアと横になりながらこの言葉を口にする。ふたりの隠れ家にガサ入れが入り、永遠に引き離される直前に。

これを聴きながら 「Big Brother」

気に入ったら、これも マーガレット・アトウッド『侍女の物語』(斎藤英治訳、ハヤカワ epi 文庫)

Bowie's Book

29

魔の聖堂
ピーター・アクロイド
1985年

ニコラス・ホークスムアは、17～18世紀――科学的な合理主義が魔術や宗教を脇に押しやりはじめたころ――のイギリスの建築家である。1680年、弱冠18歳でクリストファー・レン卿の助手となった彼は、ハンプトン・コート宮殿や、レンの傑作であるセント・ポール大聖堂など、歴史的建造物のプロジェクトに参加した。有能で勤勉なホークスムアは、すぐに自分自身の力で称賛されるようになった。そして、オックスフォード大学オール・ソウルズ・カレッジの一部を設計し、ジョン・ヴァンブラとともにカースル・ハワードやブレナム宮殿の建築にあたった。しかし彼の名を最も知らしめているのは、ロンドン大火後の再建計画の一環として委託された一連のロンドンの教会だ。

これらの教会にはダークな噂が渦巻いている。神秘主義的なフリーメイソン――ボウイが夢中になっていた薔薇十字団（159ページ、エドワード・ブルワー=リットン）と結びつきがある――の会員だったホークスムアは、異教のシンボルやモチーフをそれらの建築物に用いた。ブルームズベリーのセント・ジョージ教会には奇怪なピラミッド状の塔が飾られ、オールド・ストリートトのセント・ルーク教会には方尖塔がある。作家で心理地理学者のイアン・シンクレアは、1975年の散文詩*Lud Heat*〔ルッドの熱〕のなかで、これらの教会はオカルト的な意味を持った体系の一部であり、レイライン〔古代の遺跡を結び、特別な力を持つとされる想像上の線〕のような線に沿って建てられ、五芒星を形成しているのではないかと言っている。

アクロイドは、T・S・エリオット〔83ページ〕の伝記を出版したばかりのころ、シンクレアにインスパイアされ、ホークスムアという人物を使って18世紀と20世紀の二つの殺人を結びつけるスリラーのアイデアを思いついた。18世紀の散文を模した特徴的な文体で書かれた「歴史的」なパートでは、建築家のニコラス・ダイヤー（ホークスムアをモデルにしている）が生贄《いけにえ》の血とともに教会を献堂する。一方、現在のパートでは、ニコラス・ホークスムアという刑事がこれらの教会の敷地で起きた絞殺事件を捜査する。二つの話は不気味に反響し合う。全体を通して二人のニコラスはお互いに影を投げかけ、最後には、幻覚を起こさせるような、恐ろしい身体的、精神的交わりによって融合する。

「建築家たちの視線」や「一片の土地」というような曲のタイトルから察するに、ボウイは「芸術儀式殺人」をテーマにしたアルバム『アウトサイド』に取りかかっていた90年代前半〜中頃に『魔の聖堂』〔矢野浩三郎訳、新潮社〕を読んでいたのだろう。そうだとしたら、この小説は彼の心に長く残っていたようで、2003年に『リアリティ』のプロモーションのためにつくった短編映画でもこれに言及している。「イングランドにピーター・アクロイドという作家がいて、『魔の聖堂』という本を書いた……クリストファー・レンの弟子だった建築家が設計した教会の話だ。彼は異教徒でもあって、それらをロンドン中の墓地に建てて……五つ［の教会］が五芒星のかたちをつくった。とてもパワフルな本で、かなり怖かった」。

これを聴きながら 「Thru' These Architects Eyes」

気に入ったら、これも イアン・シンクレア *Lights Out for the Territory*

Bowie's Book

30

次は火だ

ジェームズ・ボールドウィン

１９６３年

１９９３年のアルバム『ブラック・タイ・ホワイト・ノイズ』のタイトル曲は、ボウイの歌詞のなかで最も曖昧でないもののひとつで、おそらく人種問題に対する彼の最も個人的な声明になっている。この曲は、１９９２年のロサンゼルス暴動の最中の話だ。新婚のボウイとイマンはホテルに身を隠してセックスをしている。しかし、そのたけなわのときに、ボウイはソマリ人の妻の目を見て、自分は善意の白人リベラルだが、本当に彼女の黒人性を理解しているのだろうか、あるいはベネトンの広告の空想的な多文化の世界に住んでいるのだろうかと考える。そして、有名な白人として、下で暴動を起こしている黒人たちに恐怖を感じるとほのめかす。イマンに彼らの怒りを共有するところがあるとして、それは自分にも向けられることがあるだろうか？　三度繰り返す強烈なフレーズ（「君は僕を殺さない《you won't kill me》」）で、ボウイはイマン――さらに言えば、この曲のデュエット相手で、ある種のイマンの代理となっているアル・B・シュア！も――が自分を殺すことはないと自らを安心させる。しかしそれから、白人のぞっとするレイシズムと、何世紀にもわたる黒人へのひどい扱いを考えると、それはなぜだろうと思うことがあると認める。

もちろん、イマンが彼を殺さないのは彼を愛しているからだ。そして、ジェームズ・ボールドウィンが叡智に満ちた『次は火だ』（ボールドウィン評論集、黒川欣映訳、弘文堂）で請け合っているように、「それなしでは生きていけないと恐れ、それのなかでは生きていけないとわかっている仮面を、愛ははぎ取る」のである。

2部構成のこの本は、ボールドウィンがブラックアメリカの「解放」100周年に際して甥に宛てて書いた手紙がもとになっている。多くの従属節と聖書のような豊かな調子を持つボールドウィンの文章の気品は、怒りの結果であり、それはロサンゼルス暴動の原動力となった怒りと同じものだ。そしてそれは、真のホワイト・ノイズ――自分たちの祖先は賢く公正な英雄であり、隣人やエスニックマイノリティの人々にいつも立派に接していたという、白人が拠りどころにするまやかしの国家的神話――を消し去りたいという必死な思いでもある。

ボールドウィンは甥にこう伝えている。白人たちが彼らの権限のなかで君を受け入れるというのはおかしい。それに、どんなかたちでも彼らの真似をしようとするべきではないし、自分のことを白人世界が考えているもの――つまり、劣ったもの――だと考えようとしてはいけない。なぜ黒人が白人の言う生き方の基準を重んじなければいけないのか。その基準は明らかに幻想だというのに。

彼の主張は容赦のないように聞こえる。とはいえボールドウィンは、ボウイと同じように、未来は脱人種的《ポスト・レイシャル》にならなければいけないと考えていた。ハイブリッドで、寛容な世界。人種間の結婚や混血の子どもに対して、ショックで身震いする人はいないし、どちらの側からも反対の声は上がらない。この本のなかで、分離主義的なネーション・オブ・イスラムのイライジャ・ムハンマドと会ったボールドウィンは、彼が説く黒人の自足と自尊の教義を理解はするが、彼が信奉者に集団思考〔集団で意思決定を行うことによって、非合理な結論が導き出されてしまうこと〕をさせていることには疑念を抱く。ボールドウィンには命を懸けて信頼できる白人の友人たちがいた。はたして、そんなことがあっていいのだろうか？　白人たちは昔から悪行を繰り返しているというのに。ムハンマドはノーと言うだろう。しかしボールドウィンにはそれ以外に前へ進む道はなかった。

人種差というものにはつくられた面があると、ボールドウィンは感じていた。そうしてそれは迫害の道具になっているのだ。「肌の色は人間や個人の現実ではない。政治的な現実だ」。このような視点を持つボールドウィンは、60年代末〜70年初めの急進的な黒人運動とは一線を画しており、そういった運動の信奉者や指導者の一部——たとえば、エルドリッジ・クリーヴァー——は、彼の同性愛を非常に怪しげなもの、さらには背信的なものとまで見ていた。ボールドウィンは型にはまりたくはなく、スポークスマンになりたくもなかった。それゆえ、24歳のときにフランスに渡ったのだ。

ボウイのリストの本の多くは、胸躍るもの、面白いもの、あるいは知識を与えてくれるものだ。重要な本も多い。『次は火だ』は絶対に欠かせない本である。

これを聴きながら 「Black Tie White Noise」

気に入ったら、これも ジェームズ・ボールドウィン『もう一つの国』（野崎孝訳、集英社文庫）

31

夜ごとのサーカス

アンジェラ・カーター

1984年

言うまでもないかもしれないが、ボウイは巡業サーカスやフリークショーのことを知り尽くしていた。ブリクストンでの幼少期に見たヴォードヴィルの役者たちから、自らが旅回りのロックスターとして座長をつとめた怪しげな一座まで。そしてそれは、彼が『夜ごとのサーカス』(加藤光也訳、国書刊行会)を称賛していることにもつながっているだろう。1980年代のイギリス小説のなかでとりわけ過小評価されたこの作品は、カーターの最後から二番目の小説となった。彼女は1992年に肺がんのため51歳で亡くなっている。

民話やお伽話を下敷きに、カーターは従来の時空の法則を曲げる魅惑的な夢の現実《ドリーム・リアリティ》を生み出した――これは彼女が、ダンディズムであり、「迫害されている者のアンビバレントな勝利」であると言ったグラムロックと少し似ている。彼女の長編・短編小説の多くはエキゾティックな舞台で展開するフェミニストの寓話で、機知に富むヒロインが残酷で横暴な悪と戦う。『夜ごとのサーカス』が下敷きにしているのは、伝統的なピカレスク小説だ。セルバンテスの『ドン・キホーテ』やディケンズの『ピクウィック・ペーパーズ』のようなものである。

『夜ごとのサーカス』は私たちをサンクトペテルブルクとシベリアへ連れていく。しかしはじまりは1899年のロンドン、卵からかえった（と自ら言う）評判の空中曲芸師ソフィー・フェヴァーズの楽屋だ。この異様《フリーク》な大女は、アメリカ人記者のジャック・ウォルサーに自らの人生を語る。で、その話ときたら！　捨て子だったフェヴァーズは娼婦たちに育てられ、彼女たちのマスコット、雪のように白い「コックニー〔ロンドンの下町っ子〕のヴィーナス」となった。そして第二次性徴が現れるころになると、背中に生えていた羽毛が翼に発達した。彼女は、歴史上唯一の、翼の生えた処女なのだ（と彼女は言う）。

　やがてツキが変わり、フェヴァーズは別の、より下劣な売春宿で働くことを余儀なくされる。そこでの彼女の役は、大理石板に横たわる裸の女性――「眠れる美女」――の枕元に立つ墓石の天使だ。さらに彼女は、薔薇十字団（159ページ、エドワード・ブルワー＝リットン）の創設者のひとりの名前をとって「クリスチャン・ローゼンクロイツ」と名乗る狂信者によって生贄にされそうになる。しかしそれをかろうじて免れた彼女は、いまこうして（ホラ）話をしている。すっかり魅了されたウォルサーは、筋金入りの懐疑主義者を自負しながらも、フェヴァーズが参加する「帝国大巡業」に加わり、道化役をつとめることになる。同行するのは次のような面々だ。虎とワルツを踊る、虐げられた身のミニヨン。ミニヨンの虐待的な夫で、猿調教師のムッシュ・ラマルク。ツアーマネージャーのカーニーがビジネス上の決定をする前にいつも相談する相手で、千里眼を持つ豚のシビル。

　フェヴァーズはペテン師なのだろうか？　それは重要なことなのだろうか？　（ここには明

らかにローレンス・ウェシュラーの『ウィルソン氏の驚異の陳列室』(362ページ)と似た感じがある。その本の舞台のジュラシック・テクノロジー博物館は、間違いなくフェヴァーズがいるべき場所だ)。『夜ごとのサーカス』では、フェヴァーズがうっかり秘密を漏らしていると思えるときでさえ、私たち読者は疑いを持ち続けなければならない。しかし、彼女の惑わすような、かつぐような、見事なコックニー訛りは、表情豊かで、ときにボウイの訛りのように人懐っこい。

これを聴きながら 「Look Back in Anger」

気に入ったら、これも アンジェラ・カーター『血染めの部屋──大人のための幻想童話』(富士川義之訳、ちくま文庫)

32

高等魔術の教理と祭儀

エリファス・レヴィ

1856年

『高等魔術の教理と祭儀』（生田耕作訳、人文書院）は、ボウイがコカインによる衰弱を極めていた1975年ごろに、自らの携帯書庫に入れていた難解な一冊だ。エリファス・レヴィはヘブライ語式の変名で、本名はアルフォンス・ルイ・コンスタンといい、貧しいパリの靴職人の息子だった。信心深かった彼はカトリックの司祭になる教育を受けたが、叙階されることはなかった。そのため自由に結婚できたが、彼の妻はやがて出ていってしまうことになった。彼が催眠術、タロット、そして何よりカバラというユダヤ教の神秘思想に執着しはじめてからのことだ。

レヴィのオカルト界への影響は、『高等魔術の教理と祭儀』の出版後に高まった。英語版の序文によれば、この偉大な魔術師は「いつもある種の魔法の装束を着て家にいた」――現存する彼の唯一の写真を頼りにするなら、その装束とはボタン付きのドレッシングガウンだ。イングランドの魔術界の重要人物、たとえばフレデリック・ホックリー（ロンドンのコヴェント・ガーデンの有名なオカルト書籍商ジョン・デンリーのもとで働いていた）などは、レヴィの家に巡礼していたという。レヴィは1854年と1861年にイギリスを訪れ、二度とも政治家・小説家のエドワード・ブルワー＝リットンにネブワースの屋敷でもてなされた。ブルワー＝リットンはボウイのお気に入りの『ザノーニ』（157ページ）に、「売り物にならないお宝に大金を投じた」書籍商の「D」としてデンリーをカメオ出演させている。

カバラは、ボウイの超越的な精神的叙事詩「ステイション・トゥ・ステイション」の土台になっている。この曲で歌われているのは、ケテルからマルクトへの魔術的移動、言い換えれば、セフィロト（生命の樹）の神格的な最上部から日常的な最下部への移動である。セフィロトは各段階（「ステイション」）の位置を示す図で表され、1から10まであるステイションは、慈悲（右側）、峻厳（左側）、均衡（中央にあり、神性を下部へ伝える）を表す三つの柱に支えられている。ボウイがこれを雑に描いたものは、『ステイション・トゥ・ステイション』の1991年の再発盤に使われたスティーヴ・シャピロ撮影の有名な写真（ボウイがストライプ柄のジャンプスーツを着ているもの）に写っている。

カバラの法によると、人は幽体を介して高位の神の領域とつながることで、この世で起こることを操れるという。ボウイは「壊れた鏡」のなかで、「ひどいものを描いたからカーペットを見ないように」と歌っているが、これは、線やシンボルの特定の組み合わせを床に描くことで幻影を呼び起こしたり、人を悪魔のように支配したりする儀式――黒魔術を「非理性的な伝染病」と呼ぶレヴィはこれに警告を発していた――のことである。「何を描いているの?《What are you drawing》」と、米国のテレビ司会者ディック・キャヴェットは、1974年に番組にゲスト出演したボウイに訊いた。やせ細った、鼻詰まりの彼が、杖で床に何か落書きしていたからだ。「あなたの関心を」

〔「描く」を意味するdrawには「引く」の意味もある〕と、ボウイはぼそっと答えた。

これを聴きながら 「Station to Station」

気に入ったら、これも エリファス・レヴィ *The Mysteries of the Qabalah*

Bowie's Book

33

荊の城

サラ・ウォーターズ

2002年

1960年代後半のある夜、デヴィッド・ジョーンズは異父兄のテリーと家へ向かって歩いていた。それはきわめて大きな意味を持つ夜だった。彼らはベックナムにクリームのショーを見に行っていて、それはテリーにとって初めてのロックコンサートだったのだ。(ジャズのほうが昔からテリーの好みだった)。しかし突然、テリーの様子がおかしくなった。道に裂け目がある、そこから炎が上がっていると訴えた彼は、四つん這いになってアスファルトをつかんだ。宇宙に吸い込まれそうだと怯えながら……。

「王立空軍での兵役から戻ってきたとき、彼は20代前半で、僕は10歳くらいだった」と、ボウイは『クロウダディ』誌に言っている。「彼はうちひしがれているようだった。もともと、彼は学校で超優秀だっていう話だったんだけど、やがて、ほとんど無気力で、口も利かず、本も読まず、何もしないような状態になってしまった」。テリーは統合失調症と診断され、クロイドンに近いクールスドンのケイン・ヒル病院に入れられた(311ページ、R・D・レイン)。1985年1月16日、彼は近所の鉄道駅に歩いていき、線路に横たわった。以前も同じ方法で自殺を試みていたが、そのときは失敗していた。今回は成功した。

精神疾患はデヴィッド・ボウィの家族にはびこっていた。彼はそれを呪いだと考えていて、その呪いは母方に集中していた。おばのヴィヴィエンヌ、ウナ、ノラは皆いくらかそれに悩まされていて、ヴィヴィエンヌはテリーと同じく統合失調症だった。ボウィは、自分もその遺伝子を引き継いでいるかもしれないという不安に一生苛まれていた。『アラジン・セイン』の悲しい語呂合わせ〔Aladdin Sane は A lad insane（狂気の若者）と読める〕から、『ロウ』の物憂げな音景が呼び起こす緊張病の昏迷まで、彼の作品につきまとう精神不安への執着はそれで説明がつく。彼のお気に入りの本の多くがこのテーマと関わっているのも驚くことではないだろう。

サラ・ウォーターズの2002年の小説『荊《いばら》の城』（中村有希訳、創元推理文庫）もそのひとつだ。ウォーターズを有名にした「レズのヴィクトリア朝活劇」（と著者自身が自嘲的に言う）3部作の最後を飾るこの作品は、メアリ・エリザベス・ブラッドンの『レイディ・オードリーの秘密』やシェリダン・レ・ファニュの *The Rose and the Key*（薔薇と鍵）、ウィルキー・コリンズの『白衣の女』をはじめとする、1860～70年代イギリスの「センセーション小説」への愛に満ちたパスティーシュである。この作品において、狂気はさまざまな構成要素のうちのひとつであり、ほかには、なりすましや、長く葬られていた家族の秘密などが題材になっている。センセーション小説の狙いは、愉快で、逸脱的な、官能的なほどのスリルを届けることだったが、『荊の城』のプロットにも、秘密や騙しという要素がしっかりと詰め込まれているのである。物語の冒頭、リチャード・〝紳士〟・リヴァーズは、ロンドン特別区の貧民窟で「掏摸《フィンガースミス》」として育った孤児のスウにある計画を持ちかける。それは、モードという無邪気な令嬢を騙してリヴァーズと結婚させ、その財産を持ち逃げするというものだ。スウはモードの侍女となり、報酬として分け前をもらうことになる。しかし、彼女はモードと深く恋に落ちてしまう。とても深く、自分自身も騙されているということに気づかないほどに。

　この小説の中盤の意外な展開は『白衣の女』からの借用で、不意に私たちは精神病院――ボウイの「オール・ザ・マッドメン」の冷たい灰色の館《mansions cold and grey》――に連れていかれる。しかし『荊の城』はたんなるパスティーシュにとどまらない。この作品の素晴らしいところは、元ネタを超越し、驚くほどに、生き生きと新しいものになっていることだ。斬新な連想を引き出し、ヴィクトリア時代の作品に潜在していたものを前景に押し出したウォーターズは、ボウイのごた混ぜの手法とよく似たことをしている。グラムロックの仲間、ロキシー・ミュージックの曲にあるように、つくり直し《リメイク》、型《リモデル》を変えるのだ。

　ボウイは隠語やオカルトの奥義が好きだった。ウォーターズによれば、『荊の城』で強迫観念のようにポルノを収集する（そしてモードに音読させる）モードのおじのクリストファー・リリーのモデルは、１８７７年から１８８５年のあいだにピサヌス・フラクシという筆名でエロティカの注解付き書誌を３冊出版したヘンリー・スペンサー・アシュビーだという。アシュビーは、アレイスター・クロウリー（22ページ、はじめに）のお気に入りの本だったヴィクトリア時代の性的な回想録『我が秘密の生涯』の著者、〝ウォルター〟の正体なのではないかと噂されている。クロウリーのファンだったボウイは、このつながりの連続ににやりとしただろう。

これを聴きながら 「All the Madmen」

気に入ったら、これも サラ・ウォーターズ *Tipping the Velvet*

34

死の床に横たわりて

ウィリアム・フォークナー

１９３０年

１９９０年代後半のあるとき、ボウイはニコチンで汚れた並びの悪い「イギリス人の歯」（イギリス人は歯並びが悪いというステレオタイプがある）を治した。おそらく彼は、１９２０年代ミシシッピの田舎の生活を描いたフォークナーの簡潔な叙事詩、『死の床に横たわりて』（佐伯彰一訳、講談社文芸文庫）における歯の重要な役割を理解していたのだろう。歯とセックス。それこそ、バンドレン一家の父親、アンス・バンドレンが欲しているものだ。アンスは、亡き妻アディの願いを喜んで尊重し、彼女の遺体を人里離れた村から彼女の親族が眠る故郷のジェファソンの町へ運ぶが、彼の頭にあるのは新しい歯と新しい妻を手に入れることだけである。焼けつくように暑く、アディの遺体がにおいはじめていても、気にしない。彼と子どもたち——繊細なダール、大工のキャッシュ、暴力的なジュエル、妊娠中のデューイ・デル、トラウマを抱える末っ子のヴァーダマン——が渡らなければならない橋が完全に流されていても、気にしない。

この作品はモダニズムの傑作であり、フォークナーは多数の視点——主に家族の視点だが、近隣住民やアディを看る医者の視点も含まれる——を使って、屈折した旅の記録をつくり出している。59編の内的独白のうち、19編はダールのものだ。それが問題になるのは、小説が進行するにつれてダールの精神状態が悪化していくからである。彼はほかの誰よりも、家族の状況に差し迫ったものを感じているようだ。ある夜、彼は悪臭を放つアディの棺が置かれた納屋に火をつけ、結果的に逮捕され、精神病院に送られる。多くの文芸批評家はダールは統合失調症だと考えている。そのために彼の独白には不気味な明晰さと知性があるのだと。精神疾患がダールを特別な観察者、詩人、予見者にしている。これは非常にR・D・レイン（311ページ）的だ。

ボウイはどこで最初にフォークナー——発電所で働きながら夜間に執筆し、6週間で『死の床に横たわりて』を書いたことはよく知られている——と出合ったのだろう？　フォークナーの同名の短編を2分19秒に圧縮したゾンビーズの「エミリーにバラを」を通してだろうか。ボウイは基本的に自身の作品に南部ゴシックの要素を入れていなかったが、『アウトサイド』にはそれが染み込んでいる。そして晩年には、狂気のマーダーバラッド「スー（オア・イン・ア・シーズン・オブ・クライム）」がある。そこで歌われているのは、望みのない行為への永遠の忠誠であり、それは『死の床に横たわりて』の要約にもなる。

これを聴きながら　「Please Mr. Gravedigger」

気に入ったら、これも　ウィリアム・フォークナー『響きと怒り』（平石貴樹・新納卓也訳、岩波文庫）

35

いかさま師ノリス

クリストファー・イシャウッド

1935年

1970年代ベルリン。いまだナチスの過去がつきまとう、荒涼とした、分断された街。いかがわしく恐ろしげなこの街は、アーティストや活動家を引きつけ、最良の新しい音楽を生んだ——ノイ!、クラフトワーク、タンジェリン・ドリーム。ボウイとイギー・ポップは1976年8月にここに引っ越し、トルコ人の多いシェーネベルク区ハウプトシュトラーセ155番地の地味なアパートを借りた。

ボウイは29歳で、ほとんど破産していた。名声に溺れながら、その虚飾にうんざりしていた。ベルリンは彼にとって、避難所、創造力を充電できる場所になりそうだった。都合のいいことに、彼はこの街の隠された秘密を案内してくれる精神的ガイドを知っていた。クリストファー・イシャウッドである。

イシャウッドの二つの半自伝的「ベルリン小説」——『いかさま師ノリス』(木村政則訳、白水社)と『さらばベルリン』(1939年)——は、有名なケンダー&エブのブロードウェイミュージカル『キャバレー』(1966年)など、さまざまな脚色版を通してボウイの目に触れていたのだろう。ボウイの最初のマネージャーで、1969年10月の最初のベルリン行きに同行したケネス・ピットが、帰国後の11月初めにBBCで放送されたイシャウッドについてのドキュメンタリー*A Born Foreigner*（生まれながらの外国人）を見ることをボウイに勧めたという話もある。『キャバレー』の1968年のロンドン公演でサリー・ボウルズを演じたのはジュディ・デンチだった。また、1972年の映画版はジギー・スターダストのステージに強い影響を与えた。しかしボウイがイシャウッドを再発見したのは1970年代半ばのLA時代で、1976年3月のボウイのロサンゼルス公演を見たイシャウッドは、画家のデイヴィッド・ホックニーと一緒に楽屋に挨拶しに行ったのだという。（二人はその後も仲が良く、4年後、イシャウッドは『エレファント・マン』の舞台の初日を観に行った）。

やせ細ったコカイン中毒のボウイは、ヴァイマル期のベルリンにロマンティックな執着を抱くようになった。そこは、イシャウッドいわく、憎悪が突如どこからともなく噴き出る場所だった。この憎悪の源を察知したボウイは、オカルト狂いでニーチェ信奉者の大君主シン・ホワイト・デュークをアルバム『ステイション・トゥ・ステイション』で生み出し、自分とポップが空騒ぎから逃れるための避難経路を策定した。それはイシャウッドと彼の恋人／師のW・H・オーデンが1939年にベルリンからアメリカへ逃れた行程をしたり顔でひっくり返したものだった。

とげとげしく、超然としたイシャウッドは、イギリスでの医学の勉強をやめて1928年にベルリンに移り、輝かしい退廃と慇懃な若い男娼で名高いその街で、長期のセックスツーリストになった。『いかさま師ノリス』は、ナチスによる支配が強まりはじめたその街での彼の冒険を、少しためらいがちに綴ったもので、控えめでカメラのような語り手のウィリアム・ブラッドショー（実質的にイシャウッド）と、職業不詳で、人を騙し惑わす、滑稽《キャンプ》な食わせ者、アーサー・ノリスとの関係を軸にしている。

　彼らが最初に、忘れられない出会いを果たすのは、列車のなかでだ。汗をかいて怯えているノリスは、偽のパスポートで旅行している。イシャウッド／ブラッドショーはノリスの奇怪な外見を無邪気に面白がる――フィットしていない変てこなかつら、ばかでかく不格好な鼻、割れた石のようにひどい歯。しかし、その見た目にもかかわらず、そして一見したところの感じのよさとは裏腹に、ノリスは計り知れない人物である。イシャウッドが彼のモデルにしたのは、異邦人仲間のジェラルド・ハミルトンだ。このたたき上げの曲者は、さまざまな局面でスパイをつとめ、コミュニストの扇動者として活動し、アレイスター・クロウリー（22ページ、はじめに）のルームメイトだったと言われている。

　イシャウッドがベルリンを愛していたのは男娼たちのためだったが、無理やり場所を変えることで、より優れた小説家――そうなれるとオーデンからいつも言われていた――になれるとも考えていた。結果的に、ベルリン小説は彼の芸術的な到達点となり、次にその高みに達するのは1964年の*A Single Man*（2009年にトム・フォードが映画化した〔邦題は『シングルマン』〕）まで待たなければならなかった。

　イシャウッドが言ったところの異国の不思議な魔力を利用して、ボウイとポップはベルリン

◉1977年、ベルリンのスタジオで『ヒーローズ』を制作中のライアン・イーノ（中）、ギタリストのロバート・フィリップ（左）、ボウイ（Photo by Michael Ochs Archives/Getty Images）

で自らをつくり変えた。彼らはまた、ボウイのトランスジェンダーの恋人でミューズのロミー・ハーグなど、流行に敏感な人たちの協力を得て、イシャウッドと同じようにパーティーに明け暮れた。そうしたなかでボウイは時間を見つけ、ブライアン・イーノとトニー・ヴィスコンティとともに『ロウ』を仕上げ、『ヒーローズ』をすべて録音したのである。壁の近くの古ぼけたハンザ・スタジオで。

これを聴きながら 「Art Decade」

気に入ったら、これも スティーブン・スペンダー *The Temple*

Bowie's Book

36

オン・ザ・ロード

ジャック・ケルアック

1957年

ボウイの異父兄のテリーはボウイにあらゆるヒップなものを紹介した――ジョン・コルトレーン、エリック・ドルフィー、トニー・ベネット、ジャマイカの「ブルービート」。『オン・ザ・ロード』（青山南訳、河出文庫）もその詰め合わせの一部だったが、おそらくそのなかで最大のものだっただろう。12歳のボウイにこのケルアックのビートの代表作を渡したテリーは、そうして若いデヴィッドの世界観を変え、文化的に自分に合うものが何もないと感じていた地元の町ブロムリーへの欲求不満を強めさせた。読み終わったあと、ボウイは絵を描きはじめ、サックスを習っていいかと父親に訊いた。

『オン・ザ・ロード』は、自由、逃避、衝動、創造性（そしてドラッグ、セックス）の話だ。それはアメリカの可能性、少なくともアメリカの理想であり、ボウイが子どものころに想像した豊かで多様なアメリカだった。この魔法の国と、批評家たちが言うところの冷戦期アメリカ――閉鎖的で、偏執病的で、戦争を挑発する――との拮抗は、ボウイを惹きつけてやまなかった。それゆえ、ボウイのリストにはアメリカの作家が多く含まれている。特に多いのはロスト・

ジェネレーションの小説家や詩人（F・スコット・フィッツジェラルド、ジョン・ドス・パソス、ウィリアム・フォークナー、ハート・クレインなど）だ。第一次世界大戦中に成人した彼らは、ジョン・ファンテやダシール・ハメットなどのより明白なビートの祖先と同じくらい、ビートの作品が好意的に受け入れられる土壌をつくるのに貢献した。

ジャック・ケルアックは、フランス系カナダ人のカトリックの家庭に生まれ、高校時代はフットボールで活躍し、大学は中退した。1946年から1948年のあいだに、彼はアメリカ中を駆け巡った。友人でミューズのニール・キャサディをときに伴い、ロサンゼルス、サンフランシスコ、メキシコシティ、デンヴァーなどに立ち寄りながら旅をした。これらの旅が『オン・ザ・ロード』のベースになっている。この小説は1951年4月に書かれたが、出版社が見つかったのは1957年だった。そのころには、同じくビートの重要作であるアレン・ギンズバーグのヴィジョンあふれる詩『吠える』の成功によって、道が整備されていたのだ。『オン・ザ・ロード』の核になっているのは、ケルアック自身の代役であるサル・パラダイスと、ビートの支柱であるキャサディ——軽犯罪を繰り返すスラムの子どもから、きわめて優秀な独学者になった——をモデルにしたディーン・モリアーティとの関係だ。ボウイはどちらに強く自分を重ね合わせていたのだろう？　ディーンのことを長く行方不明だった兄のように思う、作家のサルだろうか？　それとも、ビートの美学の化身で、決して退屈で平凡なことは言わず、乱玉花火のように燃える、狂気を帯びた特別な人間のひとり、ディーンだろうか？　きっと青年期のボウイは、それから10年のうちに自分が本物のビートの王様たち——『オン・ザ・ロード』の登場人物のモデルにもなっているギンズバーグやウィリアム・S・バロウズなど――と顔を合わせることになるとは思ってもいなかっただろう（あるいは思っていただろうか?）。『オン・ザ・ロード』がボウイに与えた大きな影響には、三つの側面があった。まず、1999年に『Q』誌に語っているように、「これ〔アメリカ中を車で駆け巡ること〕をやりたい、もうブロムリーサウス駅に行って、ヴィクトリア駅までクソみたいな列車に乗って、忌まわしい広告会社で働くなんていやだ」と思わせた。

次に、芸術はどのように生まれうるのかということに関して、彼の意識を変えた。ケルアックの「即興的文章」――彼は『オン・ザ・ロード』を、ひとつながりの巻紙《スクロール》に、ベンゼドリン〔覚醒剤アンフェタミンの商品名〕の力を借りて3週間で一気にタイプした――は、チャーリー・パーカーやセロニアス・モンクなどのミュージシャンが見せたビバップのエネルギッシュな即興演奏の文学版だった。それはボウイに、いかに同じ源泉から異なる芸術形式が生まれ、それらが互いに補い合うかということを示した。そして、何らかの決まりにもとづくほかの創作法、たとえばバロウズとブライオン・ガイシンのカットアップ技法やジョン・ケージ（120ページ）の偶然性の手法に目を向けさせた。

最後に、『オン・ザ・ロード』は、芸術制作は精神的探求なのだと考えさせた。ビートと禅は仲間であり、どちらも超越の瞬間の純粋性を重んじていた。1950年代半ばに禅をケルアックに紹介したのは、ビートの西海岸派の中心人物だった詩人のゲーリー・スナイダーだ。日本に移って寺で暮らす前、スナイダーはケルアックをヨセミテのマッターホーン山へ連れていった。その小旅行でケルアックは悟りを得た――山から落ちることはできない、山頂にたどり着いたら、そのまま進め。これは、「自分には頭がないのだ」というダグラス・ハーディングの驚きの気づき（212ページ）とも似ている。

ケルアックの手法の芯にあるのは、「最初の考えが最良の考え」という、禅に由来するビートの金言だ。修正や推敲は感情を殺してしまう、瞬間を殺してしまう。ケルアックは『パリ・レヴュー』のインタヴュアーのテッド・ベリガンにこう問いかけた。バーで誰かが長々とハチャメチャな話をしていて、まわりの人たちがそれを楽しんでいるときに、その人が突然話を止めて、前の文に戻ってそれに手を入れるなんていうのを聞いたことがあるか？　もちろんないだろう。

ボウイが生々しさを大事にしていたのは、ケルアックからの直接の影響だ。そしてそれは、なぜ彼はミュージシャンの技巧に懐疑的だったのか（技巧に優れたプレイヤーを適宜使ってはいたが）、なぜ歌詞を最後に一気に書くのが好きで、しばしばカットアップを用いたのか、なぜ曲をレコーディングするとき、できるかぎりヴォーカルのテイクを二つ以内に収めたのか、ということを説明している。

これを聴きながら 『1. Outside』――ボウイの最もビートなアルバム（だと私は思う）

気に入ったら、これも ジャック・ケルアック『ザ・ダルマ・バムズ』（中井義幸訳、講談社文芸文庫）

37 ザノーニ エドワード・ブルワー＝リットン 1842年

「夢のなかでこそ、人間のあらゆる知識がはじまる。夢のなか、限りない空間に、霊と霊を――この世とあの世を結ぶ第一のおぼろげな橋が浮かんでいる」

エドワード・ブルワー＝リットン

エドワード・ブルワー＝リットンは、ロックスターという言葉が生まれる前のロックスターだった。貴族的で、バイセクシュアルで、アヘン中毒で、超常現象に心を奪われたオリエンタリストの伊達男であり、バイロンの型破りな愛人のキャロライン・ラムとも首相のベンジャミン・ディズレーリとも関係を持っていると噂されていた。非常に自惚れの強い男としては悲しいことに、ブルワー＝リットンはいまではウィルキー・コリンズの『白衣の女』（143ページ、サラ・ウォーターズ）のプロットに着想を与えたこと――彼は妻のロジーナを精神病院に幽閉し、その3週間後、世間の激しい抗議を受けて彼女は解放された――や、「暗い嵐の夜だった」と「ペンは剣よりも強し」というフレーズの生みの親だということのほうが知られていて、文学的業績や政治家としての成功――1831年に議員になり、1858年には植民地大臣の地位に就いた――は影が薄くなっている。

ブルワー＝リットンが最初に頭角を現したのは、1828年の *Pelham*（ペラム）のようなロマンスの分野だった。その後、彼はほとんどすべてのジャンルに挑戦し、チャールズ・ディケンズやウォルター・スコット卿よりも多くの読者を獲得したが、後年は幽霊物語やオカルトじみたSFを量産するのが最もしっくりきたようである。たとえば1871年の『来るべき種族』は、地下世界に住み、そこを使い果たしたら私たちの地上世界を侵略しようと考えている、「ヴリル＝ヤ」という非常に知的なエイリアンの話である。ボウイは、『ハンキー・ドリー』をレコーディングするまでにこの本を読んでいた――少なくとも、この小説を「ヴリル協会」（両大戦間のドイツでナチスのルーツになったという秘密結社）と結びつけた『神秘学大全』（19ページ、はじめに）を読んでいた――ようで、「ユー・プリティ・シングス」の歌詞にそのタイトル（*The Coming Race*）を引用している。この曲は、うわべは陽気ながら、まもなく非常に知的なエイリアンの子どもたちに取って代わられると親たちに警告するものである。

純粋に文学的に評価すると、『ザノーニ』（富山太佳夫・村田靖子訳、国書刊行会）はひどいもので、ブルワー＝リットンの基準から言ってもやりすぎだ。ウィリアム・メイクピース・サッカレーはこれを「よく練られたご立派な文章」と一笑に付し、作者の気取りを嘲った。「せめてハンカチにつける香水、髪につけるオイルをやめてくれたら、きれいなシャツは週に三枚、コートは年に二着、ディナーはビーフステーキとタマネギに抑えてくれたら……それでも彼から生み出されるものはどれほどあるだろうか」。『ザノーニ』を娯楽として読むというのは想像できないが、ブルワー＝リットンはこれを自身の最高傑作だと考え、「深く愛されている、私の成熟期の作品」と呼んでいた。そういう言い方もあるのだろう。

『ザノーニ』は薔薇十字団の話だ。このスピリチュアルな組織によれば、世界は古代文明から引き継がれた特別な知識を持つ錬金術師と賢人の秘密のネットワークによって動かされている。（実のところ、薔薇十字団とその創始者とされるクリスチャン・ローゼンクロイツは、17世紀のドイツの神学者による冗談まじりの発明だった）。この考えは、コカイン漬けだった1970年代半ばのボウイのUFO、神秘的魔術、ナチズムのオカルト的ルーツへの執着につながった。

エリファス・レヴィ（139ページ）と友達だったブルワー＝リットンは、神智学の信奉者でもあった。これは薔薇十字団にいくらかもとづいた東洋風哲学で、やはりブルワー＝リットンの友人だったヘレナ・ブラヴァツキーが興した。ロシアの神秘主義者のブラヴァツキーは、チベットをひとりで旅していたときに、アーサー王、トマス・モア卿、ムガル帝国のアクバル大帝の生まれ変わりであるマスター・モリヤという「成就者《アデプト》」から秘伝の力を授かったと言っていた。

小説のタイトルにもなっている主人公は、金持ちでエキゾティックな未知の人物（「ミステリアスで、妙な印象を残すが、美しく、威厳がある」）で、決して年をとらないように見え、ナポリの上流社会を困惑させている。実のところ、彼は薔薇十字団の選ばれし者であり、市井に知識を広める任にあたっている（「いつの時代も少数の者が多数の者を向上させる」）。人間関係を持たないでいるかぎり、彼は不死身だ。しかし、オペラ歌手のヴィオーラ・ピサーニと恋に落ちてしまう。それだけでも厄介なことだが、そこにヴィオーラの愛を争うライバルまで登場する。グリンドンというイギリス人男性で、少し前にザノーニは彼の命を救っていた。

　ヴィオーラは、ザノーニの秘密を知る——彼が秘密の部屋で薔薇十字団の力を蓄えていたところを邪魔してしまう——と、恐怖を感じ（「あなたの謎めいた知識にどうして私はこれまで尻込みしなかったのでしょう」）、グリンドンとともに革命期のパリへ行って、ここではあえて触れることもない理由から、ギロチン処刑を言い渡される。二人を追ってパリに行ったザノーニは勇ましく歩み出て、自分の首と引き換えに彼女を救う。

　ザノーニを、バットマンやスパイダーマンのようなコミックのスーパーヒーローの先駆けと見るのは馬鹿げたことではない。そして不気味なことに、いやそうではないのかもしれないが、ザノーニはボウイが『地球に落ちて来た男』で演じたトーマス・ジェローム・ニュートン——人間のようにアルコールとテレビに耽溺するうちに、力が衰えてしまう——と、トニー・スコットの『ハンガー』で演じた吸血鬼のチェロ奏者ジョン・ブレイロックのどちらにも似ている。ブレイロックはザノーニの生まれ変わりですらあるかもしれない。彼は自分と同じく鋭い歯を持つ妻と18世紀のフランスで結婚したというのだから……。

　多くの伊達男と同じく、ブルワー＝リットンも年老いることを受け入れられなかった。肖像画家は彼を若く描くように言われたが、ヴィクトリア時代のカメラはそうたやすく嘘をつけなかった。1871年に自分の写真を見た彼はぞっとし、「吹雪で死んだ引退した執事の霊」のようだと言った。

これを聴きながら 「Oh! You Pretty Things」

気に入ったら、これも エドワード・ブルワー＝リットン『来るべき種族』（小澤正人訳、月曜社）

Bowie's Book

38

鯨の腹のなかで

ジョージ・オーウェル

1940年

1940年、ジョージ・オーウェル（124ページも）は100冊以上の書評を書いていたから、どこでこの『鯨の腹のなかで』（川端康雄編訳、平凡社ライブラリー〔「鯨の腹のなかで」は入っているが、日本独自編集で、オーウェル自身の *Inside the Whale and Other Essays* とは収録作が異なる〕）に収められた三つの優れたエッセイ――「チャールズ・ディケンズ」、「少年週刊誌」、そして表題作――を書く時間を見つけたのかは謎だ。最初の二つはそれぞれ英国性についての考察であり、そのテーマをつねに追究していたボウイを惹きつけたことだろう。しかし、彼を興奮させたのは「鯨の腹のなかで」だったのではないだろうか。これは、両大戦間のパリでふしだらな生活を送るボヘミアンの異邦人たちを描いたヘンリー・ミラーの小説『北回帰線』（1934年）を鋭く分析したものである。

オーウェルはあるパラドックスに興味を抱いていた。発禁になったこのミラーの小説の卑猥で放蕩な内容は道徳的な読者を遠ざけるはずなのに、どういうわけかそうはなっていないということだ。これは、ミラーの手腕によって読者が登場人物たちの世界に引きずり込まれるからであり、その人物たちは実に馴染み深く、そこで起きていることは自分の身にも起こるのではないかと感じられるのである——たとえこれまでの人生で、売春宿から追い出されたあとにモンパルナスの舗道で自らの嘔吐物の池に沈み込むという経験がなかったとしても。

政治的な理由で、『一九八四年』の作者はミラーをほとんど読んでいなかった。1936年にパリで二人が少しだけ顔を合わせたとき——オーウェルはスペイン内戦の戦線に向かうところだった——ミラーはオーウェルに親善の証としてコーデュロイジャケットをあげたが、面と向かって、「君は自分のやることでファシズムを止められると思っている愚か者だ」と言った。それでもオーウェルは、『北回帰線』は誰もが読むべき本だと考えた。なぜなら、その見事な下劣さは、たとえ文明が崩壊しようと——オーウェルは来たる第二次世界大戦中にそうなると考えていた——大した問題ではないというミラーの信念を反映しているからだ。そのためにこの作品は20世紀後半の文学、特に（オーウェルは明らかに予見できていなかったとはいえ）生々しいビートへ進んでいく方向性を示している。

ミラーは、聖書のヨナ〔巨大な魚に飲み込まれ、3日間その腹のなかにいた。この「魚」はしばしば鯨とされる〕のように、自らを暗く快適な空間に隔離していて、その厚ぼったい壁の向こうの大きな歴史のうねりには受け身で無関心だ。しかし、この態度こそが彼を市井の人々に近づける。なぜなら彼らの多くも受け身だからである。オーウェルが『北回帰線』を気に入っていたのは、その市井の日常と身体的な行動——吐く、糞をする、ファックする——への容赦ない注目ゆえだ。その率直さが、作者と読者のあいだに強い共感の結びつきを生み出す。オーウェルは、ミラーを5ページか10ページ読めばある種の救いを感じるが、それは「理解するというよりも理解されること」から生じるものだと言っている。ミラーは自分のことをすべて知っていて、自分のために、自分だけのために書いてくれているのだという気がするのだ。

　悲しみと堕落に覆われた人生を、判断を加えることなく受け入れるミラーから、オーウェルが得たもの、そして私たちに得てほしいと思っているものは、中流階級出身で大学出のルー・リードがヒューバート・セルビー・ジュニア（258ページ）を読んで得たもの、そしてボウイがセルビーの影響下に書かれたリードの「僕は待ち人」などの曲を聴いて得たものだ。ミラーは人に不快感を与えることもあったかもしれないが、結局のところ（オーウェルの言い得て妙な表現を借りれば）人が現に感じていることは、感じるべきことと同じくらい重要なのである。

これを聴きながら 「The London Boys」

気に入ったら、これも ジョージ・オーウェル『パリ・ロンドン放浪記』（小野寺健訳、岩波文庫）

Bowie's Book

39

夜の都会

ジョン・レチー

1963年

「クルト・ヴァイルやジョン・レチーの登場人物が住んでいそうな、放埒な世界をつくろうとしていた……イーニッド・ブライトンのベックナムとヴェルヴェット・アンダーグラウンドのニューヨークをつなぐ橋。ノディ（ブライトンの児童文学作品に登場するキャラクター）はいないけれど」

デヴィッド・ボウイ、『ダイアモンドの犬』について

ボウイが『夜の都会《まち》』（高橋正雄訳、講談社）を読んだのは、ヒューバート・セルビー・ジュニア（258ページ）を読み、ヴェルヴェット・アンダーグラウンドを発見したころではないだろうか。そうだとすると、ルー・リードの曲が両作品に多くを負っていることに驚いたことだろう。大きな話題を呼んだ『夜の都会』は、発売前から『ニューヨーク・タイムズ』紙のベストセラーリストに登場した。50年代後半～60年代前半のゲイのアンダーグラウンドがこれほど生々しく描かれたことはそれまでなかったのだ。レチーの小説の名もなき男娼、ラテン系の「青年」

は、ニューヨーク、サンフランシスコ、ロサンゼルス、シカゴ、ニューオーリンズを跳びまわり、アイデンティティの意味と感覚を、そしてセックスを探し求めるが、楽しんでいるというよりも金のためにやっているのだと自分を納得させている——ここでは、そのように否定することがデフォルトなのだ。これは「ジョン、アイム・オンリー・ダンシング」の「日陰の愛《shadow love》」、あるいは、小さなジーン・ジニーがこっそり街へ出ていったあとにやったことである。「ジーン・ジニー」がフランスの小説家・活動家のジャン・ジュネにちなんだものでもあることを考えると、『夜の都会』と似たジュネの半自伝的作品『泥棒日記』の英訳版が同じころに出版されたことは注目に値する。

1975年、ボウイは「ファシネイション」を歌ったが、『夜の都会』の「青年」は、タイムズ・スクエアのゲイクラブの前の巨大な看板に「F*A*S*C*I*N*A*T*I*O*N」という文字が躍っているのを見る。ボウイもヴィジュアルイメージを求めてこの世界を探った。カミール・パーリア（300ページ）が指摘しているように、『ジギー・スターダスト』の裏ジャケットには、明かりのついた電話ボックスで男娼のようにポーズをとるボウイがいて、その気品のある指とセクシーなヒップは女性を思わせるが、露出した胸部と膨らんだ股は男娼だ。

『夜の都会』は、風通しの悪い部屋の窓が押し開けられたような感じがあるが、トーンはまったく祝賀的ではない。何を祝うことがあろう？「夜の都会」とは心の状態だ。レチーの男娼は知り合う男性たちとどうにか関係を築きたいが、その世界の秘匿性、そしてそこに住む人々の複雑さのために、それは不可能である。誰もが仮面をかぶっている。誰もが恐れを抱いている。

この世界では、レチーが言う（『アラジン・セイン』の一曲を先取りしている）ように、若さの終わりはある種の死だということも意味がない。時間《タイム》はいつも舞台袖で待っている《ウェイティング・イン・ザ・ウィングズ》のだ。

　レチーはそこから生じる憂鬱を、荒涼とした都会の詩を通して屈折させて描くが、その乱れた文法と表音的なスペリングはセルビーと似ているし、どことなくケルアック（153ページ）も思わせる。『オン・ザ・ロード』の作者と同じく、レチーは文章に即興的な印象を与えながらも、繊細な叙情性も持たせ、秘密、見せかけ、新顔が現れても消えることのできない古顔の意識に切り込んでいる。

これを聴きながら 「John, I'm Only Dancing」

気に入ったら、これも ジョン・レチー *The Sexual Outlaw: A Documentary*

40

フランシス・ベイコン・インタヴュー

デイヴィッド・シルヴェスター

1987年

デヴィッド・ボウイは、フランシス・ベイコンとその生々しくしばしばグロテスクな絵の大ファンではなかった。「二、三の作品はすごいと思う」と、彼は1998年に『ニューヨーク・タイムズ』紙に言っている。「でも、彼はすぐに力をなくした。終わるのが早かった」。

それでも、ベイコンはボウイにとって重要だった。彼らは異なるメディアで活動していたが（ボウイは絵も描いていて、展覧会を開くほどだったが）、その創作法には多くの共通点があり、それはデイヴィッド・シルヴェスターのベイコンへの25年にわたる鮮やかなインタヴュー（『フランシス・ベイコン・インタヴュー』、小林等訳、ちくま学芸文庫）を読めば明らかだ。ボウイとベイコンは両者とも、人々の感情を揺り動かしたいと思っていた――ベイコンは抽象を用いることで形象《フィギュラティヴ》の幅を広げ、暴力的だが心に訴えるものを生み出した。両者とも、酒とドラッグを使って自らを想像的に解き放っていた――ベイコンは、《磔《はりつけ》》の三連画《トリプティク》を描いていたときはぶっ飛んでいて何が起きているのかほとんどわかっていなかったと言っているし、ボウイも、傑作『ステイション・トゥ・ステイション』の制作時の記憶がないとよく言っていた。両者とも、偶然性というものを、それに支配されることなく受け入れる必要があると強く思っていた——ベイコンに言わせれば、偶然というもののヴァイタリティを、それに邪魔されることなく維持する、ということだ。

1970年代後半、そして1990年代半ばに、ボウイにその方針を貫かせたのはブライアン・イーノで、『ロウ』、『ヒーローズ』、『ロジャー』、『アウトサイド』を共同制作した彼は、「オブリーク・ストラテジーズ」カード（122ページ、ジョン・ケージ）を使って、ボウイとミュージシャンたちを流動的で不確かな状態に置いた。ベイコンは、自分にそのような助産師的存在、T・S・エリオットにとってのエズラ・パウンドのような、何をするべきか、何をしないべきかを教えてくれ、的を射た理由も言ってくれる人物がいなかったことを悔いている。

20世紀を代表する美術批評家のシルヴェスターは、心理療法士のように優しく共感しながら突っ込んだ質問をベイコンにし、詳細でときに驚くような答えを得る。ボウイは、90年代半ばに編集委員をつとめた『モダン・ペインターズ』誌でトレイシー・エミンやダミアン・ハースト、バルテュスにインタヴューする前に、シルヴェスターのテクニックを研究していただろうか？　もしそうだとしたら、バルテュスはよく思わなかっただろう——彼がボウイと話すことにしたのは、「知的」な会話をしたくなかったからなのだから。

シルヴェスターの晩年のある日、娘のザンティが術後の彼を見舞いに行った。病院に着くと、彼は電話で生き生きと話していた。電話が終わり、シルヴェスターは大喜びで言った。「誰だったと思う？——デヴィッド・ボウイだよ、彼が描いた絵をどう思うか教えてほしいって！」。

これを聴きながら 「The Voyeur of Utter Destruction (As Beauty)」

気に入ったら、これも デイヴィッド・シルヴェスター *Interviews with American Artists*

Bowie's Book

41

神々の沈黙
ジュリアン・ジェインズ
1976年

ジュリアン・ジェインズはプリンストン大学の一風変わった心理学者で、脳の機能に関して、完全に推測的ではあるが刺激的な理論を生み出した。ホメロスの『イリアス』（74ページ）のような古典的文献をもとにジェインズが主張したのは、3000年前まで人類はいまの私たちのように意識を経験してはいなかったということだ。彼らは一般的な人間の行動（食べる、話す、戦う、建てる）をロボットのように行っていたのであり、それより高次の主観や内省の能力はなかったというのである。

どうしてか？　なぜなら、彼らの脳は「二分」されていたからだ。意思決定をする右の脳半球が幻聴――何をするべきか伝える声――を左の脳半球に届け、そちらはそれらの声を「神」として解釈し、そのとおり従う。この「二分心」は何千年も維持され、誰もがそれぞれの目的をはっきりと理解していた厳格な階層社会においてより強固になった。しかし、飢饉や戦争、人口過剰の問題が起こり、ときに大規模な移住が強いられるようになると、二分心は崩壊しはじめた。そして、人類が自らに話しかけることができると気づき、言語が洗練されてくると、神の声は消えていった。

驚くなかれ、『神々の沈黙——意識の誕生と文明の興亡』（柴田裕之訳、紀伊國屋書店）は大成功を収めた。一般読者は、ジェインズの情熱と愉快な仰々しさに魅せられた。（「ああ、目に見えぬ光景と耳に聞こえる沈黙の世界」と、この本ははじまる。「心という、この実体なき国！・」）。一方、同業の科学者たちはそれよりも懐疑的で、彼の考えには神経学的な事実にもとづく根拠がほとんどないと指摘した。リチャード・ドーキンズは、これはまったくのゴミか天才の産物のどちらかであり、そのあいだということはないと言った。

フィリップ・K・ディックが「衝撃的な理論」と言ったこの本にロマンを見出すのも、ボウイがそこに見たものを理解するのも難しいことではない。それはつまり、精神疾患へのまったく新しいアプローチだ。本書のほかの箇所でも言っているとおり、異父兄テリーの状態を目の当たりにしたボウイは、統合失調症を恥ずべきものではなく特別なものだと考える作家たちに惹かれるようになっていた。ジェインズは統合失調症を二分心への部分的な逆戻りだと見ていた。その症状のある人は、何らかの行動を命じる声を聞いている、あるいはボウイの曲「怒りをこめてふり返れ」の死の天使のようなものの訪れを経験しているからだ。その意味で、これは悪魔憑きだけでなく、芸術的創造にも似ていると、ジェインズは考えた。特に、ダダやシュルレアリスムのような、意識にとらわれないもの——どちらもボウイの好きな芸術運動だ。

これを聴きながら 「Look Back in Anger」

気に入ったら、これも オリヴァー・サックス『音楽嗜好症（ミュージコフィリア）——脳神経科医と音楽に憑かれた人々』（大田直子訳、ハヤカワ文庫NF）

42

グレート・ギャツビー

F・スコット・フィッツジェラルド

1925年

「ボウイは意図されたものではなかった。彼はレゴのキットのようなものだ。僕は彼を好きにならないと確信している。彼はあまりにもからっぽで、節度がないから。決定的なデヴィッド・ボウイというのは存在しない」

デヴィッド・ボウイ、『ピープル』誌（1976年）

F・スコット・フィッツジェラルドは、ジェイ・ギャツビーの登場のタイミングを、まるで興行師のストップウォッチを使ったかのように正確に計っている。この無駄なく完璧に構成された中編小説の四分の一を過ぎたところで、語り手のニック・キャラウェイはようやく、ギャツビーと、彼の名高いパーティーで出会う。とはいえ、最初は自分が話している相手が誰だかわからない。というのも、このウエスト・エッグのトリマルキオ（古代ローマの小説『サテュリコン』に出てくる成金で、『グレート・ギャツビー』のインスピレーションになった）が自らのカリスマ性を一瞬トーンダウンさせていたからだ。しかし彼はまもなくまたトーンを上げ、温かく共感的な笑顔を見せる。その笑顔は、「こちらが理解してもらいたい分だけ理解してくれ、こちらが自分自身に寄せたい信頼をそのとおりに寄せてくれ、こちらが相手に与えたい最良の印象を、たしかに受け取ったと請け合ってくれる」ものだ。誰かを思い出さないだろうか？

ギャツビーにはさまざまな噂が渦巻いていた――人を殺したことがある、戦争中にドイツのスパイだった……。人を「親友《オールド・スポート》」と呼ぶ気取った習慣など、胡散臭い成り上がりといった気配がいたるところにあるため、ジェイ・ギャツビーが本当はジェイムズ・ギャッツという名で、ノースダコタの貧しい農民の息子、密造酒を販売するヤクザだったとわかっても、特に驚きはしない。

彼が派手に振る舞っているのは、ひとえに、かつての恋人のデイジー（いまは野卑なトム・ブキャナンと結婚している）を取り戻すためだ。ニックは冒頭でギャツビーについて、「問題なかったのだと最後にはわかった」と言い、彼の破滅の責任を彼の取り巻きたちに負わせる。しかしギャツビーは、彼と肩を並べるであろうほかのセレブリティの多くと同じように、浅はかで、虚栄心が強く、堪え性がない。ピンクのスーツといくつもの美しいシャツで着飾り、ワードローブからそれを取り出してニックとデイジーに向かって放り投げる、最初の地下世界のダンディなのだ。

物語の最後、ギャツビーの葬式の前に、涙を流す彼の父親は、ジェイムズ／ジェイが成功したのは彼が頭を使ったからだと言う。しかし実際はそういうわけではなかった。彼が使ったのは見た目と魅力と決意だ。彼は師匠となる銅産業界の大物ダン・コーディに出会うと、彼のもとで船乗りになることを決め、ニックが意味ありげに言うところの「漠然とした個人的仕事」を与えられた。ボウイは、若いころにマイムアーティストのリンゼイ・ケンプや作曲家のライオネル・バートとそのような関係にあったから、これにククッと笑ったかもしれない。

『グレート・ギャッツビー』（村上春樹訳、中央公論新社）の印象的な一節は、「人格というものが、間断なき見事な演技の連なりだとしたら……」というものだ。印象的なイメージは、ギャッツビーが波止場の先端に立ち、対岸の小さな緑の光に向けて腕を広げているところだ——素敵なディジーに手を差し出してもらうために（と私は考えたい）。

これを聴きながら 「Can You Hear Me」

気に入ったら、これも F・スコット・フィッツジェラルド『夜はやさしい』（森慎一郎訳、作品社）

Bowie's Book

43

フロベールの鸚鵡

ジュリアン・バーンズ

1984年

敬愛するアーティストの頭と心のなかにどのように入っていくか？　いくら望んでも、それは不可能なことかもしれない。ジュリアン・バーンズの目くるめく第3作は、伝記、文芸批評、ポストモダン小説の交差点にしゃがみ込み、その三つのすべてを嘲っている。神経質な語り手である引退した医師のジェフリー・ブレイスウェイトは、ギュスターヴ・フローベールの大ファンで、妻の死の悲しみに打ちひしがれているが、『感情教育』と『ボヴァリー夫人』（71ページ）の作者に関するすべてを知ることで心の穴を埋めようとしている。

ブレイスウェイトは、フローベールの人生の細部に執着することを止められないが、心の底ではそんなことをしても意味はないと理解している。誰かの人生の「決定的な」記録などというのは一角獣と同じくらい空想的なものだ。彼は考える。なぜ作品は私たちにその作家を追わせるのか？　なぜ私たちは「ゆかりの品に欲情」するのか？　ルーアンのフローベール博物館に巡礼に行ったブレイスウェイトは、フローベールが短編「純な心」の執筆中に机に置いていたという剥製の鸚鵡《おうむ》、ルウルウを見て心をくすぐられる。しかしその数日後、フローベールが

1844年から亡くなる1880年まで住んで執筆をしていたクロワッセの展示室を訪れると、ルウルウだという別の鸚鵡を見つける。どちらが「本物」なのだろうか？　ブレイスウェイトは、誰か答えを知っている人はいるだろうかと考える――そして、自分以外にそれを気にする人はいるだろうかと。

ボウイのファンならこう問いかけるだろう？　デヴィッド・ボウイとデヴィッド・ジョーンズのどちらが「本物」の鸚鵡なのか？　『フロベールの鸚鵡』（斎藤昌三訳、白水Uブックス）が出版され、ブッカー賞の候補になった1984年、ボウイの創造的エネルギーは一時的に低下していた。最も出来の悪いアルバムのひとつ『トゥナイト』をつくったところで、道を見失っているようだった。少なくとも、輝かしい一匹狼の「デヴィッド・ボウイ」であることにあまり興味がなくなり、それよりも俳優やメインストリームのエンターテイナーであることに興味を持っていたようだ――それは、平凡でスターらしくない「デヴィッド・ジョーンズ」のペルソナに近い。そういった葛藤は、その年に劇場公開されたジュリアン・テンプルによる長尺ビデオ*Jazzin' for Blue Jean*で面白半分に表現されている。そのなかでボウイは、エキゾティックなポップスターのスクリーミング・ロード・バイロンと、バイロンとの関係について嘘をついて女の子の気を惹こうとする平凡で冴えないヴィックの二役を演じている。「この卑劣で、スケベで、エセ東洋風のオカマ野郎！」と、ヴィックはある場面でバイロンを罵る。「あんたは、レコードジャケットのほうが曲よりましだ！」。

家庭人のデヴィッド・ジョーンズは、控えめで、禁欲的なほどだった。特に晩年は、噂を信じるなら、ほとんどマンハッタンのアパートに閉じこもって読書をしていて、一緒に過ごすのはイマンと娘のレクシー、愛犬のマックスだけだったという。しかし、誰の目にも明らかなアイロニーは、デヴィッド・ジョーンズが匿名性を喜んで受け入れていた一方で、彼の国際的に有名な別人格《オルターエゴ》は、V&Aの2013年の世界的な回顧展『デヴィッド・ボウイ・イズ』に向けたアーカイヴを整理していたということだ。

彼はつねに蒐集家だった。心臓発作に見舞われたあとは、すでに膨大だった自身のキャリアに関係する品のコレクションをさらに増やしはじめ、何年も前に手放していたシンセサイザーなどを買い戻したりもしていた。なぜ、ゆかりの品にそれほど欲情するのか？ ボウイは自らの神話には興味がないと言っていた。しかしそれは事実ではなかった。実際のところ、ボウイは自分自身のジェフリー・ブレイスウェイトであり、自分に関する本を、元妻のアンジーのものまで、とりつかれたように読んでいたのだ。

2000年代を通して、ボウイが自伝を書いているという噂が渦巻いていた。結果的に『デヴィッド・ボウイ・イズ』が開催されたから、私たちは文句を言うことはできない。クロワッセの展示室で、ジェフリー・ブレイスウェイトはフローベールが最期に水を飲んだというタンブラーを前にしてかしこまる。V&Aで、ボウイのファンは列をつくり、彼の口紅がついたティッシュを見た。

これを聴きながら 「Who Can I Be Now?」

気に入ったら、これも ジュリアン・バーンズ *Metroland*

Bowie's Book

44

イングランド紀行 J・B・プリーストリー 1934年

1970年代後半にスイスに住み着いて以来、ボウイはたまにしかイギリスに戻らず、友人や家族に会ったり、ライヴやプロモーションをしたりするだけだった。とはいえ、幼少期を過ごしたブリクストンで暴動が起き（1981年4月10〜12日）、マーガレット・サッチャーの保守党政権下で失業率が上がり続けていた——1982年1月26日には、1930年代以来初めて、イギリス国内で300万人を超える人が失業していると発表された——ときに、その国のことを気にかけていなかったわけではない。

そのころ、ボウイは『レッツ・ダンス』の準備をしていたのだろう。このアルバムの「リコシェ」で彼は、「人々は片隅で仕事を待っている」と歌い、一方、くたびれた北部のアクセントで、「多くの人がまだ眠っているあいだに、男たちはニュースを待つ／線路、工場、機械、坑道を夢見ながら」と伝える。

その言葉はまさに古い時代を思い出させる。ボウイはこのころ、小説家・劇作家・批評家J・B・プリーストリーの『イングランド紀行』（橋本槇矩訳、岩波文庫）を読んだのではないだろうか。「一九三三年秋のイングランド旅行中にひとりの男が見、聞き、感じ、考えたことの散漫だが正直な記録」という自己卑下的な副題のついたその本を。

最新式のバスでイングランドを巡った『夜の来訪者』の作者は、分断された国を見る。南部にはサウサンプトンの港のように栄えている地点があり、そこから旅をはじめたプリーストリーはここは悪くない町だと感じる。ブリストルも同様で、タバコ工場を訪れた彼はその工場の人間味の感じられる運営をほめそやす。そこでは人々が効率的に働き、誰も辞めたいとは思っていない。

しかし、ブラッドフォードで育ったプリーストリーがよく知る北部の産業地帯は、大恐慌で荒れ果てていた。無感情と幻滅の支配だ。かつては政府が暮らしをよくしてくれると考えていたが、いまや多くの人が何も信じなくなっている。これはプリーストリーをぞっとさせる。というのも、彼はドイツで何が起ころうとしているかがわかっていて、政治への無関心は「独裁制が栄え、自由が死ぬ土壌」だと理解していたからだ。

『イングランド紀行』はノスタルジアを矯正するものにもなる。今日、私たちは、商店街《ハイストリート》の衰退を心配し、1930年代にはまったく違う活気があっただろうと想像する。しかしプリーストリーによれば、スウィンドンのハイストリートは残念な状況で、低俗な店や安物のバザーばかりだという。ニューカッスル・アポン・タインで彼に何より衝撃を与えるのは、沈黙だ。船をつくる男たちのやかましい騒ぎは消えてしまった。昔はこの場所も刺激的だったのだろうと、プリーストリーは考える。

面白いことに、『イングランド紀行』は陰鬱なニュースを伝えながらも、気持ちを和ませてくれる楽観的な読み物になっている。これはプリーストリーの文章のトーンのためだ。彼は旅先で出会った人々をおおむね愛情を込めてスケッチしているが、彼らとの接し方同様、その文章も気さくでわざとらしさがない、あるいは少なくともそのように見せている。人々の味方であるということが、プリーストリーにとっては非常に重要なのだ。彼は「文学的な」作家たち――プリーストリーのことを中級《ミドルブラウ》だと言って相手にしないが、庶民の貧困や苦しみに関心を抱いていない者たち――への当てこすりを抑えられない。現実に存在する荒地について詩を書きたいなら、T・S・エリオットはノース・シールズへ行くべきだ、と彼は揶揄する。

かつて銃や釘の製造の中心地だったウエスト・ミッドランズのウエスト・ブロムウィッチで、プリーストリーは少年たちが倉庫の屋根に石を投げつけるのを聞く。彼は少年たちを見つけてやめさせようと思うが、すでに逃げてしまっていた。もしかすると、この跳ね返った《リコシェ》石がボウイの頭にあった「リコシェ」かもしれない。彼が歌っているように、「悪魔が仮釈放中に逃げ出し」たのかもしれないが、その悪魔はなかなか暇な人間に仕事を見つけられないでいるようだ〔The devil finds work for idle hands（悪魔は暇な人間に仕事を見つける。小人閑居して不善をなす）という諺がある〕。少年たちは、プリーストリーが自分たちの側にいると知ったら驚いたかもしれない。たとえ少年たちが石を投げ、あたりのガラスをすべて粉砕しても、彼らを責めはしないとプリーストリーは請け合うのだ。

これを聴きながら 「Ricochet」

気に入ったら、これも ジェフリー・ムーアハウス *Britain in the Sixties: The Other England*

Bowie's Book

45

Billy Liar キース・ウォーターハウス 1959年

ボウイはキース・ウォーターハウス――ボウイ研究の大家ニコラス・ペッグによると、60年代半ばの彼のお気に入りの作家――に敬意を表し、初期の一曲にウォーターハウスの最初の小説（*There Is a Happy Land*）の名前をつけた。この小説はリーズの団地に住む10歳の男の子とその友人たちの話で、彼らは大人にはわからない隠語を使って会話をする。

第2作の *Billy Liar*（嘘つきビリー）はウォーターハウスの出世作で、1963年にトム・コートネイとジュリー・クリスティの主演で映画化されて絶賛を浴びた。ボウイの友人のジョージ・アンダーウッドによれば、ボウイがこの本を気に入っていたのは間違いないが、映画を観る前に読んだのか後に読んだのかはわからないという。主人公は19歳のビリー・フィッシャーで、なかなかの嘘つきだ。ヨークシャーの架空の町、ストラドホートンに住む葬儀屋の事務員の彼は、自分の父親は退役した海軍大佐だなどと適当なことを言う。彼はまた、「アンブロシア」という自分だけの空想の世界にしばしば引きこもり、仕事を辞めてロンドンで脚本家になりたいと夢見ている。しかし、仕事を辞めたい彼のベッドの下には、9ヵ月前に郵送するように言われていたカレンダーの山が隠してある。ビリーがそのカレンダー（各月のいちばん下に陳腐な格言が書かれている）を仕事中にトイレに流して捨てようとするくだりは、ウォーターハウスの真骨頂だ。

現代の読者にとってそれほど笑えないのは、ビリーの二人のフィアンセ、バーバラとリタに対するひどい扱いである。しかしもちろん、これは1950年代のイングランドの話だ。この女性蔑視《ミソジニー》はビリーの想像力の豊かさを損ねてはいないし、デヴィッド・ジョーンズのような野心的な夢想家がこの本を大いに気に入ったのは意外なことではない。

性に関する問題があるとはいえ、*Billy Liar* は舞台である北部の労働者階級の世界を越え、郊外のブロムリーで育ったボウイも感じていたはずの息苦しさを愉快に描き出している。シャドラック＆ダックスベリーで働くビリーの欲求不満は、広告会社のネヴィン・D・ハースト（315ページ）で働くボウイの中流階級的な欲求不満と同じようなものだっただろう。違うのは、ビリーは自分の野心を恐れていたということだ。彼を最も理解する女性のリズは、彼を浅いプールの端にいる子どもにたとえる――ボウイは誰にもそんなことは言われなかっただろう。

これを聴きながら 「There Is a Happy Land」

気に入ったら、これも キングズリー・エイミス『ラッキー・ジム』（福田陸太郎訳、三笠書房）

46 A Grave for a Dolphin アルベルト・デンティ・ディ・ピラーニョ 1956年

これは興味深い一冊だ。アルベルト・デンティ・ディ・ピラーニョはイタリアの医師で、1924年にアオスタ公の専属医としてリビアにやって来てから、1943年にトリポリの総督としてイギリスに市を明け渡すまで、アフリカ北部・東部のイタリア植民地に配属されていた。*A Grave for a Dolphin*（イルカのための墓）は、1955年にブック・ソサエティの推薦図書になった回想録 *A Cure for Serpents*（ヘビの治療法）の続編である。前作も異国での医療の災難について書かれていたが、*A Grave for a Dolphin* のほうが間接的で思索的であり、地域の寓話や伝説とそれが意味しうることに目を向けている。ボウイにとって個人的に大きな意味を持ったのは、イルカのように泳げたらという「ヒーローズ」の有名な歌詞のインスピレーションになったこと、ふくらはぎの裏に「イマン」の名と並べてイルカのタトゥーを入れるきっかけになったことだ。

植民地主義の香りがありながらもこの本に好感が持てるのは、デンティが寛容かつ謙虚であり、一緒に暮らして働く「先住民」に対して恩着せがましさがないためだ。彼は、アフリカの黒人はいまだ文明の原始的な段階にいるという当時のヨーロッパ人の標準的な見方からはみ出ることはないが、それが彼らとの交流に影響を及ぼすことはほとんどなく、実際にはその見方を信じてはいないのではないかとも感じさせる。むしろ彼は、彼らに溶け込み、受け入れられたいのだ。それゆえ一生懸命アラビア語を学び、民俗学や人類学を勉強し、うっかり相手を怒らせてしまうことがないように現地の風習を習う。あるとき彼は、ムスリムの神学について移動民のタクルーリの人々と話し、すべての宗教にそれぞれ狂人がいるのだと言われる。また、男の子の癲癇《てんかん》を呪医が治すのを見たときは、自らの医者としての懐疑を引っ込める。

ボウイをたいへん感動させた、この本のタイトルにもなっている物語は、デンティが現地のムスリム男性から聞いた強欲な海の精霊にまつわるエチオピアの伝説と、第二次世界大戦の終戦後にソマリア沿岸に駐在した22歳のイタリア人兵士カマラの物語が融合した、催眠的で官能的な幻想譚だ。カマラは、侵略者に捕らえられて奴隷として売られるのをかろうじて免れたシャンボワという現地の若い女性と出会い、恋に落ちる。彼女には、襲われることなくサメと一緒に泳ぎ、素手で魚を捕まえられるという才能がある。ある夜、水中のシャンボワのもとにイルカがやって来るが、それが子どものころに一緒に泳いでいたイルカだと気づいて彼女は興奮する。このイルカは恋人たちにいつも連れ添うようになる。シャンボワはこのイルカの上に乗ることもある。カマラは、彼女が背びれをつかみ、えいと叫んで上に乗るのを驚きの目で見るが、これは彼らの二つの文化の結合を巧みに象徴するものだ。この光景を見たカマラは、かつて実家の近くの美術館で見た、ポセイドンの息子タラス（タラントの町の神話上の創始者）が難破から自分を救ってくれたイルカに乗っている絵を思い出すのである。

しかしカマラとシャンボワの恋物語はあまりにもはかなく終わってしまう。ある朝、カマラが起きると、シャンボワは熱で震えており、痙攣するまぶたの下で虹彩がきょろきょろ動いていた。どんな手を尽くしても彼女を救うことはできなかった。彼女の死後、負傷して血を流したあのイルカが水中から現れ、旧友を探すが、自らも死んでしまう。カマラはその亡骸は海に放り投げるべきではないと感じ、村人たちがシャンボワの墓の隣に新しい墓を掘り、そこに埋葬する。

ボウィは、彼の妻の人生と仕事を称える *I Am Iman*（2001年）の序文で、*A Grave for a Dolphin* について長く語っている。オリジナル版に含まれていた「シャンボワ」の裸の写真――本当に彼女だろうか？――の複写までしている。ボウィは、1977年にベルリンで初めてこの本を読み、「魔法のようで美しい」と感じたという。その数ヵ月後、奇妙な偶然で、彼はこの物語をもとにした脚本を受け取るが、うまく映画にならないと感じたために見送ることにした。

時は過ぎ、ボウィはイマンと出会い、恋に落ちた。そして1991年のある日、イマンは映画のエージェントから脚本を受け取った。オファーされたのはソマリ人の若い女性の役で、ボウィが彼女と恋に落ちるヨーロッパ人役として予定されていた。イマンは美しい物語だと思ったが、映画としてうまくいくものではないと感じた。

その脚本は *A Grave for a Dolphin* をもとにしたものだった。「こういうことは僕たちにしょっちゅう起こる」とボウイは書き、自分とイマンの物語がカマラとシャンボワのようになっていなくてうれしいと、感動的に言い添えている。「僕たちは定められたかぎりずっと並んで泳いでいたい、どちらかが最終的に波の下に落ちていくまで」。

これを聴きながら 「“Heroes”」

気に入ったら、これも リチャード・ライト *Black Power: A Record of Reactions in a Land of Pathos*

自らも革新者であるボウイは、ほかの人々、特に近い分野や、互いに影響を与え合える分野で活動する人々の革新に対して、鋭いアンテナを持っていた。そのような分野のひとつが漫画だ。それは1970年代までは粗野で洗練されていないものだとみなされていた。しかし、その低俗な面白さを残しつつ、そこに少しばかりシリアスさを加えられるとしたら？

創刊した漫画雑誌Arcadeが第7号で廃刊になるという苦い経験をしたあと、漫画家のアート・スピーゲルマンはもう漫画雑誌はつくらないと誓っていた。しかし妻のフランソワーズ・モーリーが、一緒にアンソロジーを編集しないかと提案した。そうして1980年にRAWが生まれたが、その狙いは、漫画をアンダーグラウンド（そこで漫画は硬直化してしまっているとスピーゲルマンは感じていた）からメインストリームに躍り出させ、新たな文脈のもとで、既存の読者層を超えて読まれるようにすることだった。

スピーゲルマンとモーリーは、1号限りのものになると思っていた。しかし初版の4500部はたちまち売り切れ、続きを求める声が高まった。結局、RAWは1991年まで続き、S・

クレイ・ウィルソン、チャールズ・バーンズ、ベン・カッチャー、クリス・ウェアなど、数多くのオルタナティヴな新進漫画家を紹介することになった。なかでも最も重要なのは、スピーゲルマン自身の作品だろう。彼の『マウス』の第1話は第2号に掲載された。父親の体験に着想を得た非常に個人的な企画であるこの作品は、ネコとネズミを使ってユダヤ人のホロコーストの話を再構成するとともに、ナチスの収容所の生存者とアーティストの息子との関係を掘り下げるものである。

ボウイの漫画愛に漫画のクリエイターたちも応えた。彼らはボウイを同類とみなし、ときには作品に取り入れたりもしている。たとえば、ニール・ゲイマンの1980年代末〜90年代半ばのコミックシリーズ『サンドマン』に登場するルシファーというキャラクターは、意図的にボウイに似た姿に描かれている。「ニールは、その悪魔はデヴィッド・ボウイだと断固として決めていた」と、『サンドマン』の作画を担当したアーティストのケリー・ジョーンズは、ジョー・マッケイブの著書*Hanging Out with the Dream King: Conversations with Neil Gaiman*（ドリーム・キングと過ごす――ニール・ゲイマンとの会話）のなかで振り返っている。「ニールはとにかくこう言った。『彼だ。君はデヴィッド・ボウイを描かなきゃいけない。デヴィッド・ボウイを見つけろ、そうでなきゃ僕が君にデヴィッド・ボウイを送ろう。デヴィッド・ボウイじゃなかったら、デヴィッド・ボウイになるまで描き直さなくちゃいけないんだから』。それで私は言った。『オーケイ、デヴィッド・ボウイね』」。

これを聴きながら 「New Killer Star」

気に入ったら、これも クリス・ウェア『JIMMY CORRIGAN』（伯井真紀・中沢俊介・山下奏平訳、PRESSPOP GALLERY）

48

The Age of American Unreason

スーザン・ジャコビー

2008年

ボウイの死後、当時まだ大統領ではなかったドナルド・トランプは、彼なりのかたちで哀悼の意を表した。「それほどの病気だとは知らなかった」と、彼は『ウォール・ストリート・ジャーナル』紙に語った。「彼は素晴らしい男だった」。スーザン・ジャコビーの鮮やかな議論を称賛していたボウイは、一冊も本を（自著とされているものも含めて）読み通したことがないと噂される人物が権力を持つ超現実的な事態に、特に素晴らしさは感じなかっただろう。

スーザン・ジャコビーが *The Age of American Unreason*（アメリカの非理性の時代）を発表したのは2008年——Twitter や Facebook の普及以前、そしてフェイクニュースが産業として量産されるようになる前のことである。不満で煮えたぎるジャコビーはこう指摘する。アメリカ人の42パーセントは、あらゆる生物はこの世のはじまりから現在のかたちで存在していると考えている。米国の高校の生物教師の25パーセントは、地球上で人間と恐竜が共存していたと信じている。アメリカ人の三分の二は、三つの国家機関が何であるかを言えないか、最高裁判所判事の名前をひとりも言えない。宗教の原理主義によって、幹細胞の研究や中絶の権利をめぐる意味のある議論が不可能になっている。そして、「疑似科学《ジャンク・サイエンス》」にもとづいて、地球平面説や反ワクチンのような反知性主義の運動が生まれている。最大の問題のひとつは、アメリカ人が以前のように本を読んでいないことだと、ジャコビーは言う。彼らは深くゆっくり考える習慣を失い、その結果として、歴史や知識、専門的知見を尊重しなくなっている。

私たちはジャコビーとボウイを文化戦争の同じ側に置くだろうが、*The Age of American Unreason* にはボウイを苛立たせたのではないかと思われるところもある。ジャコビーの論調はときに上から目線でエリート主義的だ。彼女はインターネットをジャンクな思考につながる道と呼んでいて、それはたしかにそういう面もあるだろう。しかしボウイは、インターネット黎明期の伝道者のひとりであり、つねにそこにユートピアの可能性——たとえまだ暗闇からわずかに顔をのぞかせているだけであっても——を見ていた。ジャコビーは、娯楽としての読書はコンピュータや電子機器で読む体験の対極にあるとも述べている。しかし彼女がこれを書いていたのはアップルの iPad やアマゾンの Kindle の発売前で、いまは違ったふうに感じているかもしれない。

ジャコビーは、ミドルブラウ文化は自己修練と結びつくものだと言い、その崩壊を嘆いている。1950年代後半にミシガン州オケモスで育った彼女にとって、そのような文化は知的向上心をかき立てるものだったし、誰にとってもそうなりうると彼女は考えている。しかし彼女がいま、崩壊の跡を見てまわり、思考停止を促すビデオ映像やコンピュータゲームやノイズに不満を漏らしながら目にしているのは、ボウイのような人々なのである。皮肉なのは、ボウイほど思索——そして読書、会話——を愛した人はいないということだ。自分を高めることにこれほど真剣だった人はいない。まったく異なるように見える芸術形式のあいだにこれほど鋭くつながりを見出した人はいない。ボウイはジャコビーに、たとえばスラッシュメタルの絶え間ないノイズと、リゲティの「悪魔の階段」やジョン・ケージの「易の音楽」のような「聴くに堪えない」高尚な音楽の違いは何かと、説明を求めたかもしれない。

しかしながら、未来の衝撃《フューチャー・ショック》〔急速な社会変化がもたらすショック〕が私たちを保守的にしている。ボウイが亡くなるまでに、彼が漠然と感じ、『アウトサイド』や『ヒーザン』のようなアルバムで伝えようとしていたミレニアルの不安は、グローバル化や経済的苦難によって高まり、悪質なポピュリズム政治に発展した。私たちは以前にもこれを経験しているだろうか？ いくらかは。しかし2016年11月8日——トランプが大統領に選ばれた日——以降、この新種の非理性はこれまでになく破壊的になりうるというジャコビーの考えを無視することは難しい。

これを聴きながら 「I'm Afraid of Americans」

気に入ったら、これも アラン・ブルーム『アメリカン・マインドの終焉——文化と教育の危機』（菅野盾樹訳、みすず書房）

Bowie's Book

49 ブラック・ボーイ｜リチャード・ライト｜1945年

ボウイは猫に何か恨みでもあったのだろうか？『ブラック・ボーイ――ある幼少期の記録』（野崎孝訳、岩波文庫）は、彼のリストのなかで猫殺しの場面がある二つ目の本（51ページ、三島も）で、今回はナイフではなく輪縄《わなわ》が処刑の道具になっている。しかし、4歳のリチャード・ライトと彼の弟が猫を殺すのは、彼らが邪悪で自らそうしたかったからではなく、まもなく家を出る厳しい父親にそう言われたからだ。母親は、彼らがしたことにぎょっとし、リチャードにその猫のための墓を掘らせる。その少し前、彼女は、図らずも祖母の家に火をつけてしまった彼を意識不明になるまで殴っていた――彼はカーテンが燃えたらどうなるかを見たいだけだった。

1920〜30年代のアメリカ南部での幼少期について綴られた、このライトの驚くべき回想録は、『アメリカの息子』（この本より前の1940年に発表され、ライトを同時代の第一級のアフリカンアメリカン作家たらしめた小説）と同じくらい容赦なく決然としている。『アメリカの息子』のビガー・トーマス――白人女性を殺した罪に問われる黒人男性――などの人物は、ライトが属していた自然主義のほかの小説のように、何らかの抽象的な運命や遺伝的欠陥のために破滅するのではなく、体系化されたレイシズムによって貧しさを強いられ、脇に追いやられているために破滅する。美しい場面もある——ライトは野花や土ぼこり、ヒッコリーの燻煙《くんえん》の香りをつんと浮かび上がらせる——が、すべてのもの、いやすべての人を覆うのは、白人への恐怖だ。

ライトがその出自と限られた教育を超克し、作家として高い評価を得るようになったことは、彼の才能と活力を証明している。しかし、メンフィスにとどまっていたらそのような業績は残せなかっただろう。そこでは、彼の不可知論やあれこれに疑問を呈する性格は厄介だとみなされていたのだ。『ブラック・ボーイ』の後半（本の売り上げに影響力を持っていたブック・オブ・ザ・マンス・クラブがライトの幼少期に関する話だけを求めたため、当初の版ではこの部分は削除されていた）は逃避の話であり、シカゴへ行くことで、ライトは人生で最も価値を置くものを必死に守ろうとする。彼はそこでつまらない仕事に就き、手に入れられたものをすべて読み、徐々に共産党で熱心に活動するようになる。ライト自身が説明しているとおり、ほかに道はなかった。南部に住んでいるというだけで彼の可能性は制限されていた。白人たちがすべてを方向づけ、支配していたのだから。

黒人の妻の夫であり、混血の娘の父であるボウイは、この本を読んで沈痛な面持ちになっただろう。そしてもう一度読み、心に刻みつけただろう。キャリアを通してボウイは黒人アーティストを支持し、メインストリームの白人メディアが彼らを締め出していることを批判していた。1983年のMTVのインタヴューで、ボウイは同局で黒人ミュージシャンのビデオが「午前

2時半ごろ」にしか流されていないことに不満を述べた。ビデオジョッキーはこう答えた。MTVはニューヨークやロサンゼルスの人たちだけではなく、すべての視聴者のことを考えなければならず、中西部の一部の町は「プリンスや……黒人の面々を死ぬほど怖がる」だろう、と。ときに、進歩は実に、実に遅く感じられる。

これを聴きながら 「A Better Future」

気に入ったら、これも リチャード・ライト『アメリカの息子』（橋本福夫訳、ハヤカワ文庫NV）

50 Viz 1979年〜現在

列車に乗って雑誌を読むボウイの愛らしい写真がある。読んでいるのは、イギリスでナンバーワンの下ネタ漫画雑誌で、ジョニー・ファートパンツやノビーズ・パイルズ、シド・ザ・セクシースト、そして（私のお気に入りの）ヴァイブレーティング・バムフェイスト・ゴーツを生み出したVizだ。ボウイは誰かにくすぐられているかのように笑っている。これに驚いたなら、1971年6月にグラストンベリーで彼が「ユー・プリティ・シングス」の別ヴァージョン、その名も「メロンが二つ付いた大きな女の子が欲しい（I'd Like a Big Girl with a Couple of Melons）」を演奏して楽しんでいたことを思い出してほしい。

Vizは1979年、ニューカッスル・アポン・タインで、保健社会保障省の事務職員だったクリス・ドナルドと、弟のサイモン、友人のジム・ブラウンロウが創刊した。Onionの先駆けのような時事風刺と、*The Beano*（95ページ）などの子ども向け漫画雑誌の淫らなパロディが混ぜ合わさったこの雑誌は、学生を中心にすぐに読者を獲得した。ピーター・クックとダドリー・ムーアの「デレク・アンド・クライヴ」のネタがあれほど好きだったことを考えれば、ボウイ

●1990年頃、列車の中で*Viz*を読むデヴィッド・ボウイ（Photo by Dave Hogan/Getty Images）

がVizに熱中していたのは実にもっともだ。1990年、彼は「取引欄」――この雑誌がファンジンとしてはじまったことへの目配せ――に登場し、賄賂と引き換えにあなたのバンドをボウイのトップテンリストに載せましょうと持ちかけた。「たった5ポンドでバンドがチャート入りするのを見られるなんて素晴らしいことだ」と彼は書いている。「最近は5ポンドじゃたいしたものは買えない。僕のニューシングルを2枚くらいかな。でも正直、1枚あればいいか。友達用のも買うんじゃなければ」。

これを聴きながら 「Over the Wall We Go (All Coppers Are Nanas)」ボウイが1967年にオスカー(俳優のポール・ニコラス)のために書いたノヴェルティソング

気に入ったら、これも *The Framley Examiner*

Bowie's Book

51

ストリート

アン・ペトリー

1946年

ボウイのバンドのベーシスト、アフリカンアメリカンのゲイル・アン・ドロシーは、ボウイに『ストリート――街路』（並河亮訳、改造社）を薦められたという。これはアフリカンアメリカンの女性による小説として初めて100万部以上を売り上げた記念碑的な作品であり、その成功の要因は、まさにボウイがこの本を薦めたくなった理由でもある。1940年代のハーレムの若いシングルマザーの苦境を描写したこの小説は、緻密で繊細な人物描写とジャーナリスティックな厳格さによって、並外れた力を持つ作品になっているのだ。ペトリーははっきりと、この本の狙いは読者の頭のなかで爆発を起こさせることだと言っていた。

ルーティー・ジョンソンと彼女の8歳の息子バブが、これから住むことになる116丁目の陰鬱な共同住宅《テネメント》を見ているとき、私たち読者は彼女たちを応援せずにはいられない。そこは、白人とおしゃれなキッチン――黒人を雇って掃除させているキッチン――を見せる地下鉄の広告とはかけ離れた世界だ。帰宅したルーティーは、バブが友達と遊ぶのではなく靴磨きの少年として台を用意しているのを見て、彼の顔をひっぱたく――その行いに読者はびくっとするだろう。彼女は、白人たちが8歳の黒人の少年にやらせたいことをバブには決してやらせないと言う。彼女の使命は、自分たちを取り巻く貧困と暴力から彼を守ることなのだ。

ルーティーは非常に粘り強いが、ゲットーの生活は彼女を消耗させ、貶める。たとえ、近所のマダムのミセス・ヘッジズをかわしたり、防腐液をかけて新鮮に見せている古い牛肉を誤って買わないように注意したりしていても。何をしようと、彼女は勝つことができない。ハーレムで、ルーティーはつねにレイプの恐怖を抱えて生きている。しかし、裕福な白人の家庭にメイドとして雇われると、そこの白人女性たちは皆、黒人女性は売春婦だという考えを持っている。

この小説の持つ力は、中流階級の黒人女性という、作者ペトリーの部外者としての立場に由来する面もある。彼女は1908年、コネティカット州の白人が多くを占める町オールドセイブルックで、薬剤師と足の専門医の娘として生まれた。薬剤師として修業し、実家の店で働いていたが、1938年に結婚し、夫とともにニューヨークに移った。そしてハーレムの『ピープルズ・ヴォイス』紙で記者の仕事をしていたときに、ルーティーのような女性たちと初めて知り合った。ペトリーは決してレイシズムを知らないわけではなかったが、これほど激しいむき出しのかたちで直面したことはなかった。1944年、コロンビア大学に入学してクリエイティヴライティングを学びはじめた彼女は、2400ドル相当のホートン・ミフリン奨励金を授与され、『ストリート』を書くことができた。並んで語られることの多いリチャード・ライト（197ページ）と同じように、彼女の狙いは、スローガンを唱えるのではなく、読者が個人的に同意せずにはいられなくなるような抗議文学を生み出すことだった。

これを聴きながら 「Day-In Day-Out」

気に入ったら、これも アン・ペトリー The Narrows

山猫

ジュゼッペ・トマージ・ディ・ランペドゥーサ

1958年

キャリアが終わりに近づくなかで、1960年代のロックスターたち——かつては輝くような神で、いかなる逸脱も許されていた——は、ジュゼッペ・トマージ・ディ・ランペドゥーサの魅惑的な小説『山猫』（小林惺訳、岩波文庫）に登場するサリーナ公爵、ドン・ファブリーツィオ・コルベーラのような気分をいくらか味わっているに違いない。この小説の舞台は、政治的に複雑な、緊迫した1860〜1910年のシチリアだ。ドン・ファブリーツィオが象徴する旧来のシチリア貴族は、小説のはじまりからわかるように、ガリバルディ率いるイタリア統一運動（リソルジメント）の脅威にさらされている。アマチュア天文学者で、仏教徒のような運命観を持つドン・ファブリーツィオは、古い秩序は変じ、何世紀ものうのうと統治してきた自分たちの階級は時代遅れになる運命だと悟っている。いまのところうわべの輝きは残っているが、彼は庭を歩きながら、咲いた花のにおいは衰退のにおいと恐ろしく似ていると気づく。

　ボウイもこのように感じていただろうか？　中年期に襲ってきた時代遅れの影は、2000年代には消え去っていた。しかし彼は、影はいつでも戻ってくる可能性があるとわかっていた。

それに、死がじわじわ近づいてきているということも。ボウイ復活の第一段階となった2002年のアルバム『ヒーザン』は、「サンデー」で幕を開けるが、この曲の観念したような、悟ったような歌詞は、ドン・ファブリーツィオが甥で被後見人のタンクレーディから受ける助言を思わせる。現実的な政治の精神をもって統一を支持する運動に加わったタンクレーディは、自分が行動することでシチリアの支配階級はわずかながらも生き残りのチャンスを得られると考えている。いまのままでいるためには変わらなければならないのだ。

精神的に、道徳的に、人生のすべては妥協だ。私たちは誰も、自分の遺産がどうなるかを知ることはできない。ボウイがこの『山猫』からほかに得たかもしれない教訓は、（a）アーティストはしばしば晩年に最高の仕事をする、（b）その仕事は時が経つまで必ずしも最高だとは認められない。ドン・ファブリーツィオのモデルとなった曾祖父を持ち、不労所得で暮らしていたランペドゥーサは、ほとんどの時間をケーキ店で本を読んだり考え事をしたりして過ごしていて、1954年、57歳になってようやく『山猫』を書きはじめた。

ランペドゥーサが出版前に亡くなったことを考えると皮肉なことだが、『山猫』は死についての最良の小説のひとつだ。そしてとりわけ優れた死の場面を持つ。73歳の公爵は、かつては怒りで無意識のうちにナイフやフォークを曲げてしまうほど屈強だったが、いまでは発作が続いて弱っている。ホテルの肘掛け椅子の上で身じろぎもせず、衰えた脚を毛布にくるまれた彼は、自分の人生の貸借対照表《バランスシート》をつくり、楽しかった時間と悲しく不安だった時間を対照する。

公爵の死の場面はうら哀しい。しかし、さらに哀しいのは、小説のまさに最後、いまや年をとった娘のコンチェッタが外を見て、ひげのある四足歩行の動物が窓から跳んでいくのを目にするところだ。彼女は一瞬、それを家族の象徴である山猫だと思う。しかし実際には、剥製にされた父の愛犬のベンディコがゴミのなかに捨てられていたのだった。

これを聴きながら 「Sunday」

気に入ったら、これも カルロ・レーヴィ『キリストはエボリで止まった』(竹山博英訳、岩波文庫)

Bowie's Book

53 ホワイト・ノイズ

ドン・デリーロ

1985年

『ホワイト・ノイズ』（森山展男訳、集英社）のある場面で、語り手のジャック・グラドニーとともに中西部の大学で教鞭をとる、スポーツライターから学者に転身したマーリー・J・シスキンドは、グラドニーが「ヒトラー学科」なるものを創設したことを称える。彼はそれを、利口で、巧みで、先進的なことだと言う。そして彼、シスキンドは、それと同じことをエルヴィス・プレスリーでやりたいと思っている。

よくも悪くも、あなたがいま手にしている本は、害のないボウイ研究の一例であり、シスキンドによって（きっと、もっとずっとうまく）書かれていてもおかしくなかった。理論家の彼は、ジャックを連れて、「アメリカでいちばん写真に撮られている納屋」と言われる納屋を見に行き、そこで現代のリアリティの本質をつかむ。その掘っ立て小屋のまわりでは観光客が集まって写真を撮っているが、それは「いちばん写真に撮られている」と言われているためなのである。

1985年に全米図書賞を受賞した『ホワイト・ノイズ』は、ブロンクス生まれのドン・デリーロの出世作となった。にわかに彼は、小説家であると同時に予言者であり、ポストモダニズムの第一人者――ウンベルト・エーコやジャン・ボードリヤールのようなヨーロッパの巨星のアメリカ版――だとみなされるようになった。『終わりなき闇』（243ページ）と同じように、この作品には、空虚な、薬が効いたような、エントロピー的な感じがある。文明から放たれるダークエネルギーを伝導しながら、それをデータのように読み取って、登場人物たちの実存的苦痛のレベルをきわめて正確に測っている。『ホワイト・ノイズ』がソーシャルメディア以前の作品だというのは驚きだ。そして非常に面白い――ときに声をあげて笑うほど面白い――というのもすごいことだ。

　この本が私たちにもたらしてくれた多くのもののなかで特に注目すべきは、「空媒毒物事故《airborne toxic event》」という言葉を広めたことだ（ロックバンドのジ・エアボーン・トクシック・イベントはここから名前をとった。同バンドのマイケル・ジョレットはボウイにインタヴューしたこともある）。これは、化学物質の漏洩後に有害な黒い雲が町を覆ったことを指していて、ジャックの家族は自宅から避難するが、そこで避難のシミュレーション、自分たちがいま経験している「本物」のためのリハーサルに巻き込まれる。シミュラークルのほうが本物よりも上等で、有益で、「本物」なのだろうか？

『ホワイト・ノイズ』には死がヒョウのように忍び寄っている。グラドニーの妻のバベットは、死の恐怖を打ち消すために「ダイラー」という実験的な薬を飲んでいる。上級ナチズム・コースの学生にヒトラー殺害の陰謀について訊かれたジャックは、陰謀というものは本質的に死に向かうのだと答える。ボウイの場合、「死のアルバム」として受け入れられることを想定していたであろう『★（ブラックスター）』を制作していたころには、全力で仕事をすることがダイラーになっていた。チベットでは死は芸術だと、マーリーはジャックに言う。ボウイは、西洋でもそうなりうることを示した。

これを聴きながら 「Something in the Air」

気に入ったら、これも ドン・デリーロ『アンダーワールド』(上岡伸雄・高吉一郎訳、新潮社)

54

心眼を得る

ダグラス・ハーディング

1961年

1940年代前半のある日、ヒマラヤでハイキングをしていたイギリスの建築家ダグラス・ハーディングは、衝撃的な悟りを得た——自分には頭がないのだと。彼はのちに仏教協会のために書いた短い本『心眼を得る』（由布翔子訳、図書出版社）のなかで、決してふざけているのではないと言っている。頭がないというのは真面目な話なのだ。

ヤク中の戯言のように聞こえるが、ハーディングの論点はシンプルである。私たちは頭を自己の中心、意識が格納されたハードドライヴだと考えている。しかし私たちはこの頭を、写真や鏡像のつくられた枠のなかでしか見ることができない。自分自身を他者が見るように見られないとしたら、私たちはどのように自分が何者かを知るのか？（ボウイは「チェンジズ」でこの「難題《test》」についてしばし考えるが、人生がどんどん進んでいくから、自分にはそれに臨む時間はないと結論づける）。ハーディングはこれに衝撃を受け、思考ができないほどになった。言葉が出てこなかった。過去と未来の意識がすべて消えていった。自分の名前、性別を忘れ、自分が何の動物かもわからなくなった。従来のアイデンティティ、ステータス、人間性のしるしは、すべてタンポポの綿毛のように飛んでいった。

仏教用語で言うと、ハーディングが語っているのは非二元論である。自己を超越した、成熟した意識の状態のことで、たいていは深い瞑想を通して到達する。チベット仏教や禅は、かつてのビートの作家たちや、アラン・〝禅道〟・ワッツのような紹介者たちと同様、60年代後半のカウンターカルチャーに歓迎された。ユートピア的な反物質主義の香りがしたのと、エゴの消滅という教えが、LSDを摂取したあとに自己が崩壊していくのを感じていた人たちと共鳴したからだ。ビートルズの「トゥモロー・ネバー・ノウズ」の歌詞は、LSDの伝道師ティモシー・リアリーとリチャード・アルパートの『チベット死者の書――サイケデリック・バージョン』に多くを拠っている。

ボウイがチベット仏教に興味を抱いたのは、チューズデー・ロブサン・ランパの *The Rampa Story*（ランパ物語）を読んだ13歳のときだ。ランパは、実際にはシリル・ホスキンというイギリス人で、オカルトをテーマにした偽回想録で上々の商売をし、自分の体には仏教僧の転生した魂が宿っていると主張していた。*The Rampa Story* とオーストリアの登山家ハインリヒ・ハラーの『セブン・イヤーズ・イン・チベット』は、『デヴィッド・ボウイ』の「愚かな少年」や『スペイス・オディティ』の「フリークラウドから来たワイルドな瞳の少年」など、ボウイの初期のチベットをテーマにした曲に明らかに影響を与えている。1967年9月、ボウイはスコットランドに行き、エスクデールミュアの仏教施設で過ごした。1968年5月には、ロンドンのラウンドハウスで友人のマーク・ボランのバンド、ティラノザウルス・レックスのサポートをしていたときに、中国のチベット侵攻にもとづいたマイムを披露した。このころ彼は仏教の師のもとで学んでいて、後年の告白によれば、数ヵ月のうちに頭を剃り、僧になろうとしていたという。

ボウイは宗教に関してはつねに道楽半分だったが、仏教はいつまでも重要なものだった。「仏教で最初に惹かれたことの多くがずっと自分とともにある」と、彼は1996年に『デイリー・テレグラフ』紙に語っている。「無常という考え、しがみつくようなものなど実際的には何もないということ、どこかの時点で自分が最も大切だと考えるものを手放さなければならないということ、人生はとても短いから」。何しろボウイは、死後、バリで仏式に火葬されたのだ。

これを聴きながら 「Changes」

気に入ったら、これも ヘルマン・ヘッセ『シッダールタ』(岡田朝雄訳、草思社文庫)

Bowie's Book

55

Kafka Was the Rage アナトール・ブロイヤード 1993年

1946年、日本での戦争に参加したアメリカの退役軍人アナトール・ブロイヤードは、ヒップスターが集まるニューヨークのグリニッチ・ヴィレッジにやって来た。その目的は、復員兵援護法にもとづいて支払われる米国政府からの教育手当をもらい、魅惑的なボヘミアン生活を享受することだった。この回想録 *Kafka Was the Rage*（カフカが流行っていた）――40年後に書かれたが、『ニューヨーク・タイムズ』紙の主要な書評人となったブロイヤードが自分の死期が近いことを知ったときには、未完のまま放置されていた――は、ぎこちなくも苦労して勝ち得た、兵士から学生への転身の話だ。美しく、感動的で、ひねくれた面白さのある本で、失われてしまった場所を鮮やかに振り返っている。その場所では、本以上に重要なものはなかった。セックスを除いては。

辛辣だが決して嫌味ではない筆致で、デルモア・シュウォーツ（のちにシラキュース大学でルー・リードを教える）やアナイス・ニン、ニューヨークに来ていたケイトリンとディランのトマス夫妻などの姿が描き出されているが、中心になっているのは、画家の〝シェリ・ドナッティ〟（「ビートの女王」で、エズラ・パウンドやチャーリー・パーカー、ウィリアム・ギャディスの友人あるいは恋人だったシェリ・マーティネリの仮名）との狂ったような関係だ。作品同様に人生も前衛的だったドナッティは、決して下着を身に着けることがなく、ブロイヤードが茶目っ気をもって書いているところによれば、アート、セックス、精神病の最新トレンドの体現者だった。彼女は心臓の異常を偽って、アーティストの友人たちが住むアパートの最上階までブロイヤードに運んでもらったりもしていた。それに、彼に対する誘惑も抽象的で、オーガズムは達したくないから達したことがないと言っていた。

死後、ブロイヤードはすべてを語っていたわけではなかったということが明らかになった。彼は成人してからほとんど白人として通っていたが、実際には混血の家系の出であり、グリニッチ・ヴィレッジの何でもあり、の環境を利用して、ニューオーリンズのフレンチ・クォーターで育ったクレオールとしてのアイデンティティを捨て去っていたのである。この変貌は、そのことを隠されていた子どもたちに複雑な遺産を残すことになった。彼の子どものひとりで作家のブリス・ブロイヤードは、自身の作品のなかでこのことを深く掘り下げている。

しかし彼は、人が変わることについて、特にそれがうまくいかないことについて、なんと美しく書いていることか。セラピストに心の内を話すブロイヤードは、どうして小説の登場人物は愛によって成長するのに、自分はそうなっていないのかと悩む。セックスはいいが、十分ではない。それだけでは、愛は肉体を超越したものだと訴える数多の芸術作品や、それが呼び起こす感情の激しさを説明することができない。

つまるところ、これもやはりボウイの好きなアートシーンに関する本である。ここで描かれているのは、彼らの魔法のような一体的《ゲシュタルト》エネルギーであり、下着を身に着けないというような些細なことも含めて、彼らの行動は、文化のありように対する人々の意識を広げることで、より大きな文化の様相を変化させているのだ。

これを聴きながら 「(You Will) Set the World on Fire」

気に入ったら、これも アナトール・ブロイヤード『癌とたわむれて』(宮下嶺夫訳、晶文社)

56

The Life and Times of Little Richard｜チャールズ・ホワイト｜1984年

派手で中性的なリトル・リチャードは、文句なく、ボウイに最も大きな影響を与えた人物だ。彼の比類なきパフォーマンスは、ボウイだけでなく、スライ・ストーン、ミック・ジャガー、ジョージ・クリントン、そして最もわかりやすいところではプリンスに、熱心に研究された。ある年の結婚記念日のお祝いに、イマンはボウイにリトル・リチャードが着ていたスーツをプレゼントした。

ジョージ・アンダーウッドは、ボウイと一緒にリトル・リチャードを観に行ったとき、彼がステージで倒れ込んだのを見て、心臓発作で死んだのかと思ったという。まもなく司会者が出てきて、会場に医者はいないかと訊いたところで、アンダーウッドとボウイはミュージシャンたちが楽器に戻りはじめていることに気づいた。そしてリトル・リチャードが手を上げ、「Awopbopaloobop alopbamboom!」（41ページ）とシャウトすると、観客は沸き上がった。

意外かもしれないが、ボウイにロックンロールを紹介したのは彼の父親だった。ある日、ヘイウッド・ジョーンズは、ドクター・バーナード（子どものための慈善団体）のPR業務でもらった最新の7インチシングルの詰め合わせを持って帰宅した。ファッツ・ドミノ、チャック・ベリー、フランキー・ライモンなどのレコードのなかに、リトル・リチャードの「トゥッティ・フルッティ」もあった。ボウイはそのとき、78回転の家族の古風な蓄音機でそのレコードをかけようとしたという。プラッターを手で回して、正しい速さに近づけたそうだ。これはだいたいうまくいき、「トゥッティ・フルッティ」を初めて耳にした彼は、心臓が「興奮で爆発しそうになった」——「これに似たものすら耳にしたことがなかった。部屋中が、エネルギーと、色彩と、強烈な反抗心に満たされた。僕は神を聞いていた。そして彼を見たくなった」。

ジョージア州メイコンでリチャード・ペニマンという名で生まれたリトル・リチャードは、1955年、ピアノの猛打と裏声のシャウトを武器に、ひとりでアメリカの音楽シーンを変えた。ニック・コーン（41ページ）やグリール・マーカス（91ページ）とともに読まれるべきこのチャールズ・ホワイトの*The Life and Times of Little Richard*（リトル・リチャードの人生と時代）は、リトル・リチャードの活動が活発でなかった時期に出たものだが、この本の成功は彼をそこから引きずり出すのに一役買った。ホワイトはリチャードの人生のあらゆるキーパーソンにインタヴューを行い、彼らの発言をそのまま長く引用する一方で、自分自身の文章はわざと最小限にとどめている。その効果は見事だ。

公認の伝記でありながら、この本は暗い側面も取り上げている。たとえば、リチャードの早い時期のゲイ経験、絶え間ない罵倒（「ホモ、おかま、変態、おとこ女と言われた」）、人種的偏見（「立場をわきまえてそこにとどまることだ」）、子どものころに耐えたひどい虐待について、

●1991年8月、憧れのリトル・リチャードと談笑するボウイ。右はティン・マシーンでベースを弾いたトニー・セイルズ(Photo by Lester Cohen/Getty Images)

率直に書かれている。ちょっとした性的な過ちについても隠そうとはしていない。瓶や箱に排便し、それを食器棚に入れて母親に見つけさせていたという、リチャードの子どものころの行動について知りたいなら、この本はうってつけだ。

これを聴きながら 「Suffragette City」

気に入ったら、これも チャック・ベリー『チャック・ベリー（自伝）』（中江昌彦訳、音楽之友社）

57

ワンダー・ボーイズ

マイケル・シェイボン

1995年

『ワンダー・ボーイズ』（菊地よしみ訳、ハヤカワ文庫NV）は皮肉の効いた華麗な小説で、作家の行き詰まり《ライターズ・ブロック》をテーマにしている。いや、それだけではない。これは、創造力の宮殿につながる曲がりくねった岩道と、その道ではいかに簡単に足をすく《トリップ・アップ》われるかという話である。ピッツバーグで創作を教える教授で作家のグラディ・トリップは、薬物乱用と無意味なスリルの追求を繰り返し、己の才能に無頓着であるがゆえに、『ワンダー・ボーイズ』という出版できそうにない小説に7年の不毛な歳月を費やし、その原稿はいまや2611ページにまで達している。ふがいない彼を駆り立て、ある種の感情教育を施すべく、シェイボンはトリップに試練を課す——妻のエミリーは出ていき、彼が教えているカレッジの学長である愛人のサラは彼の子どもを身ごもり、旧友で編集者のクラブツリーは服装倒錯者とともにニューヨークからやって来て、フランク・キャプラ狂いの熱心でゲイかもしれない若い教え子ジェイムズ・リアーは、かなりの良作とおぼしき自作の小説を持って現れる。

長年にわたる並外れた量のドラッグ摂取を考えると、ボウイがトリップの状況にならなかったのは不思議なことだ。恐ろしいほどの労働意欲のために、2004年に心臓発作を起こすまで、彼のアルバム発表の間隔は驚くほど短かった。マリファナとコカインの違いかもしれないが、マリファナ常習者のトリップのようにボウイがドラッグによって行き詰まることはなかった。しかしながら、トリップの過剰さと冒険に対する愛にはどこかボウイ的なところがある。それに、トリップの駆け出しの弟子であるリアーにもボウイ的なところがある。リアーの才能が真に発揮されるのはブリコラージュ――お気に入りのキャプラの映画の断片をつなぎ合わせて物語をつくる――においてで、それを独自のスタイルでやってのけるため、完成品はほかの誰のものでもなく、まさに彼の作品になる。

シェイボンは『ワンダー・ボーイズ』を7ヵ月で書いた。『ファウンテン・シティ』という、フロリダで野球場を建てる建築家についての小説を断念したあとのことだ。彼はその小説に5年間取り組んでいたが、トリップのジャンル横断的な大作と同じように、膨らみすぎで、ひどい出来だと気づいたのである。『夜ごとのサーカス』(136ページ)のように話があちこちへ飛ぶ『ワンダー・ボーイズ』は、「ヤク中のピカレスク小説」、馬鹿げた長話《シャギー・ドッグ・ストーリー》だと言えるだろう。何しろこの小説には本当に犬が出てきて、リアーがそれを撃ってしまい、それから小説のあいだじゅうトリップはその死体を自分の車のトランクに隠してあちこちへ行くのだ――死んだ大蛇と、楽器のチューバと、マリリン・モンローがジョー・ディマジオと結婚したときに着ていたジャケットとともに。

『ワンダー・ボーイズ』は騒々しく、滑稽であり、ひどい出来であっても不思議ではなかった。

作家についての小説とはしばしばそういうものだ。しかしトリップはあまりにも哀れで、そのウィットと、通俗的なホラーやファンタジーに対するお茶目な愛で、私たちの心をつかむ。つまるところ――そしてボウィは、元中毒者としてこの点も気に入っていたのだろうが――これは回復の物語であり、その回復は本当にハッピーな出来事なのだ。私たちがトリップとお別れするとき、彼は薬物をやめて素面で、新しい大学で職に就き、自分が何となく学んできたことを新しい世代の学生たちに伝えている。

これを聴きながら 「Survive」

気に入ったら、これも マイケル・シェイボン『カヴァリエ&クレイの驚くべき冒険』(菊地よしみ訳、早川書房)

58

真昼の暗黒

アーサー・ケストラー

1940年

人の顔を踏みつけるブーツ〔オーウェル『一九八四年』に出てくる表現で、権力による圧迫のこと〕が、ボウイの曲には何度も出てくる。初期の「ウィ・アー・ハングリー・メン」から「1984年」、「ザ・ネクスト・デイ」、「スクリーム・ライク・ア・ベイビー」まで。1980年の『スケアリー・モンスターズ』に収録された「スクリーム・ライク・ア・ベイビー」の語り手は、ゲイの平和主義者で、友人のサムとともに目隠しをされ、手錠をかけられ、連行されて、当局の思うように社会に融合するまで薬を投与される。

ここには『時計じかけのオレンジ』や『一九八四年』の影があるが、ケストラーの『真昼の暗黒』（中島賢二訳、岩波文庫）を思わせるところもある。この背筋の凍る全体主義批判の小説は、モスクワで見せしめ裁判が行われていた時代のスターリン主義のロシアを題材にしている。オールド・ボリシェヴィキの重要人物の多くが馬鹿げた容疑で逮捕され、反逆罪で有罪とされ、収監あるいは処刑されていた時代だ。

この本のトーンは初めから陰鬱な皮肉に満ちている。主人公のルバショフは逮捕され、拷問にかけられ、反逆罪で裁かれる。それを取り仕切るのは彼が創設に貢献した政治体制――皆が呼ぶところの「党《ザ・パーティー》」だ。そのトップに立つのは「ナンバー・ワン」(スターリン)で、そのカラー写真は国中のあらゆるベッドや食器棚の上に飾られている。彼はビッグ・ブラザーの原型であり、ボウイが「イフ・ユー・キャン・シー・ミー」で言っている貪欲の霊、盗みの神の一例である。(「十字軍」、「暴君」、「支配」が、ボウイがこの曲を形容するのに選んだ言葉だ)。

ケストラーは私たちをルバショフのそばに立たせる。私たちは彼の収監を、食べ物を与えられなかったときの失望を、壁を叩いて隣人とやり取りするときの恐怖に満ちた興奮を、「党」のエリートとしてのかつてのキャリアを体験する。『真昼の暗黒』が『一九八四年』と違うのは、より観念的な小説だということだ。オーウェルも言っているように、これは3人の男――ルバショフと、彼の裁判を担当する二人の役人――の知的な争いの話だ。そのうちのひとりでやはりオールド・ボリシェヴィキのイワノフは、ルバショフが無実だとわかっているが、そんなことは関係がないともわかっている。一方、若く野心的な信奉者のグレトキンは、餌食をつつく猛禽のような人物だ。最終的に、ルバショフは本当に自らを反逆者だと考えて自白し、首のうしろを撃たれる。

1905年にブダペストで生まれたケストラーがこの小説のもとにしたのは自身の収監の経験だ。彼はまずスペイン内戦中にフランコによって、次はフランスで収容所に、それからイングランドに逃げたときに不法入国者としてペントンヴィル刑務所に収監された。ケストラーがフランスに住んでいたときにドイツ語で書いた原稿は、パートナーで彫刻師のダフニー・ハーディに海峡を越えて密輸してもらわなければならなかった。この小説の成功を受けて、彼はもはやこれまでのように、ドクター・A・コストラーという変名で「性の百科事典」を書くような、必死に金を稼ぐためのことをする必要はなくなった。

これを聴きながら 「Scream Like a Baby」

気に入ったら、これも アーサー・ケストラー『機械の中の幽霊』(日高敏隆・長野敬訳、ちくま学芸文庫)

Bowie's Book

59

ミス・ブロウディの青春

ミュリエル・スパーク

1961年

表面上、このミュリエル・スパークの傑作は、インスピレーションを与えてくれる教師についての短く面白い小説だ。そのような教師は、ボウイも含め、私たちの多くがひとりは知っているだろう。ボウイの場合は、ギタリストのピーター・フランプトンの父親で、ブロムリー・テクニカル・ハイスクールで美術を教えていた、オーウェン・フランプトンがそうだった。ボウイは1958年にイレブン・プラスの試験〔どの中等学校に進学するかを決めるために行われていた試験〕を通過したが、よりアカデミックなブロムリー・グラマー・スクールではなく、美術に定評のあるブロムリー・テックを選んだ。ミス・ブロウディと同じように、フランプトンは、教育とは「詰め込む」というよりも、すでにあるものを「引き出す」ことだと考えていた。ピーター・フランプトンは『インディペンデント』紙にこう語っている。「父は、生徒たちのなかにあるアートへの情熱を見つけるのがとてもうまかった」。ミス・ブロウディと同じように、彼は型にはまらない方法で「引き出し」た。「美術棟のドアを開けっぱなしにしていたから、ギターを持ち込んでバディ・ホリーの曲を演奏したりできた」という。

『ミス・ブロウディの青春』（岡照雄訳、白水Uブックス）は、カリスマ性についての話であると同時に、カリスマにつきものの副産物についての話でもある。つまり、セックスと裏切りだ。気取ったエディンバラのオールドミスであるジーン・ブロウディは、保守的なマーシア・ブレイン・スクールにおいて、彼女の「組《セット》」のロックスターである。彼女は「一流中の一流」と呼ぶ選り抜きの生徒たちを釘付けにする。モニカ、サンディ、ローズ、メアリー、ジェニー、ユーニスの6人だ。ミス・ブロウディはカリキュラムを軽蔑し、それに従うかわりに、戦死した恋人のことを語る。ジョット〔イタリアの画家〕を誉めそやすが、同時にヒトラーとムッソリーニも称える――秩序と支配というものに対して、より大きな、いかがわしい愛を抱いているのだ。

ミス・ブロウディは教え子に身を捧げ、その見返りとして彼女たちの献身を期待している。しかし、ファンに殺される「らい病の救世主《leper messiah》」のように、彼女は性的な過ちのためにサンディに裏切られる。組のなかで最も洞察力のあるサンディは、ミス・ブロウディは自らを選ばれし者とみなし、自らの宗教の頂点に立っているようなものだと理解した。ミス・ブロウディは徹底的な個人主義を説き、少女たちを各人の能力――モニカは数学が得意、ローズはセックス、など――にもとづいて選び抜いているが、彼女が本当に求めているのは、彼女の組が自身のクローンになることなのだ。美術教師のテディ・ロイドが描く彼女たちのポートレートが、どれもミス・ブロウディのポートレートのように見えるのと同じように。

非常に切り詰められて無駄のない、ヴォーティシズム（326ページ）の純粋なかたちでの実践のような『ミス・ブロウディの青春』は、元々『ニューヨーカー』誌の一つの号にまるまる掲載された。この作品の非凡さは、大げさ《キャンプ》な格言の集積にすぎない人物にこれほど深い興味を抱かせるところにある。彼女はすべてがパフォーマンス、すべてが艶出しをした固い表面——痩せた青白き女公爵《シン・ホワイト・ダッチェス》なのである。

これを聴きながら 「Ziggy Stardust」

気に入ったら、これも ミュリエル・スパーク『貧しい娘たち』(『ミス・ブロウディの青春』所収、岡照雄訳、筑摩書房)

60

年上の女

ジョン・ブレイン

1957年

ジョン・ブレインはヘビースモーカーで、自分のタバコの箱にこんなステッカーを貼っていた。「タバコは有益です。たくさん吸えば、長く生きられます」。元図書館員によるデビュー小説『年上の女』（福田恆存訳、河出書房新社）——最初期の「怒れる若者」小説のひとつ——は、ベストセラーとなって社会現象を引き起こし、若いボウイもそのようなものとして（自分の人生にとって大きな意味を持つだろうと期待し、恭しく）読んだことだろう。

映画版もヒットしたが、1959年にはスクリーンに映せるものは限られていた。本のほうは違った。チャタレーの発禁解除より前に出版されていたことを考えると、『年上の女』は驚くほど煽情的だ。『チャタレー夫人の恋人』と同じように、遊び場で密かに回し読みされていただろう。

ブレインは1922年にブラッドフォードで生まれ、父親が下水処理場で職を得ると、郊外のサックリーに移った。*Billy Liar*（185ページ）と同じように、『年上の女』の背景にあるのは、労働者階級の自己向上欲の高まりだ。それは、中流階級や専門職階級に上り詰める（ビリー・

フィッシャーの目標）ということもあれば、たっぷり儲ける（ブレインの目標）ということもあるが、実のところ、ブレインには非常にはっきりした野望があった。「僕がしたいのは」と、彼はジャーナリストに宣言した。「宝石に囲まれ、両側に裸の女性を乗せて、ロールス・ロイスでブラッドフォード中をドライブすることだ」。

主人公ジョー・ランプトンの立身出世には、無慈悲で、社会病質的《ソシオパス》なところがある。架空の街ウォーリーに移って、会計事務所で働きはじめた彼は、富豪の父を持つ若くうぶな女性、スーザンを罠にかける。しかし彼らの関係を気に入らないのが、彼が利用しているもうひとりの、年上の女性、アリスだ。彼女は、ランプトンが妊娠したスーザンと結婚すると自殺する。

『年上の女』によって、ブレインはずっと夢見ていた金持ちになった。社会主義に傾く労働者階級の作家たちの流れに逆らい、彼はヨークシャーからサリーの高級住宅地に引っ越し、イングランドはいずこへというような怒りに満ちた記事を『スペクテイター』誌に書き、キングズリー・エイミスなどの右派の作家たちとつるんだ。

『年上の女』の続編はうまくいったが、その後の小説——若いころに結核でベッド生活を送った経験を活かした最高傑作の『黒い手から』など——は、インパクトを残せなかった。ブレインが温かい言葉を期待していつも新刊を送っていたキングズリー・エイミスはこう書いている。「僕が思うおかしな点は、登場人物が皆、実際にはない名前——レジラ・キャタマウンテン、メネデマス・エイブルポート——になっていることだ。リベラルな移民専門家のアドバイスに従ったのかもしれないが」。ボウイはそれよりも上を行っていたかもしれない。彼はあるキャラクターにアルジェリア・タッチシュリークという名前をつけたのだから。

これを聴きながら 「Love You Till Tuesday」

気に入ったら、これも ジョン・ブレイン『黒い手から』（中村保男訳、河出書房新社）

61

ナグ・ハマディ写本

エレーヌ・ペイゲルス

1979年

ボウイのぼんやりとした私的宇宙論は、難解なオカルト研究への言及が詰め込まれたアルバム『ステイション・トゥ・ステイション』（139ページ、エリファス・レヴィ）で最大限に表現された。同じようにコカイン精神病の深みのなかに現れたのがグノーシス主義で、これはボウイが世界の仕組みを説く秘密の知識を追い求めるなかで手を出した多くの秘教のルーツである。

グノーシス主義は、キリストの死後数百年にわたって存在したキリスト教の別解釈の総称だ。それらは教会の創設者たちから異端とみなされ、「正統」となることはなかった。グノーシス主義者たちはたとえば、神は父であるとともに母であるし、キリストの復活は現実に起きたことではなく神話だと考えた。また、「堕罪《だざい》」を引き起こしたのは人間ではなく地球の創造主であると考えたが、その創造主は神ではなくデミウルゴスという者である。デミウルゴスは、アルコーン〔低次の神的存在で、地上の支配者。デミウルゴスは「第一のアルコーン」〕たちの力を借りて人間を物質界に閉じ込め、真実を垣間見られないようにしている。しかし、少数の選ばれし者は、グノーシス——高次の理解、精神的な真実の直観——を獲得することができる。ドラッグで異様に自惚れていたボウイは、自分もそのひとりだと考えたのだろう。

1945年にエジプトのナグ・ハマディの近くで見つかったグノーシス主義の写本を研究したエレーヌ・ペイゲルスの著作『ナグ・ハマディ写本——初期キリスト教の正統と異端』(荒井献・湯本和子訳、白水社)は、1979年に出版されてベストセラーになった。ボウイはそのころには正気に向かっていたが、それでもこの本には興奮したのだろう。ペイゲルスは、初期のキリスト教はいまの人が考えているよりもはるかに多様で、突飛で、複雑だったことを的確に示している。たとえば、「正典」のマタイ、マルコ、ルカ、ヨハネによる福音書よりも前に書かれていたかもしれない「外典」の『トマスによる福音書』は、キリストにまったく新しい格言を言わせている——「自らの内にあるものを引き出せば、引き出したものによって救われるだろう。自らの内にあるものを引き出さなければ、引き出さなかったものによって滅ぼされるだろう」というように。

ボウイはグノーシス主義を、考古学的遺物ではなく、現在に生きる宗教として見ていたようだ。1997年の『Q』誌のインタヴューで彼は、「無神論かある種のグノーシス主義かのあいだで揺れ動く、僕のなかにずっとある欲求……僕が求めているのは、精神的に、自分の生き方と死のバランスを見つけることだ」と言っている。このリストのほかのどの本よりも、『ナグ・ハマディ写本』はその目標への到達に貢献しただろう。

これを聴きながら 「Word on a Wing」

気に入ったら、これも エレーヌ・ペイゲルス *Revelations: Visions, Prophecy and Politics in the Book of Revelation*

Bowie's Book

62

冷血

トルーマン・カポーティ

1966年

「デヴィッド・ボウイには才能がある」と、トルーマン・カポーティは1973年にアンディ・ウォーホルに言った。ミック・ジャガーを「小便するカエルのようにセクシー」だと言った人物からの寛大な評価である。ボウイはその誉め言葉に応えるように、カポーティの『冷血』(佐々田雅子訳、新潮文庫)をリストに入れた。1966年に発表されたこの心奪われる「ノンフィクション・ノヴェル」(カポーティ自身の表現)は、「犯罪実話」というジャンルをほとんど発明したと言えるだろう。この本の力強さと臨場感は、カポーティがフィクションのテクニックを使い、ルポルタージュを新たな芸術の形式に高めたことの結果である。

6年をかけて執筆された『冷血』は、1959年11月15日にカンザス州西部のホルカムという小さな町で起きた恐ろしい一家4人惨殺事件の話だ。裕福な農家のハーブ・クラッターと彼の妻、二人の子どもが射殺された——ハーブは喉も切られた。犯人のペリー・スミスとディック・ヒコックは、仮釈放されたばかりの窃盗犯で、クラッターが自宅の金庫に大金を蓄えていると耳にしたのだった。

カポーティが緻密な調査を行ったことは明らかだ。有名なことだが、彼はこのとき、『アラバマ物語』で名をあげる前だった幼馴染のハーパー・リーに協力してもらっている。カポーティに同行してホルカムに赴いた彼女の仕事は、場を和らげ、カポーティが取材したい地元の人たちとのあいだに信頼関係を築くことだった。農民たちは、ニューヨークから来た変人と思える人物には協力したくなかったのだ。

カポーティとしては、自ら変人の旗を高く掲げていた。ふざけた態度と派手な服、そしてすぐに彼の代名詞となった甲高い声が特徴的なカポーティは、ゲイであることを堂々と公言していた――それはニューヨークでも珍しく、ホルカムでは言うまでもなかった。グロリア・スタイネムが１９６６年に『グラマー』誌に書いた記事のなかで、リーはこう言っている。「彼は月から来たみたいだった――あそこの人たちはトルーマンのような人は見たことがなかった」。まさに地球に落ちて来た男だ！　しかし『冷血』は、ボウイが直観的に知っていたことを証明している。つまり、アウトサイダーであること――少なくともそう自称すること――は大きく実を結ぶということだ。

これを聴きながら 「I Have Not Been to Oxford Town」

気に入ったら、これも トルーマン・カポーティ『カメレオンのための音楽』（野坂昭如訳、ハヤカワepi文庫）

63 A People's Tragedy オーランドー・ファイジズ 1996年

最後の10年、ボウイはいつも以上に本を読んでいたと、彼を知る人たちは言う。ボウイは歴史に関係するものは何でも好きだった――ヒラリー・マンテルの『ウルフ・ホール』のような小説から、この924ページにわたるロシア革命史のような分厚いノンフィクションまで。このファイジズの本は、アントニイ・バージェスの *Earthly Powers*（349ページ）と同じように、Kindleがあってよかったと思わせる一冊だ。

詳細で権威ある *A People's Tragedy: The Russian Revolution 1891–1924*（人民の悲劇――ロシア革命1891〜1924）は、『一九八四年』（124ページ）、『真昼の暗黒』（225ページ）、『明るい夜 暗い昼』（283ページ）の愛読者が必然的にたどり着くことになる本だ。1917年の一年から各方向へ話を広げるファイジズは、革命のはじまりを1891年のロシアの大飢饉だとし、レーニンが死去した1924年までに、一党制や個人崇拝のようなスターリン体制の主要要素が完全に揃っていたと考える。

ボウイはソ連を直に体験している。彼が最初にそこを訪れたのは、1973年4月、ジギー・

スターダスト・ツアーの日本レグの帰りだ。幼馴染でバッキングシンガーのジェフ・マコーマックとともに、港湾都市のナホトカからモスクワまでシベリア鉄道に乗り、明るい赤色の髪と厚底ブーツで滑稽なほどに異彩を放った。

シベリア鉄道は１８９０年代に、ロシアの極東との貿易を促進するために建設された。１９１７年の革命後の内戦中には、コルチャークの白軍を支持するチェコスロヴァキア軍団とボリシェヴィキとの戦いの中心地になった。それからボウイが乗車するときまで、大きな変化はなかった。一般の乗客は混み合ったコンパートメントの木製の長椅子の上で寝ていた。ボウイ一行は、きれいな寝具のある「ソフトクラス」に乗ったが、そこも洗面設備は不十分だった。着物姿のボウイは、世話役のがっしりしたロシア人女性二人、ドニャとネリャに付き添われて列車内を歩きまわった。

自分の（比較的）贅沢な状況と、列車が通過するシベリアの村々の貧困とのギャップは、ボウイの頭にこびりついた。「彼らがどうやって冬を越しているのかわからない」と、ボウイは繰り返し言っていたという。のちに、ファイジズの本を読んだ彼は、１９２１～22年の飢饉のひどかった時期、多くのロシアの農民は共食いをしなければ冬を越せなかったと知った。子どもたちになんとか食べ物を与えたい母親たちは、死んだ人の手足を切り落として鍋に入れた。人々は自分の親族を、さらには先に逝くことの多い（そして肉が甘くていちばん美味しい）小さな子どもまでをも食べるようになった。

ニコライ二世とその家族が処刑されたイパチェフ館のあるスヴェルドロフスク（現在は元の名

称に戻り、エカテリンブルク）で、ボウイは初めて列車の外に出たが、そのとき、写真を撮ろうとしていた専属写真家のリー・ブラック・チルダーズが制服姿の警備員に手荒く扱われた。ボウイはすぐにこの一件をシネカメラで撮影しはじめた。するとさらに二人の警備員が現れ、彼を逮捕しようとした。結局、世話役の二人があいだに入り、ボウイとチルダーズはその場を逃れて無事に列車内に戻ることができた。ドニャとネリャは列車が駅を出るまでドアを閉めっぱなしにした。

　このような波乱があったものの、ボウイは８日にわたる５７５０マイルの旅を楽しんだ。「実際にこの目で見ることがなかったら、あれほど広大な自然のままの風景を想像することはできなかっただろう」と、彼は『ミラベル』誌に書いている。その後、一行はモスクワに３日間滞在し、クレムリンを訪れ、グム百貨店で買い物をしたが、土産物として売られていたのは石鹸と下着だけで、ボウイはがっかりした。グムのカフェテリアでランチも頼んだが、ボウイとしてはそのミートボールは食べられたものではなかったという。

　１９７６年４月の二度目の旅――イギー・ポップを含め、より大人数で連れ立った――は、さらに問題が多かった。ワルシャワ‐モスクワ鉄道に乗った一行は、国境でＫＧＢの警備員に列車の外に連れ出された。ボウイとポップは裸にして調べられたが、ＫＧＢに疑念を抱かせたのは、ボウイが携帯書庫に入れていたゲッベルスやアルベルト・シュペーアに関する本だった。ボウイは、これは計画中の映画のための資料だと主張した。

これを聴きながら 「Station to Station」

気に入ったら、これも オーランドー・ファイジズ『囁きと密告――スターリン時代の家族の歴史』（染谷徹訳、白水社）

64

終わりなき闇

ルーパート・トムソン

1996年

一度読んだら忘れられないルーパート・トムソンの4作目の小説は、夢や統合失調症の妄想のなかに生きる感覚を説得力をもって伝えている。

『終わりなき闇』(斉藤伯好訳、講談社文庫)は、はじまりはごくふつうだ。マーティン・ブロムという人物が、スーパーマーケットの駐車場で頭を撃たれ、視力を失う。病院で目を覚ましたマーティンは、これから自分は一生盲目なのだと知る。そして、実際に見えているのではないかと思うほどのリアルな幻覚に襲われやすくなるだろうと告げられる。そのため、夜になると視力が戻るのだとマーティンが言い出しても、私たち読者は疑わずにはいられないが、それでもとにかく彼の新しい夜の生活へと引き込まれていく。彼はフィアンセと両親と縁を切り、ネオンが輝くバーやホテルで変わり者たちとつるみ、ニーナという女性と付き合いはじめるが、彼女はマーティン――完全に盲目であるふりをしていた――が自身の状態の真実を打ち明けたあと、行方不明になる。

しかし、彼の状態の真実とは何だろうか? ことによると、マーティンは死んでいるのかもしれない。筋の通ること、論理的なこと、確かなことはほとんどない。トムソンは時代や場所を曖昧にしている。時代は、1970年代かもしれないし、1990年代かもしれない。主要な出来事が起きる街はパリのようだ——区がある——が、登場人物の名前は東欧風だ。この不確かさはこの小説のジャンル分けについても言えることで、中間地点に達すると、『終わりなき闇』はそれまでとはまったく異なる方向へ進んでいく……。

1990年代半ば、『アウトサイド』のころ、ボウイは伝統的な物語の形式にうんざりしていると話していた。自分の作品に一貫して流れているのは、「分裂しているという感覚こそが、少なくとも僕にとってはいちばんしっくりくるということ」だと『ミュージシャン』誌に言っている。「整然とした結末やはじまりというのは絶対的すぎるように思える」。ボウイも知っていただろうが、フランスの批評家ロラン・バルトは、1970年の著書『S／Z』のなかで、「読み得る」テクストと「書き得る」テクストについて示唆に富む区別を提示している。

読み得るテクストは、明白でシンプルなプロットを持ち、現実的な登場人物が住む現実的な環境で話が展開する。これは飲み込みやすいものだが、バルトにとっては、欺瞞的なものでもある。読みながら本の現実を構築する読者の役割を認めていないからだ。一方、『終わりなき闇』のような書き得る本はこれを認めている。これは読者にジグソーパズルの箱を渡してこう言う。「さあ、どうぞ。あなたがやるんです。そして私に教えてください。舞台はどこか、ジャンルは何か、なぜ途中で語り手が変わるのか、随所に見つかるボウイとの関連（たとえば、マーティンが杖で模様を描く「アイスブルーのカーペット」）はたしかに存在しているのか、それとも想像力の働かせすぎなのか、ということを」。
トムソンは1997年、ローマに住んでいたときに、『インタヴュー』誌から電話をもらった。有名人がそれほど有名ではない人にインタヴューするという新連載に参加しないかということだった。自分がどちらの側かすぐにわかった彼は、インタヴュアーは誰なのかと訊いた。「デヴィッド・ボウイ」がその答えだった。ボウイは『終わりなき闇』を非常に気に入っていて、著者に会いたいと思ったのだ。「編集部からまた電話すると言われたから、それを待った」と、トムソンは『ガーディアン』紙に書いたユーモラスな文章のなかで振り返っている。「しかし数日が過ぎ、数週間が過ぎ、電話は鳴らなかった。インタヴューは行われなかった。私はボウイに会うことはおろか、話すこともなかった」。

これを聴きながら 「What in the World」

気に入ったら、これも ルーパート・トムソン *Dreams of Leaving*

65 Nowhere to Run ジェリー・ハーシー 1984年

ロックスターのお気に入りといったところのある――ミック・ジャガーは二度読んだという――ジェリー・ハーシーの *Nowhere to Run: The Story of Soul Music*（ノーウェア・トゥ・ラン――ソウルミュージックの物語）は、その2年後に発売されるピーター・グラルニックの『スウィート・ソウル・ミュージック』（292ページ）と同じような分野を取り上げている。そちらよりも硬派な感じがしないとしたら、それはハーシーがグラルニックよりも厳格ではないからだろう。グラルニックは格式張ったところがあり、モータウンを軽蔑している。一方でハーシーは、ベリー・ゴーディのデトロイトのヒット工場がブルーズ、ソウル、ゴスペルを洗練させ、黒人と白人の双方に愛されるマスマーケット向けの商品を生み出したことに魅力を感じている。

ハーシーは女性として初めて『ローリング・ストーン』誌のコントリビューティングエディターになったが、そこでのあだ名は「くるみ割り《ナットクラッカー》」だった。厄介なインタヴュー相手も苦にしなかったからである。彼女のコミュニケーション力は、多くの歌手やミュージシャンからたくさんの印象的な回想を引き出した。スクリーミング・ジェイ・ホーキンズ、アレサ・フランクリン、ベン・E・キング、ウィルソン・ピケット、ジェームズ・ブラウン、アイザック・ヘイズ、そして『オフ・ザ・ウォール』の後で『スリラー』の前のマイケル・ジャクソンなどが彼女に心の内を話した。彼女が音楽について実によく知っていて、自分の意見を押しつけるのではなく話を熱心に聞いてくれることが、彼らにとってはうれしかったに違いない。

　ステージで縞模様の棺から出てくるホーキンズは、ベン・E・キングとドリフターズのメンバーが蓋を完全に閉めてしまったせいで息ができなかった夜のことを思い出す。ブラウンは、刑務所で櫛をいじくったり洗濯だらい《ウォッシュタブ》でベースをつくったりして多くの技を覚えたと振り返る。シシー・ヒューストンは、ハーシーに娘が歌うところを見せた――10代のホイットニーはほっそりとして可愛らしく、まるで津波をも食い止められるような強い肺を持っていたと、ハーシーは伝えている。マイケル・ジャクソンは、サンタバーバラで改築中のおかしなランチハウス風のものを見せてまわった――まもなく世界的に有名に（そしてやがて悪名高く）なるネバーランドだ〔これはオコーネルの勘違いのようで、ジャクソンがハーシーに見せたのは別の邸宅である〕。

　彼らの多くは、ハーシーと話をした１９８０年代前半には40歳くらいで、懐古的なツアーで十分に稼いではいたが、もうレコードはあまり売れていなかった。メアリー・ウェルズは、ライヴ活動で生活費を得ていると強調している。ダイアナ・ロスなど、スーパースターのままの人たちもいたが、それは必ずしも最高の声を持っていたからではなく、存在感があったからだ。ロスがステージで話すセリフを考えたのはベリー・ゴーディかもしれないが、彼女はそれをどのように届ければいいか、そして私たちに愛してもらうにはどれほど頑張らなければいけないかを的確に知っていた。簡単にできることなどないと、彼女はハーシーに率直に語っている。
ボウイは、愛するソウルアーティストたちと自分を比較したとき、いつも自分には足りないところがあると感じていた。1970年代半ばにつくりはじめ、その後も折に触れて立ち返った、自分のファンキーなR&B風の音楽は、低俗《キッチュ》で本物ではないと悩んでいた。1976年の『プレイボーイ』誌のインタヴューでは、『ヤング・アメリカンズ』は「完全なプラスティック・ソウルのレコード」だと言った。「ミューザク〔レストランや商店などで流されるBGM〕の時代を生き延びる民族音楽の残りかすで、白人のイギリス野郎が書いて歌ってるんだ」。これは少し辛辣だ——ボウイはさまざまなことを成し遂げながらも、最高の高みはいつまでも手の届かないところにあると感じていたようだ。

これを聴きながら 「Right」

気に入ったら、これも チャールズ・シャー・マリー『ジミ・ヘンドリックスとアメリカの光と影——ブラック・ミュージック&ポップ・カルチャー・レヴォリューション』（廣木明子訳、フィルムアート社）

66 Beyond the Brillo Box アーサー・ダントー 1992年

ボウイはとにかく挑戦を恐れていなかった。*Beyond the Brillo Box: The Visual Arts in Post-Historical Perspective*（ブリロ・ボックスをこえて――歴史後の視点で見る視覚芸術）は、コロンビア大学の哲学教授アーサー・ダントーが書いた噛み応えのある評論集で、主に俎上に載せられているのは、ポップアートと、それがスープ缶やブリロの箱のような日常品を芸術に変えたことだ。平等主義の1960年代の産物であるポップアートは、風通しの悪い芸術の世界の空気を和らげ、恭しく芸術に向き合うことが求められる雰囲気を永久に払いのけた。

一方、ポップアートには哲学的なインパクトもあった。ウォーホルは、かつて1917年にデュシャンが「泉」という題で便器を展示したときのように、ただ見るだけでは何が芸術かはわからないということを示した。それに、お手本をもとに芸術を教えることはできないということも。実際、ダントーは、芸術を芸術たらしめる文脈以外に芸術は存在しないと言っている。たとえば、その芸術作品は歴史的にどこに「納まる」かというようなことだ。しかしポップアートは、芸術と現実が不可分になったところに存在しているから、こうしたアプローチの根底を揺るがす。それはある種の歴史的終焉に達し、代わりに哲学になったのだと、ダントーは論じている。

それでも、芸術は何に取り組むべきかという問いは残る。ダントーは、1989年にワシントンDCのギャラリーで行われることになっていたロバート・メイプルソープの性的な写真の展覧会を全米芸術基金が後援したこと——結果的に、そのことが物議を醸し、中止になった——を擁護している。そして、ボウイもそう考えていたに違いないが、異なる意見を述べる自由、人を怒らせる自由がなければ、芸術には意味がないと主張している。一方、散らかった部屋の象徴性を考察した評論は、トレイシー・エミンの1998年の出世作《My Bed》——コンドーム、ウォッカの瓶、汚れた下着など、暮らしの残骸に囲まれたエミン自身の汚いベッド——を不気味なほど正確に予見したものだ。ボウイはこの巡り合わせをうれしく思っただろう。彼はエミンと友達で、彼女の作品は「個性を称えるもの」であり、「一部の批評家が言うところの深い文脈」を意図的に欠いていると称賛していたのだから。

これを聴きながら 「Andy Warhol」

気に入ったら、これも シンシア・フリーランド『でも、これがアートなの?——芸術理論入門』(藤原えりみ訳、ブリュッケ)

Bowie's Book

67

マクティーグ
フランク・ノリス
1899年

ボウイの汚れた、不格好な「イギリス人の歯」は、彼の代名詞のひとつだった。しかし1990年代後半、彼はそれを抜いてインプラントに替え、白く輝くハリウッド式の笑顔を手に入れた。はたしてボウイに処置を施した歯科医は、世紀の変わり目のサンフランシスコの生活を描いたフランク・ノリスの小説の鈍重で粗野なアンチヒーロー、マクティーグよりも腕のいい医者だっただろうか。そうであればいいのだが……。

マクティーグ――ファーストネームは明かされない――は三流の歯科医で、その少しばかりの技術は、亡き父が働いていた鉱山にやって来た巡回歯科医（「ほぼ偽医者」）から学んだものだ。マクティーグはこの歯科医の仕事を観察し、「必要な本を数多く」読んだ。「絶望的に頭が悪く、そこから多くを得ることはなかった」が、マクティーグはポーク・ストリートの労働者階級地区の郵便局の上に「デンタル・パーラーズ」を開いた。彼の馬鹿力は思いがけず都合がよかった。「しばしば彼は鉗子《かんし》を使わず、だめになった歯を指で引っこ抜いた」。

数多く起こる忌まわしい出来事のうち、最初の一件が起こるのは、マクティーグの友人のマーカスがいとこのトリナを連れてきて、彼女の折れた歯を治してほしいと言ってきたときだ。エーテル麻酔で彼女が意識を失うと、マクティーグは自分の内側に住む「獣の突然の目覚め」に屈して彼女をレイプしようかと思う。そして結局、「乱暴に、口にべったり」キスをする。

『マクティーグ――サンフランシスコの物語』（高野泰志訳、幻戯書房）は鮮烈で、引きつけられる作品であり、人生の暗黒面に対するその自然主義的な視線は、ウィリアム・S・バロウズやヒューバート・セルビー・ジュニア（258ページ）、ジョン・レチー（165ページ）を先取りしている。人の運命は人種や階級などの要因によってあらかじめ定められているというノリスの考えは、プロットや登場人物にも染み渡っていて、特にこの小説の反ユダヤ主義は現代の読者からするとひどいものだ。とはいえ、洗練されたコメディとして見事な場面もある。たとえば、これまでほとんど劇場に行ったことがないマクティーグが、緊張して汗をかきながらも、義理の家族――彼はトリナと結婚した――にいいところを見せようとショーに連れていくが、その公演中にトリナの弟のオーガストがお漏らしをしてしまう場面などだ。

これを聴きながら 「A New Career in a New Town」

気に入ったら、これも シオドア・ドライサー『シスター・キャリー』（村山淳彦訳、岩波文庫）

Bowie's Book

68

巨匠とマルガリータ

ミハイル・ブルガーコフ

1966年

悪魔は最高の楽しみを知っている。そして、スターリン時代のロシアを風刺したこのブルガーコフの人気作『巨匠とマルガリータ』（水野忠夫訳、岩波文庫）において、悪魔はボウイのようなオッドアイ——片方は黒で、もう片方は緑——を持っている。ヴォランド教授——悪魔はそう名乗る——は怪しげな「外国人」で、モスクワのパトリアルシエ池で文芸雑誌の編集長ベルリオーズと詩人イワン・ベズドームヌイに話しかける。ベルリオーズが神の不在について語っているのを漏れ聞いて腹を立てた彼は、自分はポンティウス・ピラトゥスがイエスの処刑を認めたときにその場にいたのだと言う。そして、人は自分の運命をコントロールできないという自らの言い分を証明するために、こう予言する。ベルリオーズは油で滑って首をはねられて死ぬだろう、と。そのすぐあと、近くの鉄道駅でこれは現実になる。

ぞっとしたベズドームヌイは、ヴォランドとその一味の危険性を人々に警告しようとする。彼の一味とは、葉巻をむしゃむしゃ食べる、人間ほどの大きさの黒猫ベゲモートや、羽のような顎ひげを生やし、鼻眼鏡と騎手帽を身に着けた、不愉快な付き人コロヴィエフ（別名ファゴット）

である。しかしベズドームヌイは統合失調症と診断されて施設に入れられ、そこでポンティウス・ピラトゥスについての小説を書いた巨匠と出会う……。

ボウイはつねにどこかで、世界最高のショーマン、P・T・バーナムになりたいと思っていた。1974年のダイアモンド・ドッグズ・ツアーのハンガー・シティの舞台装置――ぼんやりそびえる高層ビル、可動式の橋、ボウイを観客の頭上へ運ぶクレーン――は、それまでのいかなるロックショーよりも演劇的だった。だから彼は、『巨匠とマルガリータ』で、ヴォランドとその風変わりな一団がモスクワのヴァリエテ劇場の舞台に上がって、公衆の面前で黒魔術の力を証明した場面を楽しんだことだろう。まず彼らはカードの奇術を見せる――ベゲモートがカードを投げ、ファゴットが「雛鳥のように」口を開けて一箱をすべて飲み込む。それから彼らは紙幣の雨を天井から降らせ、会場中が「はっと息をのみ、楽し気な笑い声をあげ」る。メインディッシュが供されるのは、主導権を取り戻そうとした司会者のベンガリスキイが、観客に催眠術をかけていると言ってヴォランドを非難したあとだ。激怒したファゴットがベゲモートに「やれ」と命じると、黒猫はベンガリスキイに飛びかかり、彼のつやつやした髪に鉤爪を突き立て、彼の頭を二度ひねって引っこ抜く。観客の反応は当然こうだ。

二千五百人の観客が一斉に悲鳴をあげた。切断された頸動脈から血がどっと噴き出し、シャツの胸と燕尾服を濡らした。頭のない胴体は馬鹿みたいに足を揺り動かし、床に座った。

しかしそこで終わりはしない！　観客の望みをじっくり推し量ったヴォランドは、彼らの潜在的な憐れみにおもねり、ベンガリスキイの頭をあるべきところに戻すことに決める――そして、傷跡ひとつ残すことなく、それを遂行する。

ブルガーコフがこの魔術的な目くるめく小説を完成させたのは、亡くなる直前の1940年のことだ。原稿は燃えない、とヴォランドが巨匠に言うのは有名だが、これは、真実はそれを抑圧しようとする試みにつねに打ち勝つということを、ブルガーコフ流に表現したものだ。しかし彼は、スターリンの秘密警察に見つかることを恐れ、『巨匠とマルガリータ』の初期原稿を自ら燃やしている。彼は記憶を頼りにそれを書き直し、死の床でも修正を妻に口述し続けた。ようやく出版されたのは1966年で、たちまちセンセーションを巻き起こし、ヒップな人たちのあいだで必読書になった。これに触発されたミック・ジャガーは「悪魔を憐れむ歌」を書いたし、この小説のオカルティズム、反精神医学、政治的諷喩、スラップスティックコメディの組み合わせは、まさにボウイの大好物だった。

これを聴きながら 「Diamond Dogs」

気に入ったら、これも ミハイル・ブルガーコフ『犬の心臓』（増本浩子訳、新潮文庫、「運命の卵」併録）

69

白い黒人

ネラ・ラーセン

1929年

ソマリア出身のムスリムの女性の夫、混血の娘の父として、ボウイは人種的アイデンティティ政治に精通しないわけにはいかなかった。1992年4月29日、ロサンゼルスで家探しをしていた彼とイマンは、ロサンゼルス暴動——アフリカンアメリカンのタクシー運転手ロドニー・キングを暴行したロサンゼルス市警の警官4人が無罪となったことを受けて起きた人種暴動——に巻き込まれた。その後にボウイが書いた曲「ブラック・タイ・ホワイト・ノイズ」は、人種間関係の複雑さに向き合ったものであり、そのテーマは明らかに当時の彼の心の大きな部分を占めていた。彼は『NME』誌にこう語っている。「僕たちが、自分たちのあいだの違いを認知、尊重できるようになって、誰もに白い同一性を求めることをやめられれば、意義深い本物の融和を実現できる可能性はずっと高まる」。

『白い黒人』（植野達郎訳、春風社）は、1920年代のアフリカンアメリカンの知の運動、ハーレム・ルネッサンスを代表する作家のひとりで、肌の色が薄い混血の看護師のネラ・ラーセンが発表した二つの小説のうちの2作目である。この本のタイトル〔原題は *Passing*（パッシング）〕は、そのままこの本のテーマになっている。「パッシング」とは、ある人種集団の人が別の人種集団の一員として受け入れられ、その別の人種として生きることであり、「色による差別」をこのように飛び越えることはラーセン自身の人生でも起こり得たことだった。

この小説は、一緒に育ったが疎遠になった二人の混血女性、アイリーン・レッドフィールドとクレア・ケンドリーの話だ。レストランで偶然再会し、再びお互いの人生に入り込むと、ハーレムで黒人として生活していたアイリーンは、クレアが白人としてパッシングしているだけでなく、レイシストのジョンと結婚していて、しかも彼は妻の真の人種的アイデンティティを教えられていないということを知る。結果として起こる悲劇はほぼ予測できることだが、ラーセンはメロドラマを回避している。彼女の興味の対象はあくまで、階級、性的緊張（『白い黒人』にはレズビアンというサブテキストがある）、そして、問いを投げかけすぎないでいるほうが楽で安全な、居心地の悪い中間地帯にいると、人はどんな心理的影響を受けるのか、ということなのである。

これを聴きながら 「Telling Lies」

気に入ったら、これも カーラ・カプラン *Miss Anne in Harlem: The White Women of the Black Renaissance*

70

ブルックリン最終出口

ヒューバート・セルビー・ジュニア

1964年

ザ・スミスはアルバムのタイトル（『ザ・クイーン・イズ・デッド』）を『ブルックリン最終出口』（宮本陽吉訳、河出文庫）の第2部のタイトルからとった。都会の脅威と不幸を映し出した6編の痛烈な物語からなるこの小説は、1950年代後半のブルックリンの貧民街を舞台に、そこに出没する薬物中毒者やごろつき、社会不適応者たちを描いている。たとえば、ゲイであることを隠している機械工のハリーや、セックスワーカーのトゥラララなどで、彼女がひどい輪姦に遭う場面はこの小説で最も物議を醸すところだ。1967年、イギリスで発売された翌年、この本は猥褻だという訴えが起こされ、裁判で認められたが、のちに覆された——この種の出来事の最後の事例だ。

ボウイのこの小説との関わりは、もしかしたら本人が気づいていないうちから育まれていたのかもしれない。というのも、彼が影響を受け、のちに友人、共同制作者となったルー・リードは、これを聖典とみなしていたからだ。リードはこの小説の、表音的な、句読点の打ち方が粗っぽい文章と、疑問符を使うのではなく微妙なトーンの変化で会話を表すやり方が大好きだった。

◉2006年1月19日、ニューヨークの展覧会場でのルー・リード（左）とデヴィッド・ボウイ（Photo by Andrew H. Walker/Getty Images）

「つまり、セルビーがいなけりゃ、誰もいない――そんなふうに思う」と、リードは2013年に『テレグラフ』紙のミック・ブラウンに言っている。「彼は2点間の直線だったんだから。回り道なんかない。多音節のものなんかない――とにかく、神だ……それがロックンロールじゃなかったら、何なんだ?」。

セルビーの物語の音楽版と言えるリードの「僕は待ち人」は、ボウイを驚愕させた。彼がそれを初めて聴いたのは1966年12月で、マネージャーのケネス・ピットが『ヴェルヴェット・アンダーグラウンド・アンド・ニコ』の発売前のアセテート盤をニューヨークから持ち帰ってきたのだった。ボウイはすぐに当時のバンド(ザ・バズ)にこれを覚えるように言い、1週間たらずのうちにステージで演奏するようになった。「愉快なことに、僕はヴェルヴェッツの曲を世界中の誰よりも早くカバーしただけじゃない」と、ボウイは2003年に『ヴァニティ・フェア』誌に語っている。「アルバムが出る前にやったんだ。それはモッズの真髄だね」。

これを聴きながら 「I'm Waiting for the Man」(ヴェルヴェット・アンダーグラウンドの曲のカバー)

気に入ったら、これも ヒューバート・セルビー・ジュニア『夢へのレクイエム』(宮本陽吉訳、河出書房新社)

Bowie's Book

71

ストレンジ・ワールド Part 3

フランク・エドワーズ

1961年

ボウイは、ベルギーのアーティストのギィ・ペラートに『ダイアモンドの犬』のカバーデザインを依頼したとき、「犬男」として描かれたボウイが登場するフリークショーをつくってほしいと言った。その点を強調するように、このアルバムのタイトル曲には、トッド・ブラウニングと、サーカスやショーの本物の奇形者などが出演して物議を醸した彼の映画『フリークス』（1932年）への言及が盛り込まれている。ボウイのフリークへの興味は、身体的なものであれ精神的なものであれ、彼の心から決して離れることのなかった超常現象への興味の一端だった。

『ストレンジ・ワールド Part 3』（松岡敬子・今村光一訳、曙出版）は、エドワーズが司会を務めていた米国のラジオ番組がもとになっている。彼は1940年代以来、説明のつかない奇想天外な話を紹介するエキスパートだった。この本で取り上げられているのは、シャム双生児や、黒い毛に覆われた赤ん坊、さらには、息で火をおこす男や、失くし物のありかを「夢に見る」ことができる1830年代のヴァーモントに現れた少女〝スリーピング・ルーシー〟などだ。巨人や小人もたくさん出てくるし、超能力捜査官や、死んだと思われながら埋葬後に蘇った人々なども取り上げられている。

そのうち二つの話が特に印象深い。一つ目は不幸な奇形のジョゼフ・メリックの話だ。ボウイは1980年にブロードウェイでその役を演じて大好評を博したが、彼がこのいわゆるエレファント・マンを最初に知ったのは『ストレンジ・ワールド Part 3』を通してだろう。二つ目は、自分はまったく眠る必要がないのだと主張する、インディアナ州アンダーソンの男性の話だ。彼の名前は(驚くなかれ)デヴィッド・ジョーンズで、彼の話は1895年12月11日付の地元紙の記事を通して伝えられている。ジョーンズは、食事や会話をふつうにしながら、131日間連続で起きていたという。彼は記者に対して、若いころにタバコを吸いすぎたためにこのような体になったのではないかと語っている。(チェーンスモーカーだったわれらがヒーローは、これを読んでどれほど笑ったことか)。

「10代のころに、こういった不思議なフリークの話に魅了されて、それからずっと心のなかにあった」と、ボウイは1980年に『エレファント・マン』のプロモーションのインタヴューで『NME』誌のアンガス・マキノンに語っている。「毛むくじゃらの女性たちから、唇が15個ある人たちまで。そういったものを貪り読んだし、もちろんメリックについての勉強もした」。

後年の著作で、エドワーズはUFOというテーマに取り組み、米国政府は宇宙人の出現の証拠を隠しているという説を世界的に広めた。彼の主張によれば、宇宙人の船を捕まえる「七段階の接触」という計画を軍が用意しているということだった。1960年代後半、ボウイはトニー・ヴィスコンティとシンガーソングライターのレスリー・ダンカンと一緒に、南ロンドンの屋上やハムステッド・ヒースによくUFOを探しに行った。彼は初期の曲「フリー・フェスティバルの思い出」でそれを追想し、虹色の目で空を見渡した記憶を閉じ込めた。一方、2013年に出したおふざけの「ボーン・イン・ア・UFO」では、このテーマに1950年代のB級映画的なひねりを加えている。この曲の語り手は、着陸した宇宙船から出てきたAラインのスカートとアンドレ・ペルージャの靴という格好の未来派風のファントムに、木に追い詰められて誘惑されるという想像をする。彼女のクラッチバッグは「太陽と鉄」を映している――その名を冠する三島（51ページ）の本へのちょっとしたお茶目な言及だ。

「観測所にいた一年ほど、一晩に6、7回目撃した」と、ボウイは1975年に『クリーム』誌に語っている。「定期的に飛行していたんだ。6・15号がやって来て、別の船と落ち合うようだった。二つの船はそれから30分ほど静止して、その日やったことを確認してから飛び立っていくんだ」。

これを聴きながら 「Born in a UFO」

気に入ったら、これも エーリッヒ・フォン・デニケン『未来の記憶』（松谷健二訳、角川文庫）

72

いなごの日
ナサニエル・ウエスト
１９３９年

１９７７年末の時点で、ベルリンで暮らしていたボウイは、以前住んでいたロサンゼルスを「世界一不潔な便器」だと考えるようになっていて、『ＮＭＥ』誌のチャールズ・シャー・マリーにそう語っている。マリーが、そこで生活することは観たくもない映画のセットに閉じ込められるようなものなのだろうかと言うと、もっとひどい、とボウイは言った。「邪《よこしま》でたちの悪い脚本で腐りきった映画だ。かつてなく恐ろしい映画だよ。そこでは自分は完全に餌食だと感じられるし、知ってのとおり誰かに糸を引かれてるんだ」。

だからなのだろうか、ボウイはアメリカ映画にはほとんど出演していない。出演したとしても、デヴィッド・リンチ（『ツイン・ピークス ローラ・パーマー最期の７日間』）やジュリアン・シュナーベル（『バスキア』）のような監督がスタジオシステムとは無関係に制作したものだ。また、『地球に落ちて来た男』は米国で撮影されたが、イギリス人の監督（ニコラス・ローグ）がイギリス人のクルーを使って制作したイギリス資本の映画である。そういうわけで、ボウイはそれほど被害を受けずに済んだと言えるだろう。

ハリウッドとセレブリティ文化のモラルの欠如を伝えている小説と言えば、『いなごの日』（柴田元幸訳、新潮文庫、「クール・ミリオン」併録）の右に出るものはない。この小説はジョン・シュレシンジャーがドナルド・サザーランド主演で映画化しており、ボウイはそれを通してこの作品を知ったのかもしれない。著者のナサニエル・ウエスト――ニューヨークの裕福な不動産開発業者の息子として、ネイサン・ワインスタインという名で生まれた――は、ウォール街大暴落で家族が全財産を失ったあと、アメリカンドリームのまやかしの側面を暴露することに取り組むようになった。1933年、ホテルのナイトマネージャーの仕事を辞めた彼は、コロンビア・スタジオに契約脚本家として雇われた――当時そのスタジオを経営していたのは暴君として知られるハリー・コーンだった。B級映画の脚本の仕事の合間に、ウエストは安っぽいホテルで過ごし、ポルノパーティーやゲイバーに出かけては、『いなごの日』の素材を集めた。

ウエストの友人のF・スコット・フィッツジェラルドも『ラスト・タイクーン』でハリウッドを取り上げたが、彼はその食物連鎖の頂点――コーンやアーヴィング・タルバーグのような大立者――に注目していた。一方ウエストが興味を持っていたのは、底辺にいる哀れな人々――大物になりたいフリークや負け犬、そして、太陽と魅惑を求めてカリフォルニアにやって来たが、退屈な現実に騙されたと感じ、「怒りに燃える」リタイア後の人々――だった。「来る日も来る日も、彼らは新聞を読み、映画に行った。そのどちらもが、リンチ、殺人、性犯罪、爆発、事故、愛の巣、火事、奇跡、革命、戦争を彼らに食わせた。この毎日の食事が彼らを世慣れさせた」。

この黒々しいコメディで真面目な引き立て役を演じるのは、美術スタッフのトッド・ハケット（「Tod」は「死」を意味するドイツ語からで、Hackett は彼が雇われ芸術家《hack》だからだ）で、イェール美術学校で学んだ彼は、ロサンゼルスが焼き尽くされる絵を描こうとしている。このハケットという人物は、ウエストが言うところの「あらゆる性格が入れ子のように組み合わさった、きわめて複雑な若者」という点である歌手と似ているが、この人物をどのように考えるべきかはよくわからない。教養ある「大学出」の彼は表面上この小説の意識の中心だが、実際にはただ漂っているだけで、彼が地獄への転落の過程で出会う流れ者たちと変わらない――たとえば、トッドの薄気味悪いレイプ幻想の対象である女優志望の17歳のフェイ、怒りっぽい小人のエイブ・クーシック、静養のためにカリフォルニアにやって来たアイオワのホテルのシャイなフロント係で、そこだけ体から独立しているかのような「言うことをきかない手」を持つホーマー・シンプソンなどと。

『いなごの日』はウォーの『卑しい肉体』（319ページ）のいっそう殺伐としたアメリカ版のようで、そちらと同じように、超現実的な華々しさで幕を閉じる――ハリウッド大通りの映画館の外で暴動が起き、ホーマーが飲み込まれたあと、気が狂ったトッドは警官に家まで車で送ってもらうことになるが、そこで彼は自分の口がしっかり閉じていることをたしかめなければならない。けたたましいサイレンの音を出しているのは自分が乗っている車であり、自分自身ではないと確認するために。

これを聴きながら 「Cracked Actor」

気に入ったら、これも イーヴリン・ウォー『愛されたもの』（中村健二・出淵博訳、岩波文庫）

73

Tadanori Yokoo 横尾忠則 1997年

ボウイは1972年秋にジギー・スターダストをアメリカへ連れていったが、ニューヨーク近代美術館で開催されていた横尾忠則の個展は一足違いで見逃した。とはいえ、情報通だった彼は、ピーター・ブレイクや1960年代後半のサイケデリックなポスターアートを思わせる横尾の挑発的なコラージュについてあれこれ聞いていただろうし、この日本のグラフィックデザイナーが1967年に初めてニューヨークを訪れたときに、アンディ・ウォーホルやジャスパー・ジョーンズ、トム・ウェッセルマンといったポップアートの第一人者たちから温かく迎えられたことも知っていただろう。

ボウイの日本文化への興味――ダンスのクラスで武満徹作曲の日本の現代音楽を使っていたマイムの師、リンゼイ・ケンプによってかき立てられた――は、日本ツアーを行った1973年春には親日家と言えるまでに高まっていた。異世界のメタファーとしての日本の大きな可能性に、はたと気づいたようだった。「イングランド以外で、僕が住める唯一の場所だと思う」と、その年に彼は『メロディ・メイカー』誌に語っている。日本文化は1970年代前半にイギリスで新たな注目を集めており、ボウイがそれを吸収することが本当に革新的だったとき、その背景にはたとえば、ヴィクトリア・アンド・アルバート博物館（V&A）の日本の版画展（『浮世』、1973年）や出口王仁三郎展（『王仁三郎の芸術』、1974年）、1972年6月にサドラーズ・ウェルズ劇場で行われた公演『歌舞伎』などがあった。

ボウイは日本の美意識に夢中になった。自身のステージにも歌舞伎の要素を取り入れた。日本滞在中には、最も名高い女形のひとりである坂東玉三郎から歌舞伎の化粧法を学んだ。山本寛斎の服を着て、鋤田正義《すきたまさよし》（のちに有名な『ヒーローズ』のジャケット写真を撮ることになる）に撮影された。黒澤明や大島渚（1982年に『戦場のメリークリスマス』で仕事をともにする）の映画を探究した。横尾の親友である三島由紀夫（51ページ）の小説にも惚れ込んだ。

三島にとって、横尾忠則のアートは日本人が内に閉じ込め続けている耐えがたいものすべてを表象していた。それはつまり、伝統的な日本のしきたり――横尾の作品では、古い浮世絵の技法を使うことで表現されている――とポップアートの消費主義のあいだの緊張関係ということだ。性、死、暴力も大きな関心事である。有名なセルフタイトルの初期作品では、16条の光線を発する太陽の旗、赤ん坊のころの横尾の写真とともに、首を吊った死体のイラストが描かれ、その下には「29歳にして絶頂に達し、私は死んだ」と書かれている。上の世代の人々は腰を抜かした。しかし横尾は、親に反抗する日本の若者の第一世代に属していた。1970年、東京の松屋銀座での個展が6日間で7万人の来場者を集めたときには、彼はすでに国際的なスターになっていた。

これを聴きながら 「Crystal Japan」

気に入ったら、これも アンジェラ・カーター『花火——九つの冒瀆的な物語』（榎本義子訳、アイシーメディックス）

Bowie's Book

74

Teenage ジョン・サヴェージ 2007年

晩年のボウイのお気に入りのテレビ番組は『ピーキー・ブラインダーズ』だった。1890年代から1910年ごろにかけてバーミンガムのチープサイド地区を震撼させた実在のギャング、ピーキー・ブラインダーズの狂態を題材にしたドラマだ。彼らはどこから来たのか? ジョン・サヴェージがティーンエイジャーの先史を伝えるこの重厚な著作で示しているように、1870年以来、都市化によって家族が崩壊し、あてのない鍵っ子が街にあふれるようになった――立派に仕立てられるのを待つ、放り出された人間として。

権利を奪われた暴力的な若者たちへのボウイの関心は、晩年に『ザ・ネクスト・デイ』の「ダーティ・ボーイズ」で表現された。おそらく、*Teenage: The Creation of Youth Culture*（ティーンエイジ――若者文化の創造）を読んだあとに書いたのだろう。この本の荒っぽい少年たちの話を読んで、ボウイはドクター・バーナードで働いていた父のヘイウッドが家でよくしていた話を思い出したはずだ。少年たちにとっては、服がとにかく重要だった。『オリヴァー・ツイスト』のフェイギンのような「ダーティ・ボーイズ」の語り手は、フィンチリーの市《いち》に行く途中、クリケットバットを盗んで窓を打ち壊す前に、子分に羽付き帽子を買ってやるが、それによってその子分は「ダイアモンドの犬」のハロウィン・ジャックのような伊達男になることができるのだ。

ブラインダーズは Teenage にも得意げに登場しているが、この本はさらにゲーテやルソー、19世紀後半のロシアの画家マリ・バシュキルツェフの唯我論的な日記にさかのぼり、ティーンエイジャーは1950年代の発明だという神話を論破しようとする。1904年、心理学者のスタンレー・ホールが初めて、14歳から24歳のあいだの時期を、特別なストレスのある時期だと定義した。しかし彼は、青年期とはアメリカ特有の現象であり、この若い国が象徴する自由と可能性の副産物だと考えた。ほかの場所でそれが芽生えることはありえるだろうか？

念を押して言うべきなのは、ボウイの青年期が1950年代の冴えないイギリスのなかでは比較的恵まれていたということだ。どうやらボウイは父親に甘やかされていたらしく、レコードや楽器を買ってもらったり、募金のためのコンサートに連れていってもらって、当時のスターのアルマ・コーガンやトミー・スティールに会ったりしていたという。嘘のような話だが、10代初めの彼のお気に入りのレコードはフランキー・ライモン&ザ・ティーンエイジャーズの「I'm Not a Juvenile Delinquent（僕は非行少年じゃない）」だった。実際、若きデヴィッド・ジョーンズはキャンプファイヤーでウクレレを弾く熱心なカブスカウト〔ボーイスカウトの幼年団員〕であり、イギリスのパブリックスクールの「筋肉的キリスト教」〔19世紀に興ったキリスト教の運動で、強い肉体や男らしさを推奨する〕の精神やヒトラーユーゲント――サヴェージはこれについて詳細に考察している――と比べられる社会統制の道具としてのスカウトの歴史など、とんと気にとめていなかった。
すべてを変えたのは、アメリカと、その象徴――ジャズ、ビート、ハリウッド――に対する異父兄テリーの愛で、それによってボウイはラディカルな熱情に満たされ、既成の価値観に歯向かう大胆さを得た。サヴェージが示しているとおり、若者文化の商品化という点でアメリカは一歩先んじていた。ビートルマニアのずっと前に、アメリカの若い女性たちはルドルフ・ヴァレンティノやフランク・シナトラに熱狂していたのだ。

ボウイは1950年代以前の若者文化の表象をほじくって独自のヴィジュアルスタイルを生み出したが、特に執着していたのは、「陽気な若い連中《ブライト・ヤング・シングズ》」〔大戦間期のロンドンで享楽的な生活を送っていた若者たち〕（319ページ）のなかで最も美しかった、華奢なスティーブン・テナントだ。テナントのつややかで中性的なルックスを、ボウイは『ヤング・アメリカンズ』のジャケットで取り入れ、その数年後にはスティーヴ・ストレンジやデヴィッド・シルヴィアンなどのニューロマンティックのアーティストたちが借用した。しかしボウイが1983年の『レッツ・ダンス』でそれを掘り返したときには、正直なところ、少し時代遅れになっていた。

サヴェージが言うように、ブライト・ヤング・シングズは、鼻持ちならないエリート臭さがあるとはいえ、イギリスで最初の前向きに定義できる若者文化だった。この集団の花形たちにとって、若さの輝きやきらめきは高次の美、ある種の伝染性のエクスタシーであり、それはやがてポップスターたちの領分になった。しかしポップスターも年をとる。50代になっても、ボウイは新しい仲間を探すピーター・パンのようだったが、いつそのゲームが終わるかは自分でわかっていた。2013年に『ザ・ネクスト・デイ』で亡命生活から戻ってきたとき、とりわけ大きな衝撃だったのは、チャールズ・シャー・マリーが言うところの「老人の顔」をついに公開したことだった。

これを聴きながら 「Dirty Boys」

気に入ったら、これも ジョン・サヴェージ『イングランズ・ドリーミング――セックス・ピストルズとパンク・ロック』(水上はるこ訳、シンコーミュージック)

75 Infants of the Spring ウォレス・サーマン 1932年

自分がフィクションの世界でどのように描かれうるかということに興味があったのか、ボウイはシーンを内側から批評する風刺的な小説に惹かれていた——リストのなかではイーヴリン・ウォーの『卑しい肉体』（319ページ）が最も明白な例だ。*Infants of the Spring*（春の幼児たち）は、きわどさのある、ウォー色の濃いモデル小説で、ハーレム・ルネッサンスの時代を舞台にしている。その1920年代の「ニュー・ニグロ」運動は、ネラ・ラーセン（256ページ）、ラングストン・ヒューズ、ゾラ・ニール・ハーストンらの作家、そして画家のアーロン・ダグラスや彫刻家のオーガスタ・サヴェージのような芸術家の一筋縄ではいかない集まりだった。*Infants of the Spring* では、ニゲラッティ・マナー〔Niggerati は nigger（ニガー）と literati（知識人、文学者）を合わせたサーマンの造語〕と名づけられたハーレムのブラウンストーンの建物で共同生活する彼らの姿が描かれている。

サーマンの作品で最も有名なのは、アフリカンアメリカンのコミュニティ内における色による偏見を題材にした小説 *The Blacker the Berry*（黒ければ黒いほど、1929年）だ。これは、ボウイが感嘆したケンドリック・ラマーのアルバム『トゥ・ピンプ・ア・バタフライ』に収められた同名の曲のインスピレーションになっている。その果てしないエネルギーで仲間たちを驚かせたショーマンで日和見主義者のサーマンは、戯曲を書いたり、重要な黒人のモダニスト雑誌*Fire!!*を共同で創刊したりもしていた。しかし、*Infants of the Spring*に登場する小説上の分身の〝レイモンド〟には、黒人作家は自らが置かれている立場のために本質的な作品を生み出すことができないという悲観的な私見を持たせている。ハーストンをモデルにしたスウィーティー・メイ・カーは、手っ取り早く金を稼ぎたいという思いこそが、自分がミシシッピでの幼少期の感傷的な話を白人読者に向けて量産している真のモチベーションだと認める。

サーマンはバイセクシュアルであり——結婚したこともあったが、1925年には公衆トイレでの同性愛行為で収監された——公民権問題のプロパガンダとしての役割を担う黒人芸術の動きが高まっていたなかで、自分や友人たちが価値を置いているデカダンでボヘミアンなものが二の次にされていることにも悩んでいた。アフリカンアメリカンのアートはつねに大義のためになければいけないのか？　なぜ、オスカー・ワイルドやジョリス＝カルル・ユイスマンスのような耽美主義者に影響を受けたくても受けられないのか？　*Infants of the Spring*はそのような問いに満ち、最後に、この小説で最も愉快な登場人物、ポール・アービアン（ゲイであることを公表していた黒人アーティストのリチャード・ブルース・ニュージェントがモデルになっている——アービアンは彼の名前の頭文字「R」、「B」、「N」だ）の行動を通して遠回しに答えを出す。ニュー・ニグロの原則にそぐわないさまざまな色のペニスを描く彼は、書き上げたばかりの小説『ウー・シン ゲイシャの男』の宣伝行為として、浴槽で手首を切って自殺するのである。

アービアンは、自らデザインした深紅色のローブと蠟染めのスカーフに包まれて、自分の死体が美しく見えるように段取りをつける。しかし、そのショーの演出に熱中しすぎたあまり、原稿を浴室の床に置いてしまい、床がびしょびしょになると、その文字は読めなくなってしまう。

ボウイの *Infants of the Spring* への関心は、作品を集めていた1980年代のニューヨークのアーティスト、ジャン＝ミシェル・バスキアへの愛から派生したものかもしれない。ハーレム・ルネッサンスの黒人アーティストたちと同じように、バスキアはアイデンティティや所属の問題と闘っていた。白人ばかりのアート界は彼の作品を高く評価したが、一方で、バスキアはパトロンに支援され、原始的なクールさの象徴として持ち上げられているのではないかという見方も根強くあった。グラフィティを描いていた19歳のバスキアの面倒を見たアンディ・ウォーホルは、彼を育てたのだろうか、それとも彼の才能とエネルギーに寄生したのだろうか？ ボウイはこういった問いを十分に認識したうえで、ジュリアン・シュナーベルの1996年の映画『バスキア』でウォーホルの役を演じた。彼はテレビのインタヴューでチャーリー・ローズに対し、「アンディの警戒心……これが明日の世界になるかもしれないという予感」がわかったと言っている。

これを聴きながら 「Andy Warhol」

気に入ったら、これも ウォレス・サーマン *The Blacker the Berry*

76

橋

ハート・クレイン

1930年

ヨーロッパのモダニズムが主に絶望を原動力にしていたとしたら、アメリカのそれはそこにピリッとしたロマンティックな風味が加わっていた。開放的で、非冷笑的であり、機械時代に新しい国で新しい可能性を見つけるという興奮で生き生きとしていた。2000年代初めにマンハッタンに住み着いてから、ボウイは自分にできる最も正統的なニューヨーク生活を送ったが、ニューヨーカーなら誰もが、アメリカのモダニズムの最高峰であるハート・クレインのヴィジョンあふれる詩、『橋』(『ハート・クレイン詩集――書簡散文選集』所収、東雄一郎訳、南雲堂)を愛しているものだ。実のところ、この詩はナット・テイト――ボウイと彼の友人のウィリアム・ボイドがおふざけで創造した架空のアーティスト(55ページ、フランク・オハラ)――にインスピレーションを与え、「かつては伝説だったが、いまではほとんど忘れられた」テイトの一連の絵画が生み出されるきっかけになった。

ライフセーバーズ・キャンディの発明家の息子としてオハイオで生まれたクレインは、高校も出ていない独学者だった――彼の知識には大きな穴があると、ハーヴァード出の友人マルカム・カウリーは言っていた——が、T・S・エリオットと戦って勝利しようという強い気概を持っていた。1923年、コピーライターとして働いていた23歳のときに書きはじめた『橋』は、批評家のゴーラム・マンソンへ宛てた手紙で言ったところの「〝アメリカ〟の神秘的総合」の試みであり、過大評価だと考えていた『荒地』(83ページ)を楽天的にしたものだった。

形態と機能をひとつにする象徴として、彼はニューヨークのマンハッタン区外と中心部を結ぶ幹線、ブルックリン橋に目をつけた。この橋が完成したのは1883年だが、驚異的な技術の結晶であるそれは1920年代においても新しく感じられた。クレインは、知らず知らず、この橋の設計技師長だったワシントン・ローブリングと同じ住所に住んでいた——ブルックリン橋の崇高な神話が人生のすべてに影響していたようだ。この橋に音楽性を感じた彼は、『橋』の最後のパート「アトランティス」で、ジャズを思わせるリズムによってそれを引き出している。ボウイもそこに惹かれていたことだろう。

光と共に進路を変え、撚り束ね合わされたケーブルを、
上昇する弓なりの路を、段列をなす弦を貫き、——
張りつめた何哩をも梭《ひ》のようにゆきて戻る月光が
一瀉千里《いっしゃせんり》の風の囁きを、鋼索《ワイヤー》のテレパシーを切分する。
夜に浮かぶ花崗岩と鋼鉄の指標《めじるし》の上へ——
透明な網糸——汚れなく閃く譜表《うた》の上へ——

神託の声が無数に明滅し、揺らめきながら流れてゆく
まるで神が竪琴の弦から誕生するかのように……

（東雄一郎訳）

強引で大それたレトリックを好んでいたため、クレインの作品はモダニズムの基準から言っても骨が折れる。エリオットの場合と同じようにこれは意図的であり、クレインはたとえ衝撃や戸惑いを与えたり、非論理的に思えたりしても、現在の声をとらえなければならないと考えていた。そしていっそう重要なのは、彼の考えでは、隠喩の論理だった。エリオット同様、クレインは古典的な作家――彼の場合はダンテ、マーロウ、ラブレー、メルヴィル、ホイットマン――を参考にし、それらをゆっくりと注意深く、（マルカム・カウリーに言わせれば）応用工学の教科書を読むかのように読んだ。

一部の批評家は、クレインの作品の難解さは、彼が半分隠していたホモセクシュアリティ、そしてそれが詩のなかに暗号のように埋め込まれていることのためだと指摘する。たとえば、『橋』の愛は「小便器を滑るマッチの燃えさし」だというのは、男漁りのことを言っている。評判が芳しくなかったことで飲酒癖を悪化させたクレインは、32歳のときに海に身を投げて自殺した。

これを聴きながら 「Heathen (The Rays)」

気に入ったら、これも ハート・クレイン『白い建物』(『ハート・クレイン詩集——書簡散文選集』所収)

77

明るい夜 暗い昼

エヴゲーニヤ・ギンズブルグ

1967年

『一九八四年』（124ページ）や『真昼の暗黒』（225ページ）によって全体主義への興味をかき立てられたボウイは、そのテーマに関するものをある程度読み漁っていたようだ。エヴゲーニヤ・ギンズブルグの第1作は、1930～40年代にスターリン政権下で収容、追放された18年間の回想録だ。ソルジェニーツィンの『収容所群島』とともに、この本はオーランドー・ファイジズ（239ページ）が『ヒストリー・ワークショップ・ジャーナル』誌で言ったところの「知識人の生存の物語」のひとつであり、実際の出来事の数十年後に世に出たこれらの本は、私たちが当時のソヴィエトの暮らしを知るための主要な情報源となっている。

『明るい夜 暗い昼――女性たちのソ連強制収容所』（中田甫訳、集英社文庫）は1967年にイギリスで出版された。歴史家ロバート・コンクエストの『スターリンの恐怖政治』が出る前年のことだ。コンクエストの本は、フルシチョフが公開したばかりの記録資料をもとに、スターリンの人道に対する罪の恐ろしさ、さらには見て見ぬふりをしていたイギリスの知識人たちの共犯関係について暴露した。ボウイが『明るい夜 暗い昼』と出合ったのはこのときかもしれない。

そうだとしたら、『スペイス・オディティ』の「シグネット・コミティー」を書いたとき、心の片隅にそれがあったのかもしれない。この曲の曖昧な物語で語られるユートピアは、ボウイが『インタヴュー』誌に語ったところによれば、「自分を左派だと思っている準資本家」によって打ち砕かれるのだ。

ジャーナリストで歴史学の教授だったギンズブルグは、忠実な共産党員だったが、スターリンの右腕セルゲイ・キーロフの暗殺に端を発する大粛清のあいだに党から除名され、テロの罪で逮捕された。彼女の夫は、彼女を逮捕するなら党の全員を逮捕しなければいけないだろうと言っていた。しかしそれこそが肝心な点なのだ。罪を犯していようがいまいが関係なく、たとえ何のことだかさっぱりわからなくても、やはり有罪なのである。ギンズブルグは、キーロフのことは知らない、彼が暗殺されたレニングラードに住んだことはない、と抗議したが、そんなことは関係ない、彼はあなたと考え方をともにする者たちによって殺されたのであり、それゆえあなたは倫理的に、刑法的に有罪となるのだ、と言われるだけだった。

悪名高きコルイマの収容所からは1949年に解放されたが、ギンズブルグは追放の身のままで、マガダンの町にとどまらなければならなかった。最初の夫は彼女が収容されていたあいだに亡くなったため、彼女はそこで再婚し、娘をひとり養子として迎え入れた。1955年に「名誉回復」がなされると、ようやくモスクワに移り、そこで『明るい夜暗い昼』とその続編（1982年刊）を書いた。

『真昼の暗黒』を思い出させるのは、ギンズブルグと同房者のリャーマが、壁を叩く音を暗号にして、ほかの囚人たちとコミュニケーションをとる場面だ。ギンズブルグは、かつてある回想録で読んだ暗号をすべて思い出したのだった。人間の記憶力は孤独と孤立によってどれほど鋭くなるものかと、彼女は驚く。収容と強制労働の最も恐ろしい瞬間も克明に覚えている彼女の記憶力は、『明るい夜 暗い昼』が並外れた作品になった一因である。人格を奪われる苦しみがこれほど痛切に記されているものはほかにない。

これを聴きながら 「Chant of the Ever Circling Skeletal Family」

気に入ったら、これも アレクサンドル・ソルジェニーツィン『イワン・デニーソヴィチの一日』（木村浩訳、新潮文庫）

78 Tales of Beatnik Glory エド・サンダース 1975年

いまも詩人、作家として活躍しているエド・サンダースは、大西洋の両岸でカウンターカルチャーの寵児となった政治風刺的なニューヨークの前衛フォーク集団、ファッグスの創設メンバーである。ポール・マッカートニーは早くから彼らのファンだったが、そのきっかけは1966年に友人のバリー・マイルズから紹介されたことだった。マイルズがロンドンのセント・ジェームズで経営していたインディカ・ブックショップ・アンド・ギャラリーは、カウンターカルチャーの中心地で、マッカートニーの当時の恋人だった女優のジェーン・アッシャーの兄、ピーター・アッシャーが共同所有者だった。マッカートニーがそこで最初に買った本のひとつは、エド・サンダースの*Peace Eye Poems*（ピース・アイ詩集）だ。マッカートニーは、サインをせがまれると、ファッグスの創設メンバーであるパーカッショニストの名前を借りて、「トゥリ・カッファーバーグ」とサインすることがあったという。ボウイがファッグスに出合ったのも同じころで、当時のマネージャーのケネス・ピットから彼らのセルフタイトルのアルバムをもらった。ボウイは『ヴァニティ・フェア』誌で、彼らを「史上最も叙情的な爆発力を持つアンダーグラウンド・バンドのひとつ」と評していて、たしかにそんな感じだ。（彼の頭には、1968年のアルバム『*It Crawled into My Hand, Honest*』に収録されている「ワイド、ワイド・リバー」、通称「糞の川《River of Shit》」があったのだろう）。サンダースはほかにも多くのことに手を出していて、たとえばニューヨークのロウアー・イースト・サイドでピース・アイ・ブックストアを経営したり、ラディカルな雑誌*Fuck You/A Magazine of the Arts*を創刊したり、詩の朗読の伴奏に使う「パルス・ライア」などの楽器を発明したりしていた。

もともと2冊の分冊だった*Tales of Beatnik Glory*（ビートニクの栄光の物語）は、短編小説と短編幽霊詩《ショストゴポ》（「ショート・ストーリー・ゴースト・ポエム」）のコレクションで、舞台は黄金時代――大まかに1960〜70年――のロウアー・イースト・サイドだ。当時は「ビートの闘士」の面々がピース・アイに集まり、サンダースいわく「合衆国憲法で保障されているが行使されていない自由がたんまりある」という認識のもとに結びついていた。物語のある種の主人公は、詩人で映画監督のサム・トーマスで、サンダース自身を反映したキャラクターだ。彼が住むロウアー・イースト・サイドは「現実」のロウアー・イースト・サイドに近いこともある。一方、アナーキスト・コール・コレクティヴなる者たちがルミナス・アニマル・シアターなる場所を訪れる「空想」のロウアー・イースト・サイドであることもある。しかしそこはいつも、「貪欲と強欲と戦争」を前にしながらも、混沌とコミュニティ、ユートピアの可能性を向こう見ずに称えている場所だ。

これを聴きながら

理想を言えば、ボウイが初期に参加したバンドのライオット・スクワッドとともにライヴ演奏するファッグスの「Dirty Old Man」——しかし残念ながらそのようなレコーディングはない。

気に入ったら、これも

エド・サンダース *Fug You: An Informal History of the Peace Eye Bookstore, the Fuck You Press, the Fugs, and Counterculture in the Lower East Side*

Bowie's Book

79

北緯四十二度線

ジョン・ドス・パソス

1930年

　ボウイもきっとそうだったように、20世紀初めの数十年のアメリカを理解したいなら、これはそのとっかかりにふさわしい。つまるところ、ロックンロールはどこから発生したのか？今日でほとんど読まれていないが、出版時には大絶賛を浴びた『北緯四十二度線』（『U.S.A.』1・2所収、渡辺利雄・平野信行・島田太郎訳、岩波文庫）は、コラージュやモンタージュ、奇抜なタイポグラフィなど、視覚芸術のモダニズムのテクニックを使い――ジョン・ドス・パソスは画家でもあり、自身の本のカバーをデザインしていた――暗い自然主義の世界観を表現している。ドス・パソスの父親は企業弁護士で、ポルトガル移民の息子だった。最初の妻と別居していたときにヴァージニア出身の未亡人と関係を持ち、1896年にジョンが生まれた。二人が結婚したのは1910年のことで、それまでにジョンは教育のためにヨーロッパに送り出されたりもしていた。孤独な巡歴の子ども時代を送った彼にとっては、本だけが慰めだった。

　第一次世界大戦――ドス・パソスは救急車運転手を務めた――の前段階が舞台の『北緯四十二度線』は、大それた名前の巨編『U.S.A.』3部作の第1部である――『一九一九年』（1932年）と『ビッグ・マネー』（1936年）がそれに続く。「ふつうの」語りのパートは、絡み合う12人の人生をたどる。元セールスマンの印刷工で、左派政治に関わり、革命家になるべく妻と子どもを捨ててメキシコへ行く〝マック〟・マクリアリーや、傲慢なインテリアデザイナーのエレノア・ストッダードなどだ。しかしドス・パソスにとって、小説を書くこととはある種の高度なジャーナリズムであり、国の病を診断せんとするものにほかならない。そのため、彼はドキュメンタリーの素材をあちこちに差し挟む。68節ある「ニュース映画」は、新聞の見出しや内容、ポピュラーソングの断片からなる。51節ある「カメラの目」という意識の流れのパートは、作者自らの人生をそれとなく伝える。そして、有名な男性たち（ヘンリー・フォード、ウッドロー・ウィルソン）および一人の女性（イザドラ・ダンカン）の少しふざけた不思議な伝記的点描が27節ある。

ドス・パソスは作品をできるかぎり確かなものにするべく調査に全力を注いだ。マルカム・カウリーによれば、彼は鉄道でアメリカ中を巡り、カロライナの紡績工場やケンタッキーの炭田――社会動乱がありそうだと感じたところならどこでも――を訪れていたという。信じがたいのは、この社会正義の戦士がやがてマルクス主義を捨てて極端な右派リバタリアニズムに転じ、『ナショナル・レヴュー』誌に寄稿したり、バリー・ゴールドウォーターやリチャード・ニクソンを応援したりするようになったことだ。

しかし、『U.S.A.』3部作においては、活かされることのない素質、労資の対立――ふつうの男性たち、女性たちが富や成功を追い求めるあまりに粉々になっていく有様――がテーマになっている。これはボウイが「ヤング・アメリカンズ」で掘り下げた領域だ。この痛切なスプリングスティーン風の物語に登場する流れ者は、若い女性を妊娠させたのち、やがて日常に絶望するようになる。富める者と貧しい者のあからさまな対比――ボウイはスイートを、彼は敗北《ディフィート》を手にする――は感情を麻痺させるもので、ついに彼はどんな曲を聴いても泣き崩れることができなくなる。

これを聴きながら 「Young Americans」

気に入ったら、これも ジョン・ドス・パソス『マンハッタン乗換駅』（西田実訳、中央公論社）

80

スウィート・ソウル・ミュージック

ピーター・グラルニック

1986年

10代のころからソウルミュージックの大ファンだったボウイは、『ダイアモンドの犬』(「1984年」、「美しきもの」)で初めて自身の音楽にソウルの要素を取り入れた。このアルバムに伴う米国ツアーは、次第に黒っぽくなっていき、やがてルーサー・ヴァンドロスやボウイの当時のガールフレンドのエイヴァ・チェリーなどの黒人シンガーを加えた完全なソウルレヴューに変わった。ボウイのバンドのギタリストを長年務めたカルロス・アロマーは、ボウイのアフリカンアメリカン音楽に関する膨大な知識に驚いたという。ボウイはジェームズ・ブラウンの『ライヴ・アット・ジ・アポロ』(1963年)がお気に入りだったから、1974年4月のルルのレコーディングセッションでアロマー(アポロのハウスバンドで演奏していて、ブラウンのほかにウィルソン・ピケットやベン・E・キングともツアーをまわったことがあった)と出会ったあと、彼にアポロへ連れていってもらって興奮した。アロマーは『ヤング・アメリカンズ』のプロジェクトをまとめ上げた中心人物で、このレコーディングは主にフィラデルフィアのシグマ・サウンドで行われた。ボウイはそのスタジオを使った最初の白人アーティストのひとりとなった。

『ヤング・アメリカンズ』はボウイを米国でスターにした。当時のインタヴューで彼はこのアルバムについて複雑な感情を示していて、「プラスティック・ソウル」だと自己嫌悪的に言う一方で、過去の作品にはなかった正直な感情があるとも言っている。『メロディ・メイカー』誌に語っているところによれば、『ヤング・アメリカンズ』以前は「サイエンスフィクションの様式」を用いていた。「概念や観念、理論を示そうとしていたから」だ。しかし『ヤング・アメリカンズ』は違う――「感情的な衝動だけ」なのだ。

この感情的な衝動の源泉は、音楽史家のピーター・グラルニックが『スウィート・ソウル・ミュージック――リズム・アンド・ブルースと南部の自由への夢』（新井崇嗣訳、シンコーミュージック）で追い求めたものだ。深い調査にもとづいたこの魅惑的な本は、ソウルを生んだ時代と環境を描き出したもので、グラルニックはその音楽をこう厳密に定義している。すなわちそれは、ゴスペルを世俗的にしたもので、主にメンフィス、メイコン、マッスル・ショールズの「サザン・ソウル・トライアングル」で制作され、レイ・チャールズの成功を受けて1954年以降人気になった。その後、公民権運動とともに、1960年代前半にピークに達した。そして1970年代になると、スタックスなどのレーベルの原動力になっていた無邪気で混沌とした熱狂が薄らぎ、ひとつの創造的な勢力として消費されるようになった。

ジェームズ・ブラウン、ソロモン・バーク、アレサ・フランクリン、オーティス・レディング、サム・クック……グラルニックはそれぞれの横顔を丁寧に描き出していくが、彼が特に惹かれているのは、絶頂期に悲劇的な最期を迎えたクックだ――「史上最高の歌手。以上」と、元ジャーナリストでプロデューサーに転身したジェリー・ウェクスラーは言っている。（ウェクスラーは「リズム・アンド・ブルーズ」という言葉の生みの親で、アーメット・アーティガンとともに、フランクリンやウィルソン・ピケットなどの力を借りながら、アトランティックをアメリカ有数のレコードレーベルにした人物である）。

『スウィート・ソウル・ミュージック』は学術的で啓蒙的であり、視点がいくぶん男性的だ。これと似た本でありながら、モータウンまで範囲を広げ、ダイアナ・ロスやメアリー・ウェルズ、グラディス・ナイト、マーヴェレッツなどを取り上げた、より楽し気なジェリー・ハーシーの*Nowhere to Run*（246ページ）とは趣が異なる。グラルニックは厳格な感じがあり、モータウンを意気地なく白人のオーディエンスに言い寄っていると考えて軽蔑しているし、『スウィート・ソウル・ミュージック』の執筆は黒人ミュージシャンに関する自分のうぶで夢見がちな思い込みを捨て去る作業になったとも言っている。

グラルニックが真骨頂を発揮するのは個々の曲にフォーカスするときだ。たとえば、オリオールズの1953年のヒット曲で、ゴスペルとR&Bの境を曖昧にした「涙のチャペル」。また、オーティス・レディングとギタリストのスティーヴ・クロッパーが「ドック・オブ・ベイ」（ビートルズにインスパイアされたこの曲は、1967年にレディングが亡くなったあと、全米ナンバーワンヒットになった）をスタジオで手早くつくり上げた際の地元紙による素晴らしい報告も含まれている。1974年にスタックスのスタンダード曲「ノック・オン・ウッド」（オリジナルはエディ・フロイドだが、レディングとカーラ・トーマスが1967年のアルバム『キング&クイーン』で胸躍るカバーを披露した）をイギリスでヒットさせたボウイは、これを楽しく読んだことだろう。

これを聴きながら 「Win」

気に入ったら、これも ピーター・グラルニック『エルヴィス伝——復活後の軌跡 1958-1977』（三井徹訳、みすず書房）

81

ソングライン

ブルース・チャトウィン

1987年

ボウイはオーストラリアが大好きで、1983年から1992年までシドニーのエリザベス・ベイの海辺にアパートを持っていた。彼はそこに行くとだいたい1ヵ月滞在し、アウトバックやクイーンズランド北部の熱帯雨林を訪れるための拠点にしていた。1983年の初めには、この国で「レッツ・ダンス」と「チャイナ・ガール」のビデオを撮影した。前者は、力強く、ときにシュールな政治的寓話で、白人によるアボリジナル文化の破壊に対するボウイの懸念が示されていた。終盤の場面では、巨大な太陽を背に、ボウイがひとりギターを持って僻地の砂漠に立っている。くしゃくしゃのブロンドの髪で、まるでブルース・チャトウィンのように見えるが、『パタゴニア』などの著作でイギリスの紀行文をつくり変えたそのハンサムで博識なストーリーテラーは、ちょうどそのころオーストラリアにいて、画期的な作品『ソングライン』（北田絵里子訳、英治出版）のための調査をしていた……。

断片的でとらえがたい『ソングライン』は、回想録とフィクションの境を曖昧にしながら、著者が1980年代初めから中頃にオーストラリアで流浪のアボリジナルの伝統について学んだときのことを語っていく。チャトウィンが特に興味を抱いているのは、さまざまな語派のアボリジナルの先祖たちが移動をしながら国中に残してきた迷路のような見えない道、「ソングライン」だ。アボリジナルの人々は、歩きながら、文字どおり歌を歌って土地を出現させていた。歌うことで、神聖な空間に名前と物語を与え、そうして単調な砂漠を何百マイルも移動できるようにしていたのである。

チャールズ・ブルース・チャトウィンは、事務弁護士の長男として、1940年にシェフィールドで生まれた。オークション会社のサザビーズで長年働いたのち、考古学の勉強をはじめたが、結局それはあきらめ、作家としてのキャリアを追求するようになった。友人たちによれば、彼はチャーミングで、自信に満ちた、楽しい人で、よくしゃべり、すぐに人と親しくなれたという。映画監督のジェームズ・アイヴォリーは、「少し現実感のない、美しく、穏やかな男の子」と見事に評している。しかし彼は憂鬱な孤独好きの人間でもあり、突然予告なく姿を消してしまうこともあった。強迫観念にとらわれたかのように妻を裏切り、男性とも女性とも関係を持った彼は、1989年にエイズで亡くなったが、友人たちには中国で特殊な菌に感染したのだと言っていた。

死後、チャトウィンの評判は下落した。彼が著作のなかで語っていた、偶然に満ちた感動的な体験の一部が、誇張されていたり、さらには捏造されていたりしていたことが明らかになったためだ。これはこの作家にとって冷酷な仕打ちに思える。何しろ彼は「事実」にさほど興味がなかったのだから。『ソングライン』は、チャトウィンのほかのすべての作品と同じように、「旅はいつも多かれ少なかれ錯覚だ」というホルヘ・ルイス・ボルヘスの金言に根差したものであり、この本のファンにしてみれば、人類学的な現実を根拠にしているかということよりも、感動を呼び起こす力のほうが重要なのだ。チャトウィン自身、フィクションとノンフィクションの境界線は気まぐれであり、自分の人生の真実と嘘の境界線と同じようなものだと考えていた。多くの人に模倣されている彼の文体は、無駄がなく、綿密だ。何かを明かすのと同じくらい、何かを隠している。

チャトウィンはひとつの場所に長くとどまることができず、すべての人間は自分と同じくらい落ち着きがないということを証明したかったようだ。ボウイは決して流浪の人ではなかったが、根なし草であることと芸術的な成功には関係があるというロマンティックな考えを口先では支持していた。「僕はどこにも住みたくない」と、彼は１９７７年に『ＮＭＥ』誌のチャールズ・シャー・マリーに言っていて、これはちょうどチャトウィンの『パタゴニア』が出版されて絶賛を浴びたのと同じ年だ。（ボウイはこの本を読んでいた、あるいはこの本について読んでいたのだろうか？）。「拠点というものから完全に自由にならないといけない。拠点のようなもの——長期賃貸のアパートとか——があると、すごく閉じ込められている感じがした」。旅にとりつかれた旅人の心理に関するエリザベス・ボウエンの見解——人はアウェイ感を抱くとき、アウェイな場所にいるほうが気楽でほっとする——をマリーが引き合いに出すと、ボウイの目は「これだ、というようにきらめいた」という。彼は、移動せずにはいられない「旅する男《travelling man》」を、旅をテーマのひとつにした次のアルバム『ロジャー』で称えることになる。

これを聴きながら 「Move On」

気に入ったら、これも ブルース・チャトウィン『パタゴニア』(芹沢真理子訳、河出文庫)

82

性のペルソナ

カミール・パーリア

1990年

アメリカの学者カミール・パーリアによる分野横断的なベストセラーは花火のように華々しく読書界に登場した。ボウイは自分について書かれたものを読むのが好きだったから、この本に自分の名前がひょっこり出てくることを喜んでいただろう。ここではボウイの「中性化」された宇宙人的風貌（『地球に落ちて来た男』のころ）がオーブリー・ビアズリーの「いやな目つきの妖精」と比較され、パーリアが言うところの「服装倒錯期」はマネキンのアンドロイドにたとえられている——服装倒錯期というのは変な表現に思えるが、骸骨のような『ヤング・アメリカンズ』の時期のことだろう。

この本は、文化は無意味な破片に砕け散ったというボウイのお気に入りの理論には賛同していないものの、彼の世界観と共鳴するところがたくさんある。パーリアの考えでは、西洋の芸術は、秩序立った男根崇拝のアポロ型と、破壊を伴う「冥界的」なディオニュソス型のあいだで揺れ動いている。西洋文化の門番たち——学者、アートジャーナリストなど——は、暴力や性に注目するこのディオニュソス型を認めたがらない。しかし、これは愚かなことだと、パーリアは主張する。道徳を超えた本能的な生はあっさり無視できるものではないし、ボウイは明らかにそれを無視していなかった。彼は自らを、ヴェルヴェット・アンダーグラウンド、シュルレアリスム、『ボヴァリー夫人』（71ページ）、『時計じかけのオレンジ』（32ページ）を包含するディオニュソス型の伝統のなかに置いていた。

『性のペルソナ――古代エジプトから19世紀末までの芸術とデカダンス』（鈴木晶ほか訳、河出書房新社）が出版されたとき、パーリアはフィラデルフィア芸術大学の非常勤の教授だった。1960年代後半から取り組んできた素材をもとにしたこの本は、出版社を見つけるのに9年かかった。発売されると、彼女はたちまちセンセーションを巻き起こした。新聞やテレビにたび登場し、世界中とは言わないまでも、米国で最も有名な学者になった。フェミニストに嚙みついた（「文明が女性の手に委ねられていたら、私たちはいまも草ぶき小屋で暮らしていただろう」）ことも、彼女の名声を高めるばかりだった。

パーリアに入れ込んでいたボウイは、1995年、「ウィ・プリック・ユー」に彼女の声のサンプルを提供してもらいたいと思った。しかし、彼女は電話を返してくれなかったと、ボウイはのちに『タイム・アウト』誌に語っている。「アシスタントを通して『本当にデヴィッド・ボウイなのか、もしそうだとして、大事な話なのか？』と言ってくるばかりだから、あきらめることにした。彼女のパートは自分でやることにした」。

この残念な誤解の埋め合わせをするように、パーリアはボウイのV&Aの展示のオフィシャルブックに「ジェンダーの劇場」という読み応えのあるエッセイを寄せた。

これを聴きながら 「We Prick You」

気に入ったら、これも カミール・パーリア Vamps & Tramps

Bowie's Book

83

The American Way of Death | ジェシカ・ミットフォード | 1963年

フランシス・ベイコンはデイヴィッド・シルヴェスター（168ページ）に、自分はいつも死の存在を感じていると言った。なぜなら生《せい》が自分を刺激するからで、生に刺激されるのであれば、その裏面や対極のものにも刺激されるだろう、ということだった。

生はデヴィッド・ボウイを刺激していた。だからこそ彼は、アメリカの葬儀業界の腐敗を入念に調査し、暴露した、ジェシカ・ミットフォードのブラックな笑いのある本を気に入ったのだろう。この本は、発売から50年以上が経ったいまでも衝撃的だ。

ジェシカ――愛称「デッカ」――はミットフォード姉妹〔イギリスのリーズデイル男爵ミットフォード家の6人姉妹で、それぞれが波瀾万丈の人生を送った〕のひとりで、ラディカルな左派の彼女は19歳のときに家を出てスペイン内戦に身を投じた――そのときまず、父のツケにしてカメラを買ったという。その後彼女は米国に移り、40代後半でジャーナリストとしてのキャリアをスタートさせた。*The American Way of Death*（アメリカ式の死に方）は社会的慣例の裏をのぞき込むもので、そこで目にするのはぞっとする実態だ――悲しみに打ちひしがれた、無防備な人たちが金を巻き上げられているのである。なぜ人は、18ゲージの鉛メッキ鋼を重ね溶接した美しいコロニアル様式の棺に何百ドルも払おうとするのか？　なぜ死装束デザインのスペシャリストのもとを訪れるのか？　なぜ「愛する人《ラヴド・ワン》」（業界ではそう言う）に防腐処置《エンバーミング》を施し、遺体が滑らないように調整機能付きソフトフォームベッドで支え、モーテルの部屋であるかのようにその「寝室」の料金を払うのか？

ミットフォードは、「死化粧《メモリー・ピクチャー》」の重要性を強調する心理学理論に嘲笑を浴びせている。何しろそれが意味するのは、棺を開けて見るホラーショーであり、故人は非人間化の防腐処置と厚化粧を施され、その人とはわからない姿に変えられているのだ。こういったことはヨーロッパにはなかった——少なくとも当時は。どうしてアメリカの葬式は、50年のあいだに、きわめて簡素で家庭的なものから、グロテスクで過剰なカーニバルに変わってしまったのだろうか？

The American Way of Death が出る前、葬儀場で何が起こっているかを知る人はほとんどいなかった。ミットフォードは、針、ポンプ、椀、たらいについて、ペースト、スプレー、オイル、クリームについて伝えた。その結果、この本は国際的なベストセラーになり、彼女は当代有数の根気あるジャーナリストという評判を得た。

これを聴きながら　「My Death」（ジャック・ブレルの曲のカバー）

気に入ったら、これも　メアリー・ローチ『死体はみんな生きている』（殿村直子訳、NHK出版）

84 洪水の前
オットー・フリードリク
1972年

華麗なヴァイマル期のベルリンの生活を万華鏡のように描いたオットー・フリードリクの『洪水の前――ベルリンの1920年代』（千葉雄一訳、新書館）は、ボウイとイギー・ポップにとって、1976年にLAからベルリンに引っ越す前の必読書だっただろう。「ドラッグで何度も大変なことになりかけて、何らかの前向きな行動をとる必要があった」と、ボウイは1999年に『アンカット』誌に語っている。「以前から、ある種の避難所のような場所としてベルリンに興味をそそられていた」。

ヴァイマル共和国は、第一次世界大戦と皇帝の退位のあと、フリードリヒ・エーベルト首相が新しい民主的な憲法を制定したことで誕生した。すべてのドイツ人にあらゆる表現の自由を保障したその体制は、よりオープンで寛容な社会の青写真のように思われた。しかし、その憲法には大きな欠陥があった。比例代表制や48条の非常事態権限のような革新的と思われたものは、ドイツを混乱から守ることはできず、最終的に1933年1月30日のナチスによる権力掌握につながった。

1920年代のベルリンは絶えず変動する街だった。一連の政治的および経済的危機、特にハイパーインフレーション——1923年11月にはパン一個の値段が2000億マルクにまで上がった——が、犯罪、売春、反ユダヤ主義を煽った。一方、これらの危機は濃密な文化的、学問的活動の時代を導くことにもなった。その糧は多様な性的狂騒だったようで、ベルリンのバーやキャバレーは悪名をとどろかせていた。

『洪水の前』は、ジョセフ・フォン・スタンバーグの映画、ベルトルト・ブレヒトの戯曲、アルノルト・シェーンベルクの無調音楽、ジョージ・グロスの猥褻な風刺画についての、快楽主義者向け短期集中講座である。のちにブレヒトの1918年の戯曲『バール』に出演することになるボウイは、この本を通じて、ブレヒトにとってのベルリンの重要性を知るとともに、劇場監督エルヴィン・ピスカトールとバウハウスの創立者ヴァルター・グロピウスによる「全体演劇」——回転式の舞台と座席、映画のスクリーン、コーラス隊が観客を囲むように登場するための地下通路などを用いた360度の体験——のアイデアと、自らが催したかったロックスペクタクルの点と点を結びつけたのだろう。

両大戦間のベルリンには、ジークムント・フロイトやアルベルト・アインシュタインが住んでいた。また、ウラジーミル・ナボコフも暮らしていて、シーリンという筆名で、『カメラ・オブスクーラ』、『絶望』、『賜物《たまもの》』などの「ベルリン小説」を発表していた。フリードリクは『賜物』を引用しており、ひょっとするとボウイはそれを読んだときに、グルーネヴァルトの浜辺で太陽に舐められるナボコフのイメージを焼きつけられ、後年の「アイド・ラザー・ビー・ハイ」

で使ったのかもしれない。その小説の主人公のフォードルは、ベルリンの外れにあるその湖畔の景勝地で日光浴をする人々のあいだを歩き、横になっている老人たちの腫れた脚を見る。そして自らも横になり、肌を舐める太陽のありがたみを感じる。ボウイの曲では、もちろん、ナボコフはモントルーのホテルに引きこもる老人（62ページ）ではなく、人生の盛りにある。光り輝き、裸で、褐色に焼けた彼は、才能を育てるベルリンの力を称えている。

これを聴きながら 「Neukölln」

気に入ったら、これも メル・ゴードン *Voluptuous Panic: The Erotic World of Weimar Berlin*

85 Private Eye

1961年〜現在

『ザ・グーン・ショー』（356ページ、スパイク・ミリガン）の熱烈なファンだったボウイは、1960年代初めのイギリスの「風刺ブーム」への準備ができていた。そのブームの最初期の例は1960年の夏にエディンバラ・フェスティヴァルで初演されたレヴュー *Beyond the Fringe*（フリンジをこえて）で、その大部分を書いたピーター・クックは翌年の10月にソーホーのグリーク・ストリートに自身のナイトクラブ「ジ・エスタブリッシュメント」をオープンした。（クックと *Beyond the Fringe* の仲間のダドリー・ムーアによる卑猥な「デレク・アンド・クライヴ」のネタは、ボウイを含め、イギリスのロックスターたちに愛されていた）。

Private Eye 誌が同じころに登場したのは偶然ではない。そういう空気があったのだ――時代遅れで無能なマクミラン内閣への不満、上の世代が味わい続けているらしい戦争ノスタルジアへの嫌気。皮肉なことに、*Private Eye* の創刊者――リチャード・イングラムズ、クリストファー・ブッカー、ウィリー・ラッシュトン――は、階級に属さない因習打破主義者ではなく、パブリックスクールで教育を受けた厭世家であり、*Beyond the Fringe* の面々との関係は当初

は敵対的だった。しかしまもなくクックが入り込んできて、ビジネスパートナーとともに、1962年の夏にこの雑誌を買収した。

初期の号は素人臭いもので、ケンジントンの屋敷で黄色い紙をホッチキス留めし、ファッショナブルな西ロンドンのレストランやカフェ（フォークシーンで有名なトルバドゥールなど）で売っていた。ボウイが Private Eye を楽しめる年齢になったころ（15歳になった1962年だとすると、この隔週刊の雑誌は2週間で4万6000部売れていた）、その最大の魅力は体制順応的な郊外の価値観の拒絶にあっただろう。歴史家のドミニク・サンドブルックが言っているように、*Private Eye* のライターたちは、下位中産階級の人々の考え方をからかい、退屈さと愚かさの典型としてニーズデンの郊外を使ったのである。

ボウイの家族はそれに比べてなかなか面白い人たちだった。父親はソーホーでナイトクラブを経営していたこともあり、その後丸くなってしまったとはいえ、ボヘミアンらしい尖ったところがあったのだろうと感じさせた。しかし、だからと言って、ブロムリーがニーズデンよりましだったということではない。逆に、やはりブロムリーで育った『郊外のブッダ』の著者のハニフ・クレイシなどは、そこは「果てしないゾンビのような退屈さと落ち着かなさ」が渦巻く場所だったと『ガーディアン』紙に書いている。

ボウイの友人のジョージ・アンダーウッドは、ボウイはマンハッタンに住んでいたときも *Private Eye* を購読し続けていた「可能性が高い」と言い、ゲイリー・ブロークという老いたロックスターの災難を描いた連載漫画 *Celeb* を楽しんでいただろうと考えている。

これを聴きながら 「Buddha of Suburbia」

気に入ったら、これも ピーター・クック *Tragically I Was an Only Twin*

Bowie's Book

86

引き裂かれた自己

R・D・レイン

1960年

「2週間に一度、僕たちはサンドイッチとリンゴを詰めた箱や、新しいシャツやなんかを持って行く。彼の洗濯物をもらう。彼は僕たちに会っていつもすごくうれしそうだけど、何も言わない。一日中ただそこの芝生に横になって、空を見ているだけだ」

デヴィッド・ボウイ、異父兄テリーのお見舞いについて

1960年代のイギリスにおいて、精神疾患の患者の一般的な治療法は、広大な施設に隔離して、投薬するというものだった。そういった施設のひとつ、南ロンドンのケイン・ヒル病院は、すでに取り壊されているが、『世界を売った男』の米国版のジャケットで漫画化されて永遠の命を与えられている。統合失調症だったボウイの異父兄のテリーは、短縮されてしまった人生の長い期間をそこで過ごした。

『引き裂かれた自己――狂気の現象学』（天野衛訳、ちくま学芸文庫）を書いたスコットランドの精神科医ロナルド・デイヴィッド・レインの考えでは、こうしたアプローチは残酷であるだけ

でなく、誤りだった。彼は社会環境こそが何より重要だと考えていた。とりわけ、異常な家族関係が、一部の子どもに「存在論的不安」、最終的に精神病につながる壊れやすい自意識をもたらしうる、と。ボウィは自分の幼少期の環境について心配していたようだ。

「感情的、精神的に傷つけるということが、僕の家族ではひどくたくさん起こっていたと思う」と、彼は『インタヴュー』誌に語っている。そのとき頭にあったのは、10歳年上のテリーがボウィの父親（テリーの継父）に怒鳴りつけられ、のけ者にされていたことかもしれない。ボウィは1977年に『クロウダディ』誌に、テリーは「めちゃくちゃ泣いていた。もう大人なんだからそんなことしないだろうというような年齢のときに」と明かしている。当時の生物学的精神医学の主潮は、統合失調症患者とコミュニケーションをとろうとしても無駄だというものだった。しかしレインは、逆に、彼らの「言葉のサラダ」（脈絡のない言葉からなる支離滅裂な発言）を理解しようとすることが不可欠だと考えた。それは私たちに何かを、ひょっとしたら彼らの状態の「真実」を伝えるものかもしれないのだから。

1960年代、「反精神医学」運動の重要人物となったレインは、精神障害に対する世論を変え、強制的な入院をやめさせるべく身を捧げた。彼はカウンターカルチャーのなかでシャーマンのような存在になり（『インターナショナル・タイムズ』紙の1969年7月4日号では、レインの2ページにわたるインタヴューがミック・ジャガーのインタヴューより高い序列にある）、LSDを使ってショーン・コネリーのストレスを治療したり、ベルグレイヴィアのワールド・サイケデリック・センターでポール・マッカートニーと一緒に過ごしたりしていた。1

967年には、ラウンドハウスで開かれた「解放の弁証法」会議——あるジャーナリストがふざけて言ったところの「地球上のすべての問題を解決」しようとする当代最良とされる知の集まり——で講演を行った。レインはまた、キングズリー・ホール——東ロンドンの彼のコミューンのような「安全な避難所」——でのハプニング〔1960年代に流行したパフォーマンス、アートイベント〕に華やかな教養人たちを集めた。

ボウイが敬愛していたピンク・フロイドのシド・バレットは、LSDの大量摂取によって、潜在していた精神病が発症した。マネージャーのピーター・ジェナーは彼をレインのもとへ連れていったが、治療はうまくいかなかった。ボウイは、「狂った者たちと遊んでいるほうがいい／自由にほっつき歩く哀れな者たちと死ぬよりも」〔「オール・ザ・マッドメン」〕と書いたとき、「正常」な状態とはエクスタシーの可能性の拒絶だというレインの考えに同調していた。レインによれば、統合失調症とは平凡な堅物には理解できない超越状態だ。ビートルズの「ストロベリー・フィールズ・フォーエバー」やピンク・フロイドの「シー・エミリー・プレイ」（ボウイが『ピンナップス』でカバーした）、RCA以前のボウイの「僕が5才の時」や「幸福の国」などの、LSDの白昼夢のような曲で称えられている、ノスタルジックで、子ども時代への執着に満ちた、終わりなき夏の夢のような状態に属するものである。

中年期にボウイは、多くの人が昔から思っていたことを認めた。つまり、彼の休むことのない創造性は、狂気になりかねない躁状態を制御、活用する手段であるということだ。「自分にかなり心理的ダメージをかけて、精神障害の危険を避ける」と、彼は1993年にBBCに告白している。「自分は［家族のなかで］幸運だと感じていた。なぜなら僕はアーティストで、そういうことは自分の身には起こらないだろうから。精神的に過剰なところをすべて音楽に注ぎ込めて、そうすればいつでもそれを追い払えるから」。

これを聴きながら 「See Emily Play」（ピンク・フロイドの曲のカバー）

気に入ったら、これも R・D・レイン『経験の政治学』（笠原嘉・塚本嘉寿訳、みすず書房）

Bowie's Book

87

かくれた説得者
ヴァンス・パッカード
1957年

1964年、ソーホー。髪を短くした少年たちと青白い顔の少女たちが、ハム・ヤードの「ザ・シーン」などのクラブに繰り出し、最新のR&Bを漁り、ブルーズを貪っていた――そのような音楽は彼らを一晩中踊らせるアンフェタミンだった。17歳のデヴィッド・ジョーンズは、この新興のモッズシーンで忙しくしており、コンラッズとキング・ビーズという二つのそれなりのバンドでライヴ活動に精を出していた。そしてそれ以外のとき、未来のデヴィッド・ボウイは、イタリア式の三つボタンのスーツと1インチ幅のネクタイと同じくらい洒落た感じがする生活費稼ぎの仕事にいそしんでいた。ソーホーのニュー・ボンド・ストリートの広告代理店、ネヴィン・D・ハーストでレイアウトの仕事をしていたのである。

のちにボウイは、ハーストでの短いあいだの仕事は「大嫌い」だったと言っている。それは三流の仕事であり、最大の顧客はダイエットビスケットの製造会社だった。とはいえ、売ることとの短期集中講座として、それは実に貴重な経験だった。とりわけ、1985年に、コリン・マッキネスのソーホーを舞台にした小説 *Absolute Beginners*（まったくの初心者たち、1958年）のジュリアン・テンプルによる映画版〔邦題は『ビギナーズ』〕で、いやらしい広告代理店の重役ヴェンディス・パートナーズを演じることになったときは。ボウイの伝記を書いたポール・トリンカに言わせれば、その仕事の経験によってボウイは「自称専門家として、デザイン、マーケティング、市場操作の世界に意見を言う」お墨付きを得ることにもなった。1975年の『クリーム』誌のインタヴューで、ボウイはこう毒々しく明かしている。「僕は広告代理店でレイアウトの仕事をしていたから、よくわかってる――つまり、広告代理店のことだけど、連中はとんでもないんだ。やつらは、誰にでも何でも売ることができる。制作物だけじゃない。代理店が制作物だけを売っていると思ってるなら、それはお人よしすぎる。連中が強大なのはほかに理由がある。ああいう代理店の多くが、扱うべきではないものをたくさん扱ってる。連中は人の人生を扱ってるんだ、ああいう広告代理店は」。

マッキネスのロンドン3部作の第2作である*Absolute Beginners*は、二つの新しい概念を称えている。ティーンエイジャーと多文化主義だ。カルト的に広まっていた作品だが、テンプルが驚いたことに、ボウイは読んでいなかった。しかし彼は、マッキネスがパートナーズの名前を意図的にある本の著者と同じイニシャルにしていたことに興味を引かれた。それはボウイがよく知る本で、おそらくハーストで必読書になっていたのだろう。その本とは、広告主たちの狡猾な行いを暴露したベストセラー、ヴァンス・パッカードの『かくれた説得者』〔林周二訳、ダイヤモンド社〕である。

ニューヨークの知的な雑誌記者だったパッカードは、いい家庭の出ではなく、マーケティング業界を嫌悪していた。ペンシルヴェニアの田舎で過酷な1920年代に育った彼は、メソジスト派の農民である自分の両親のような庶民をカモにして車やタバコ、粉末洗剤を売るからくりをどうにか暴露してやりたいと思っていた。そのからくりで使われているテクニックは、庶民の最大の恐怖心と最大の夢を食い物にするものだ。こういった話は現代では驚くことではないが、1957年の時点では、広告は善意のものではないという発見はきわめてショッキングだった。

いわゆる「深層心理学」というものを利用することで、区別のつかない製品を差別化できるようになった。その結果、消費者が強い愛着を抱くブランドが生まれた——たとえばマールボロは、かつては女性向けの上品なタバコだったが、のちにマッチョなアメリカの真髄として「リブランド」された。究極の目標は、人々がなぜ衝動買いをするかを理解することだった。パッカードは、蝶ネクタイで洒落込んだ動機《モチベーション》調査研究所のアーネスト・ディヒター所長などにスポットライトを当てる。ボウイがヴェンディス・パートナーズとして歌った「ザッツ・モチベーション」のことは言うまでもない……。

ポップミュージックの世界のブランディングはボウイのはるか前からあった。しかし、その力をボウイほど効果的に利用した人はいない。1960年代に平凡なバンド活動やフォークのシンガーソングライターとしてインパクトを残せなかった彼は、ジギー・スターダストという、ロックジャーナリストのピーター・ドゲットが言うところの「無視することのできない強力なブランド」を築いた。名声を追うのではなく、すでに有名であるかのように振る舞い、すべての極性――男と女、ゲイとストレート、人間とエイリアン――を崩すことで、最大数の人々を自分に引きつけようとした。
パッカードが非常に案じていたのは、心理学的なテクニックが政治家の選挙戦に使われていることだった。2000年までには、市場ではいっそう巧みなツールが使われるようになっているだろうと、彼は予測した。たとえば、電気信号を使って心の動き、感情の反応、感覚認識をコントロールする「バイオコントロール」などだ。いま、彼はあながち間違っていなかったとわかる。

これを聴きながら 「That's Motivation」

気に入ったら、これも チャールズ・マッケイ『狂気とバブル――なぜ人は集団になると愚行に走るのか』（塩野未佳・宮口尚子訳、パンローリング）

Bowie's Book

88

卑しい肉体

イーヴリン・ウォー

1930年

1972年12月。デヴィッド・ボウイは、ジギー・スターダスト米国ツアーのファーストトレグを終え、RHMSエリニス号でイギリスへ戻るところだった。船内のバー「アウトリガー」や、ハワイをテーマにしたダイニングルーム「ワイキキ」でくつろぎながら、彼は非常にイギリスらしい小説を読みはじめた。

『卑しい肉体』（大久保譲訳、新人物往来社）は、1924年7月の『デイリー・メール』紙で最初に紹介された両大戦間期の金持ちの都会人たち、いわゆる陽気な若い連中《ブライト・ヤング・シングズ》の退廃的ではちゃめちゃな生活を描いたものである。その一団に属していたのは、女優のタルラー・バンクヘッド、貴族のダイアナ・クーパー（旧姓マナーズ──『ザ・ネクスト・デイ』の「アイド・ラザー・ビー・ハイ」で昼から出血するまで無駄話をする〝レディ・マナーズ〟）、唯美主義詩人のブライアン・ハワード（1929年に〝ブルーノ・ハット〟なる画家をでっち上げて展覧会を企画した人物で、ここからボウイとウィリアム・ボイドはナット・テイトを思いついたのかもしれない）などだ。この小説のとりわけ有名なくだりは、彼らが主催、参加するあれやこれやのパーティーを列挙したものである。「仮面パーティー、野蛮パーティー、ヴィクトリア時代パーティー、ギリシアパーティー、西部開拓パーティー、ロシアパーティー、サーカスパーティー、誰か別の人の格好をしなければいけないパーティー、セント・ジョンズ・ウッドでのほとんど裸のパーティー、アパートやスタジオや家や船やホテルやナイトクラブでのパーティー……」。まだまだ続く。

主人公は、名目上、アダムとニーナという婚約中の若いカップルだ。しかし彼らは、ロッティー・クランプやアガサ・ランシブルのようなP・G・ウッドハウス〔イギリスのユーモア作家〕風のおかしな人物によってしょっちゅう舞台の袖に追いやられる。『卑しい肉体』はころころと話が変わる構造をしていて、それは映画やT・S・エリオットの詩を真似たものだ。脱線ばかりで危うい無茶苦茶な会話がシュールな雰囲気を高めているが、彼らの話し方はコカインを大量摂取したときのそれである。この登場人物たちは、ボウイにとって、友達、恋人、仲間のように思えただろう。そして何より、自分自身のように思えただろう。

終盤になると、トーンが暗くなり、ウォーはこの浮ついた人々を称えているのではなく咎めているのだということがはっきりする。戦争という黒い雲が海のほうからやって来て、召集されたばかりのアダムは、気がつくと「史上最大の戦場の崩れた切り株」に座っている。

ひょっとしたらこのとき、ボウイの頭にフレーズが浮かんだのかもしれない。「喊声《かんせい》とシャンパン／ちょうど日の出の前に」というフレーズが。そしてそこから曲のアイデアが浮かんだ。まもなく世界が変わろうとしていることに気づかず、大惨事が差し迫るなかパーティーに興じる金ぴかの世代についての曲——「アラジン・セイン」だ。

これを聴きながら 「Aladdin Sane (1913–1938–197?)」

気に入ったら、これも イーヴリン・ウォー『一握の塵』（奥山康治訳、彩流社）

89

民衆のアメリカ史

ハワード・ジン

1980年

デヴィッド・ボウイはファシストに共鳴していたのだろうか？　これは根強く残る議論の的のひとつだ。彼の母親のペギーが20代前半のころにオズワルド・モズレーのイギリスファシスト連合（BUF）と短いあいだ関係していたこと、その運動の機関紙『黒シャツ』のレギュラーコラムニストがアレクサンダー・ボウイという名前で通っていたことは知られている。また、アラジン・セインの「稲妻」はBUFのロゴとかなり似ている――だが、エルヴィス・プレスリーが自らのモットー（「やるべきことをやる《taking care of business》」）を表したロゴにも似ているし、ボウイはミック・ロックの写真集*Moonage Daydream*（月世界の白昼夢）のなかで、ヒューズボックスの「高電圧」のマークがもとになっていると言っている。

1976年、ボウイはロンドンのヴィクトリア駅で待つファンに向かって、ナチス式敬礼のようなことをした。さらにひどいことに、同年の『プレイボーイ』誌のインタヴューではこう言い放っている――「ファシストの指導者はイギリスのためになると思う」「アドルフ・ヒトラーは最初のロックスターのひとりだった」。しかし、そのころのボウイは明らかに慢性的なコカイン中毒にやられていた。彼のナチズムへの知的な興味――特に、ヒトラーのブランディングとメディア支配の計り知れない力について――は否定できないが、ロックスターとカルト指導者やデマゴーグは紙一重だというのは、『ジギー・スターダスト』からザ・フーの『トミー』、ピンク・フロイドの『ザ・ウォール』まで、1970年代のアートロックの典型的な関心事だった。

ボウイの生き方を見れば、彼がすべてを受け入れる寛容な人であり、社会の追放者や犠牲者の苦境に対して非常に敏感だったことは明らかであるはずだ。まだ疑念を抱いている人は、『民衆のアメリカ史――1492年から現代まで』（猿谷要監修、富田虎男ほか訳、明石書店）を手にとってみるといいだろう。この本は、奴隷、ネイティヴアメリカン、女性など、脇に追いやられ、声を消されていた人々の視点からアメリカの歴史を語ったものだ。最近になって彼らの声がこれまでより聞こえるようになってきたのは、この本を書いたハワード・ジンのおかげでもある。

ブルックリン生まれのジンは、若いころは造船所で働いていて、第二次世界大戦ではヨーロッパで爆撃手をつとめた。復員兵援護法の手当で教育を受け、ボストン大学で政治学を長年教えた。しかし、学生たちの持つ知識にどこか引っかかるところがあった。妻に勧められた彼は、学校で教えられている正史を矯正する、違った種類の歴史を書いてみることにした。彼の印象では、そういった正史はお高い客観主義を装い、都合の悪い真実、特に人種に関する真実を歪めたり、さらには隠したりしていた。たとえば、クリストファー・コロンブスの新世界到達はたいてい喜ばしい出来事とされているものだ。しかし実際には、ジェノサイドを引き起こし、イスパニョーラ島の先住民は一掃された。アメリカの子どもたちは1770年のボストン虐殺事件――イギリス兵が入植者5人を殺害した――について必ず学ぶ。しかし、とジンは問う。コネティカットの入植者の集団が先住民のピークォット族の村に火を放った1637年の虐殺事件について学ぶ者はいるだろうか？

『民衆のアメリカ史』の初版は1980年に発売され、即座にヒットした。ジンは2010年に亡くなるまでに何度か改訂、アップデートをしていて、最後の改訂は2005年になされた。この本はいまも毎年10万部ほど売れている。ジンは、人々にそれまで知らなかった情報を意識させ、それまでの世界の見方を考え直させなければいけない、という責任感に突き動かされたのだと語っている。

これを聴きながら 「Working Class Hero」（ティン・マシーンによるジョン・レノンの曲のカバー）

気に入ったら、これも ハワード・ジン『アメリカ同時代史』（田中和恵・斎藤南子訳、明石書店）

Bowie's Book

90

Blast ウィンダム・ルイス（編） 1914～15年

「ヴォーティシストがロックミュージックを書いたら、こんなサウンドだったかもしれない」

デヴィッド・ボウイ、「'Tis a Pity She Was a Whore」について

２０１２年９月。デヴィッド・ボウイはニューアルバム『ザ・ネクスト・デイ』とともに冬眠から起き出す準備をしていた。そのリリースは衝撃を与えることになるだろう。人々がそれを最初に知るのは、シングル「ホエア・アー・ウィ・ナウ？」がＢＢＣの番組『トゥデイ』で披露されるとき――ボウイの66歳の誕生日、２０１３年１月８日の朝だ。

しかしそれはまだ先の話だ。２０１２年９月の時点で、ボウイは計画を練っているところだった。物理的《フィジカル》な品としてのアルバムという概念は死にかけていた――この段階ではiTunesが王様だった――が、彼は『ザ・ネクスト・デイ』のジャケットをかつてのアルバムのジャケットのようにインパクトのあるものにしたかった。趣旨を高々と告げるものにしたかった。俺は帰っ

てきた、まったく力は失っていない、と。

彼は、直近の二つのアルバムのジャケットを手掛けていたジョナサン・バーンブルックに連絡した。二人は、『ザ・ネクスト・デイ』のジャケットはボウイの過去作のジャケットをいじるのがいいだろうということで同意した。『アラジン・セイン』で試したあと、『ヒーローズ』にすることに決め、鋤田正義が撮影したボウイの白黒写真をぶち壊すことにした。その写真でボウイはオーストリアの表現主義の画家エゴン・シーレが《Self-Portrait with Raised Arms》（1914年）で見せたようなポーズをとっているが、この写真をバーンブルックがつくったDoctrineというサンセリフ書体でタイトルが書かれた白い正方形で隠すのである。

これはシンプルだがラディカルな意思表示だ。そこで*Blast*の話になる。

*Blast*は、作家・画家・批評家のウィンダム・ルイス（ファーストネームのパーシーは捨てた）が生み出したイギリスで最初のアヴァンギャルド運動、ヴォーティシズムの公式な宣言《マニフェスト》である。ヴォーティシズムが打ち出していたのは、いっさい装飾がなく、幾何学的で輪郭がはっきりした、純粋な形式だった。ルイスはこう言っている。「ヴォーティシズムは、芸術が広がって軟弱になる前の、精巧な二次的応用になる前の芸術だ」。そしてそれは、知識人が「機械時代」と言う現代世界の騒音やざわめきを映し出すものになる。対象範囲の広いこの考えは、理論的に、絵画や彫刻だけでなく、すべての芸術、文芸、音楽に応用できた。

*Blast*は第2号までしか刊行されなかった。第1号が出たのは1914年7月2日で、第一次世界大戦が勃発する1ヵ月前だ。表紙はまばゆいマゼンタ色で、タイトルが太字の大文字で

斜めに切り裂くように書かれている。最初の20数ページは宣言で、ルイスと共謀者たち——イギリスに住んでいたアメリカの詩人エズラ・パウンドなど——は、「祝福する《ブレス》」もの（ひまし油、救世軍）と「攻撃する《ブラスト》」もの（イギリスの気候、1837年から1900年の時代）を列挙している。スレード美術学校の絵画教師ヘンリー・トンクスは攻撃も祝福もされている。宣言の署名人のなかには、ロジャー・フライのオメガ・ワークショップでウィンダム・ルイスとともにデザインの仕事をしていたエドワード・ワズワースもいた。ボウイはルイスに加えてワズワースの作品の熱心なコレクターでもあった。

やはりボウイのお気に入りの画家であるデイヴィッド・ボンバーグ（101ページ）は、ヴォーティシズムと関係していたものの、ルイスのことを信用しておらず、*Blast*には関与しなかったが、1915年6月にニュー・ボンド・ストリートのギャラリー「ドレ」で行われたヴォーティシストの展覧会には絵を出品した。しかし、*Blast*の第2号が出た1915年7月20日までに、戦争によってヴォーティシズムの勢いは奪われてしまっていた——この号には、T・S・エリオットの「前奏曲集」と「風の夜の狂詩曲」が掲載されてはいるが。

しかし、決して忘れ去られることのなかったヴォーティシズムは、20世紀後半のさまざまなポップミュージックのゆるい理論的枠組みになった。その影響はたとえばアメリカのアートロックバンドのディーヴォ——ボウイが「未来のバンド」と呼び、ファーストアルバムを共同プロデュースしようとしていた——に感じられるだろう。あるいはフランキー・ゴーズ・トゥ・ハリウッドもそうで、リードシンガーのホリー・ジョンソンは最初のソロアルバムを*Blast*と名づけた。そうして、彼の以前のレーベルZang Tumb Tumb（マリネッティの音響詩から名前がとられている）のコピーライター、ポール・モーリーがネタ元として使っていたものにひそかに目を向けさせた。

ボウイにとって、創造は破壊と、あるいは少なくとも途絶と結びついていた。「芸術運動を起こすには、何かを生み出して、それを破壊しなければならない」と、彼は1976年に『NME』誌のリサ・ロビンソンに言っている。「やるべきことは、ダダイストやシュルレアリストがやったことだけだ。完全な素人がひたすら見栄を張って、めちゃくちゃやる。できるだけ最悪な、胸糞悪い感情を引き起こせば、運動を起こせるチャンスはある」。

ヴォーティシズムが熱烈に追い求めたのは、ボウイと同じように、斬新さだった。とはいえそれは、斬新さのための斬新さではない。ギャラリーに通うイギリス人の多くがフランスの印象派を危険なほどにエッジがあると考えていた時代に、芸術はどうなりうるのかという議論を進めさせるためのものだった。ルイスとパウンド（彼の詩人としての至上命令は「新しくしろ」だった）にとって、優れた芸術には未来を先取りする義務があった。それには必然的に過去との決別が伴う。というわけで『ザ・ネクスト・デイ』のジャケットの話に戻る。

これを聴きながら 「'Tis a Pity She Was a Whore」

気に入ったら、これも フィリッポ・トンマーゾ・マリネッティ『未来派宣言』

91

ベッドのなかで

イアン・マキューアン

1978年

　キャリアの初期、『愛の続き』や『贖罪』でメインストリームに躍り出る前、イアン・マキューアンは一部の批評家から「不気味なイアン《イアン・マカーブル》」と呼ばれていた。当時得意にしていた短編の、ショッキングで異常な内容のためだ。近親相姦、獣姦、小児性愛……。称賛されたデビュー短編集『最初の恋、最後の儀式』に続く『ベッドのなかで』（富士川義之・加藤光也訳、集英社）には、それらがすべて含まれている。「ポルノグラフィー」では、ソーホーのポルノショップの店員が二股をかけていた女性たちに去勢される。「飼い猿の内省」では、愛嬌があって雄弁な霊長動物が、人間の恋人——女性作家で、彼の黒い革のようなペニスを愛でる——との生活について思い巡らす。ローリング・ストーンズの「リヴ・ウィズ・ミー」の一節から名づけられた表題作では、ある父親が、10代の娘への性的な感情と、彼が彼女のガールフレンドだと信じるグロテスクな小人への嫉妬を抑えようと必死になる。

　マキューアンは常々、こうした短編が騒ぎ立てられることに困惑していると語り、ウィリアム・S・バロウズやルイ＝フェルディナン・セリーヌ、ジャン・ジュネ——医者のような客観性と生々しい身体の子細にこだわった作家たち――の名前を挙げて自己弁護していた。ボウイはこれらの作家をよく知っていたから、マキューアンの根っこがどこにあるのかを理解していただろう。それに、イマジズム（117ページ参照）的な凝縮されたストーリーテリングに使われる技巧についてもよくわかっていただろう――ボウイの傑作のいくつか（「スペイス・オディティ」「ヤング・アメリカンズ」「レピティション」、そして初期の「グレイヴディガー（墓掘り人）」「ロンドン・ボーイズ」「哀れな砲撃手」）には短編小説的なところがある。

しかしボウイは、いつもちょっとした小説の断章を書いてはいたものの、それがどこにたどり着くのか、最終的にどうなるのかは必ずしもわかっていなかった。『地球に落ちて来た男』の撮影現場で、彼は『シン・ホワイト・デュークの帰還』という短編集に取り組みはじめたというが、1976年に『プレイボーイ』誌で発表された数節を除いてかたちになることはなかった。（その断章はこうはじまる。「ヴィンスはアメリカ人でイングランドに来て、それからフランスに行って挽歌のスターになった」）。1994年末には、『Q』誌にシュールな殺人ミステリーの「ネイサン・アドラーの日記」を書き、これは1995年のアルバム『アウトサイド』の土台になった。

ボウイがディストピア的な寓話に惹かれたのは、戦後のブリクストンで過ごした子ども時代へのノスタルジアという面もあっただろう。荒廃した家々やフジウツギの低木に覆われた空襲被災地が、ぼんやりと、しかし強く記憶に残っていたのだろう。『ベッドのなかで』でとりわけ力のある短編のひとつは、あからさまにオーウェル的な「二つの断章 一九九一年三月」だ。

舞台はゴミに塞がれた「未来の」ロンドンで、テムズ川はほとんど涸れ、人々は路上でがらくたを売って生きている。まさに『ダイアモンドの犬』の朽ちゆくハンガー・シティだ。

しかし、ボウイのこの短編集のなかでのお気に入りが「情熱の果て」でなかったとしたら驚きだ。これは、饒舌なビジネスマンが服屋のマネキンの〝ヘレン〟への狂った執着心を語るもので、彼はそれを家に持ち帰り、食事をふるまい、秘密を打ち明け、徐々に激しいセックスをする。ここから想起されるのは、ボウイのヒーローであるコメディアン、ピーター・クックの一人芝居の無表情な野蛮さだ。

これを聴きながら 「Repetition」

気に入ったら、これも イアン・マキューアン『最初の恋、最後の儀式』（宮脇孝雄訳、早川書房）

92

All the Emperor's Horses

デイヴィッド・キッド

1961年

『ロジャー』の「ムーヴ・オン」で、ボウイは古都京都《オールド・キョート》で夜を過ごし、畳敷きの床に寝ると歌っている。彼がその地で訪ねていたのは、友人のデイヴィッド・キッドだろう。アメリカ人のキッドは、御所や仏教寺院で知られる日本の古都に住みつき、大本・日本伝統芸術学苑を創設した人物だ。日本の芸術や文化に精通していた彼は、茶道や書道などの伝統的な風習を、興味を持つ外国人だけでなく日本人にも教えていた。参加者たちは、主宰者の威厳あるサマセット・モーム的な振る舞いに満足して帰ったに違いない。

「キッド氏は観光客を失望させなかった」と、『ニューヨーク・タイムズ』紙は1996年、彼の死後に伝えている。「彼の王座の前の座布団に座り、彼の知識に満ちた早口の口上を聴く。そして、彼がカンという中国のソファに胡坐をかいて座り、絹のガウンをさらさらと鳴らしながら、つねにタバコを手に仰々しいジェスチャーをするのを見る。それは御前《ごぜん》の御前《おんまえ》にいるようなものだった」。

彼はいかにしてそのような地位にたどり着いたのか？　誰もが気になるところだろう。キッドの父親はケンタッキー州コービンで炭鉱を営んでいた。若きデイヴィッドは、ストラヴィンスキーの『春の祭典』を耳にした瞬間に、ここを逃げ出したいという気持ちに駆られた。1948年、19歳の時に、彼は中国語を学ぶミシガン大学の交換留学生として北京に到着した。派手なゲイでありながら、元中国最高裁判所長官の娘のエイミー・ユゥと結婚し、彼女の家族の大邸宅に移り住んで、そこで旧体制の崩壊と共産主義の台頭を目撃した。彼の回想録 *All the Emperor's Horses*（すべての皇帝の馬）は1955年に『ニューヨーカー』誌で連載され、1961年に本として出版された。そして1988年には、心を打つ最終章を新たに加え、『北京物語——旧中国の崩壊と新中国誕生の歴史秘話』（森本康義・ダンノヨーコ訳、世界文化社）としてあらためて出版された。

キッドは文化大革命につながる時代の北京に住んだ数少ない西洋人のひとりだ。この本のなかで彼は、自分たちが歴史家から注目されていないことをぼやいている。「誰か聡明で若い学者が研究助成金を受けて、私たちと中国人の友人たちについて書いてくれたらと思っていた。私たちが死に、まさに奇跡だった私たちの生活が暗闇にしまい込まれ、もはや手遅れになってしまう前に」。誰もやる人がいなかったから、キッドが自分でその仕事を引き受け、歯切れよく鮮やかに書いた。細部をでっち上げていると批判する人もいるが、これはブルース・チャトウィン式だ（296ページ）。たとえば彼は、ユゥ家が所有していた青銅の香炉について印象的な話を伝える。これらの火鉢は、つやを保つために決して火を絶やしてはいけなかった。家族が所有するもののなかには、500年間冷やされることのなかったものもあった。しかしキッドによると、ある日、共産主義の影響を受けて「横柄で怠惰」になった使用人がわざと火を消し、修繕不能にしたという。香炉についていくらか知る美術史家のジェームズ・ケーヒルは、このエピソードは完全に嘘っぱちだと言っている。

キッドの文章のトーンは、あきらめと、まるで古い中国が解体されているのはもっぱら彼を困らせるためだとでもいうような、妙な苛立ちのあいだを行き来する。長い針をニワトリの脳に刺して殺しているのをキッドに見つかってクビになる、情緒不安定な専属シェフのラオ・ペイの話など、特に優れた寸描では高慢さがスパイスとして効いている。

1950年になると、共産主義当局による締め付けが特に外国人に対して厳しくなり、ある夜、ユゥ家の邸宅は憲兵のガサ入れにあった。そのとき、キッドは突飛な行動に出る。カービン銃を持った兵士たちが彼の後ろについて寝室に入ってくると、彼はエイミーが古い宮廷服からつくってくれた巨大な青い錦織りのガウンをさっと着て、闊歩しはじめたのである。（ジョン・ランチェスターはこの本の2003年版の序文で、キッドは服に非常に気をつかう人であり、特に自分の服に関してそうだったと書いている。彼がエイミーとの結婚式で何より楽しんだのは、見事なチベットのフェルトでつくられた空色のガウンを着たことだったかもしれない）。翌年、夫婦は中国を出てニューヨークへ行った。キッドは少しのあいだアジア研究所で中国美術史を教えていたが、やがて日本に逃げた。共産主義の国に自主的に2年間住んでいたことから、下院非米活動委員会に目をつけられたためである。彼とエイミーは別れたが、生涯友人関係は続いた。

スティーブン・テナント（273ページ、ジョン・サヴェージ）と同じように、若いころのキッドはデュラン・デュランの一員であってもおかしくなかっただろう。当時の写真を見ると、キッドは『ヤング・アメリカンズ』のジャケットのボウイにそっくりだ——非現実的なほどに中性的である。『ニューヨーク・タイムズ』紙によると、晩年にキッドが無念に感じていたことのひとつは、彼の日々を描いた映画にボウイが出演し、「ウェーブしたブロンドの北京の伊達男としてキッドを演じる」というのが実現しなかったことだったという。しかしこれは必ずしも正しくない。シリアス・ムーンライト・ツアーのアジアレグを記録した1984年のドキュメンタリー『リコシェ』を見ると、われらが金髪のヒーローは、香港、シンガポール、バンコクを漂いながら、のらくら者のオリエンタリストの鑑であるキッドにオマージュを捧げているようだ。

これを聴きながら 「China Girl」

気に入ったら、これも 愛新覚羅・溥儀『わが半生——「満州国」皇帝の自伝』（小野忍ほか訳、ちくま文庫）

93

Writers at Work

マルカム・カウリー（編）

1958年

インタヴューを受けるとき、ボウイはたいてい相手に歓迎された。チャーミングで、話がしっかりしていて、インタヴュアーを手なずける術を知っていたからだろう。数十年のあいだに磨き上げたお気に入りのトリックは、ライターには45分と言っておいて、1時間のインタヴューを行うことだった。「時間切れ」になると、ボウイはライターを退出させるためにやって来た広報担当者のほうを見て、こう言う。「あのさあ、いますごくいい感じなんだ。もう少し続けてもいいかな……?」。そうしてライターは誇らしげに顔を赤らめるのだ。

心臓発作に襲われたあと、ボウイは沈黙し、トニー・ヴィスコンティなどの共同制作者に代わりに話してもらうようになった。ボウイとしては、すでに一生分の発言をしていたし、作品そのものに語らせたいと思っていた。もしかすると、こう気づいてもいたのかもしれない。ロックスターのインタヴューは、たとえ最良のものでも、くだらないゴシップや美化された戯言の山になりやすい、さもなくば、売り込むべきものを売り込まなければならないために初めからギクシャクした雰囲気になり、闘争的なパフォーマンスアートのようなものになりがちだ、と。

『パリ・レヴュー』の「ライターズ・アット・ワーク」シリーズ（ボウイは Writers at Work: The Paris Review Interviews, 1st Series（ライターズ・アット・ワーク——パリ・レヴュー・インタヴュー第一集）を選んでいる）は、1953年にこの名高い文芸誌の共同創刊人であるジョージ・プリンプトンがケンブリッジの旧友のE・M・フォースターにインタヴューをお願いしたことからはじまり、それ以来、野次馬ジャーナリズムとは対極のところに立ち続けている。才能以外に売り込むものがなければ、人は一途になれるのだ。『パリ・レヴュー』のインタヴュアーは、たいていは大学を卒業したばかりで、二人一組で仕事をした。テープレコーダーが出回る前は、それぞれがインタヴュー相手の返答を書き取り、最後にお互いのメモを見比べて、抜けている（あるいはでっち上げている）ところがないか確認していた。そして、編集し、流れをよくしたうえで、完成した原稿をインタヴュー相手に送って了承を得た。これでうまくいくはずだが、実際のところ、ドロシー・パーカーの場合など、当意即妙な発言が多い場合は難しい作業になる。

創作のプロセスを教えてくれるものとして、「ライターズ・アット・ワーク」のインタヴューの右に出るものはない。インスピレーションや希望を与えてくれるとともに、妙に気持ちを和ませてくれるものでもある。「ああ、あのアルバムの残りもやり直せたら」と、ボウイは2008年のコンピレーションで「タイム・ウィル・クロール」を再録音したあと、彼のキャリアのなかでは出来の悪い1987年の『ネヴァー・レット・ミー・ダウン』について言った。『パリ・レヴュー』のインタヴューでウィリアム・フォークナーは、このような手直し願望を重要なモチベーションだとし、すべての作品をもう一度書けるならそうするだろう、もっとうまくできると確信しているから、とまで言っている。また、古典的名作の著者がそれを技術的な失敗であるかのように語っているのを読むのは不思議な感じだ。E・M・フォースターは、『ハワーズ・エンド』のプロットは嘘っぽく、修辞的技巧に頼りすぎていると断じているのである。

行間を読むのが面白いこともある。ウィリアム・スタイロンの壮大なインタヴューの導入部によると、彼は少し青ざめていたらしい。この『闇の中に横たわりて』の著者──彼はこのときそのタイトルどおりのことがしたかったのだろう──を担当した二人組は、いつ執筆をはじめたのかというお話をしていただくところでした、とあらためて切り出す。スタイロンがしどろもどろだったからだろう。しかし彼は自分がそこにいる理由を完全に忘れてしまっている。(長いランチのあとはそういうものだ)。

当代随一の知という箔のついている「ライターズ・アット・ワーク」だが、皮肉なことに、そのはじまりは売るための仕掛けであり、新しい小説を載せる予算がないなかで安く有名作家を取り込むための工夫だった。しかしそれはたいした問題ではない。私たちに残されたのは、芸術的創造の興奮を時代を超えて記録したものであり、その興奮は新進の作家だけでなく、時代の先を行こうとするロックミュージシャンも味わっていたものだ。

●2002年6月30日、ロンドンのウォータールー駅で列車に乗り込もうとするデヴィッド・ボウイ。妻のイマンによると、ボウイはスリーピースを着るのが好きだった(Photo by Brian Rasic/Getty Images)

これを聴きながら 「Time Will Crawl」（２０１８年版）

気に入ったら、これも ダニエル・レイチェル *Isle of Noises: Conversations with Great British Songwriters*

Bowie's Book

94 クリスタ・Tの追想

クリスタ・ヴォルフ

1968年

国を理解する最高の方法はその国の文学に触れることだ。戦後ドイツの東西分断はいまや遠い昔のことのように思えるが、ボウイがベルリン・ハウプトシュトラーセのアパートでロサンゼルスの酔いを醒まそうとしていた1977年の時点ではごく最近の出来事だった。そのころ、ドイツ民主共和国（DDR）の国民は、西側の多くの人から、どこかエキゾティックな疎外の象徴として見られていた。彼らはどのように生き、考え、感じているのだろうか？　恵まれた人生だと感じているのだろうか、それとも「共和国逃亡《レプブリークフルフト》」を夢見ているのだろうか？　それを知るためには、東ドイツの傑出した文学者、クリスタ・ヴォルフなどの作家を読む必要があった。

　私が思うに、ボウイは（少なくとも）二度読んでいるだろう。まずは1976年ごろ、ヴォルフが東ドイツの反体制派のシンガーソングライター、ヴォルフ・ビーアマンの国外追放を非難する声明の連署人となり、ニュースになっていたときだ。次は2000年代、ボウイがベルリン時代へのノスタルジアを想像力豊かに理解しようとしていたときである。ヴォルフの影響は、ボウイの物悲しい復帰シングル「ホエア・アー・ウィ・ナウ?」に全面的に表れている。この曲では、死者と歩く、時のなかで迷子になった男、国境検問所のベーゼ橋を渡る2万人の人々について歌われている。後者はベルリンの壁が崩壊したときの話を反映しているが、この壁の崩壊について、ヴォルフは非常に複雑な感情を抱いていた。彼女は東ドイツ人に、国にとどまり、自分たちで開かれた民主主義社会をつくろうと訴えたのである。

1929年、中流階級のナチス支持の家庭に生まれたヴォルフは、ランツベルク(現在のポーランドのゴジュフ・ヴィエルコポルスキ)で育ち、ヒトラーユーゲントの女性部であるドイツ女子同盟のメンバーになった。戦後、彼女の家族はソヴィエト軍の進軍から逃れたが、結局、ソ連占領地域のメクレンブルクに落ち着いた。ナチスの残虐さが明らかになってくるにつれ、苦悶したヴォルフは熱狂的に共産主義を信奉するようになり、仲間の知識人たちのことを東ドイツの秘密警察シュタージに密告していた時期もあった。自分自身が監視されていることには気づかずに。(実のところ、ヴォルフはシュタージに興味深い情報を提供できず、彼女のファイルは1962年に閉じられた。彼女はその経験について、だいぶあとになって自虐的な回想録 *City of Angels: or, the Overcoat of Dr. Freud*(天使の街——あるいはフロイト博士の外套)に書いている)。

『クリスタ・Tの追想』(藤本淳雄訳、河出書房新社)はヴォルフの最も有名な小説である。濃密で叙情的、しばしばとらえがたく、このうえなく悲痛な作品だ。詩人のクリストファー・ミドルトンによる繊細な英訳が、ドイツ語版の2年後の1970年に出版された。あくまで人間の話として見ると、この作品は、名もなき語り手の、35歳で白血病で亡くなった友人クリスタに対する悲嘆を描いたものである。語り手は、あれほど生き生きとした独特な人――新聞紙を丸めたものでラッパを吹く真似をしていた少女クリスタを語り手は思い出す――が死に、消え去り、共同墓地の2本のクロウメモドキの低木の下に埋葬されているというのが信じられない。そこで彼女は、自らの記憶、手紙、日記、聞いた話、クリスタが遺したさまざまな書き物の断片を組み合わせ、クリスタを蘇らせる。

私たちはその女性についてある程度のことを知る――教師になり、獣医と結婚し、湖畔に家を建てるのを夢見ていたこと、不器用で、かどがあり、少しアウトサイダーっぽいこと――が、彼女の話は決して首尾一貫せず、私たちが期待するようには進まない。ある面でヴォルフは、記憶はあてにならないということを言っている。しかし同時に、哲学的な問いを投げかけてもいる。DDRのような集産主義の社会――おおむねよいものだと（ヴォルフなどは）思う社会――で、個人、主体的自我に何が起こるのか、ということである。「私」はどんなによくても脆い存在だ。

クリスタは、自分はDDRに合わないと感じている。そこは素直で現実的な人たちのための社会だが、彼女は新しいものへの感受性がある。これはボウイがいつも望んでいた状況であり、そもそものためにベルリンにやって来たのだ。そしてまた、『クリスタ・Tの追想』がその難解さと複雑さにもかかわらずボウイにとって重要な本であった理由でもある。

これを聴きながら 「Subterraneans」

気に入ったら、これも クリスタ・ヴォルフ *City of Angels: or, the Overcoat of Dr. Freud*

Bowie's Book

95

コースト・オブ・ユートピア

トム・ストッパード

2002年

1960年代に名をあげたイギリスの劇作家のなかで、ふっくらした唇と重いまぶたを持ち、批評家ケネス・タイナンが言ったところの「高級カジュアルなダンディズム」を湛えるトム・ストッパードは、最もロックスターに近い存在だった。ミック・ジャガーの友人にしてドッペルゲンガーのストッパードは、のちに『ロックンロール』という戯曲を書き、専制政治を揺るがす音楽の力を描いた。舞台は、ストッパードの出身地のチェコスロヴァキアだ。ストッパードは亡命者で、彼の家族は1939年のドイツによるチェコスロヴァキア占領の直前にナチスから逃れている。

ボウイはこの音楽の力を自ら直に体験している。1987年6月6日、彼は西ベルリンでコンサートを行ったが、これはその2年後のベルリンの壁の崩壊に向けて道を開いたとも言われている。その公演は、何かと嘲笑されることの多いグラス・スパイダー・ツアーの一環だった。ステージは壁に隣接していて、東ベルリンの側で大勢の人が音楽を聴きに集まった。何が起きているかに気づいたボウイは、その「非公式」の観客に向けて語りかけてから「ヒーローズ」

を歌いはじめた。暴動が起こり、人々は「壁を壊せ」「ゴルビー〔ソ連のゴルバチョフ書記長のこと〕」、ここから出せ」と繰り返した。結果的に、200人以上が逮捕された。「僕のなかで最もエモーショナルなパフォーマンスのひとつだった」と、ボウイは2003年に『ローリング・ストーン』誌で振り返っている。「涙が出た。何千人もの人が、向こう側で壁のそばに来ていた。だから、壁が仕切りになった二重のコンサートのようだった。僕たちには、向こう側からの歓声や歌声が聞こえていたんだ。ああ、いまでも胸がいっぱいになる。感情を揺さぶられる経験で、それまであんな経験はしたことがなかったし、これからもないと思う。とにかくジーンときた」。

ここで注目したいことが二つある。まず、『コースト・オブ・ユートピア——ユートピアの岸へ』（広田敦郎訳、ハヤカワ演劇文庫）はボウイのリストで唯一の戯曲だということ。次に、ストッパードの初期の押せ押せの時期に書かれたまぎれもない傑作（『ローゼンクランツとギルデンスターンは死んだ』や*Jumpers*（ジャンパーズ）、*Travesties*（茶番劇）など）でも、得意のウィットと博識を活かしてふつうの人間の感情を描こうとした中期の作品（不貞の痛みをテーマにした『リアルシング』）でもない変わったチョイスだということ。トレヴァー・ナンによるオリジナル版がロンドンで上演された約5年後の2007年に、ジャック・オブライエン演出のブロードウェイ版がトニー賞（演劇作品賞）を受賞したとはいえ、『コースト・オブ・ユートピア』は一般的に、愛されているというよりも評価されている作品だ。トータルで9時間以上に及ぶ3部作で、演者としても観客としてもかなり骨が折れる。ボウイはどこにそれほど魅了されたのだろうか? それはおそらく、とてつもない大胆さ——そして、難しい題材をしっかりととらえ、そこから煌《きら》びやかな娯楽作品をひねり出したストッパードの力量だろう。

『コースト・オブ・ユートピア』のメインテーマは、理想主義の必要性だ。それがなかったら、私たちはどうなるのだろうか? 自分を整え、律する最善の方法をどのように学ぶのだろうか? チェーホフを思わせる自然主義的なスタイルで、ストッパードは19世紀ロシアの作家、政治哲学者の一団の人生を描いていく。その物語は、1833年、無政府主義者のミハイル・バクーニンの家族が所有する田舎の屋敷ではじまり、その35年後、スイスで終わる。バクーニンや文芸批評家のヴィッサリオン・ベリンスキー、初期社会主義理論家のアレクサンドル・ゲルツェンなどの登場人物は、ユートピアを夢見て、残酷な弾圧を恐れながら生きている。それと同時に、ロックスターのような革命家としての身分に酔いしれてもいる。

ニコライ一世は冷酷な専制君主だったが、ストッパードがここで打ち出しているのは、急進主義者たちは注目を集めたいという願望にとらわれていたという見方だ。ゲルツェンと彼の仲間たちがスペインやフランスへ逃げるよりも皇帝の支配下で生き、働くことを好んだのは、彼らの言葉に聞き入る熱狂的な若いファンたちがいたからだ。もちろん、この劇でも示されているとおり、多くのロシアの知識人は最終的に亡命者となってイングランドやほかのヨーロッパの国に行く。華やかな亡命生活のなかで、レマン湖に臨む貸別荘に隠れて過ごすカリスマ的なゲルツェンは、3部作の最後の「漂着」を熱のこもったスピーチで締めくくる。それは、暴力革命主義や、完璧な社会を追い求めるなかで物や人を破壊することを戒めるものだ。ストッパードはこれについて『ガーディアン』紙で、「想像上の未来の楽園のために、〝指導者〟にはいまの世代に多くの犠牲を強いる権利があるという考え——絶対的なもののために殉じてくださいとでもいうような姿勢」に対する警告だと説明している。しかし、それを聞けばよかったかもしれないマルクスは、すでに席を立っていた。

これを聴きながら 「Weeping Wall」

気に入ったら、これも トム・ストッパード『リアルシング——ほんもの』（吉田美枝訳、劇書房）

96

Earthly Powers アントニイ・バージェス 1980年

バージェスは、オーウェル以外で唯一、ボウイのリストに2冊が選ばれている作家だ。2作はうまく対照をなしていて、この作家の才能の異なる側面を表している。『時計じかけのオレンジ』(32ページ)は、短く、焦点が絞られた作品だ――自由意志についての簡潔な訓話であり、バージェスが発明した言語「ナッドサット」が力を生み出している。一方、*Earthly Powers*(地上の力)は、ヴィクトリア式の膨れ上がった怪物である――20世紀を俯瞰するパノラマ、ストーリーテリングの祝祭であり、芝居がかった外向的な性質を持ち、バージェスはときに大げさに知性をひけらかす。

Earthly Powers のアントニイ・バージェスは、『時計じかけのオレンジ』の道徳的な論客ではなく、あらゆるトリックを用意したハッタリ屋のマジシャンだ。たとえば、この小説は「実際の」歴史的出来事を題材にしていると言いながら、意図的な間違いに満ちている。記憶は信頼できないということ――そして、いずれにせよこれは小説であり、許された嘘なのだということ――を私たちに思い出させるように。

バージェスを読み解くカギは、彼はパフォーマーであり伊達男だったということだ。ニコチンで汚れた髪にポマードをつけ、シルクのハンカチを持ち歩いていた彼は、テレビでもったいぶって話しているときが最も幸せだったようで、実際によく出演していた。彼は難解であることを楽しみ、同業者たちから尊敬されることを望んでいた。一方、一般読者とのつながりも求めていて、それはその冗長さにもかかわらず達成された。彼の最良の作品は、温かい人間性や知恵が芯にあるからだ。ここで「作品」と言ったが、小説は彼の仕事の一部にすぎない。そんなことは世界で最も簡単なことだと言わんばかりに、バージェスはキャリアを通じて、音楽、オペラの台本、脚本、いくつもの書評を世に送り出していた。そして、デヴィッド・ジョーンズと同じように、自らが生み出したペルソナの陰に隠れていた――「アントニイ・バージェス」は本当はジョン・ウィルソンといい、1917年にマンチェスター郊外のハーパーヘイで生まれた。

バージェスの最大の成功作のひとつである*Earthly Powers*は、1980年のブッカー賞でウィリアム・ゴールディングの『通過儀礼』に惜しくも敗れた。（結果についてこっそり知らされたバージェスは、腹を立てて授賞式をボイコットした。ディナージャケットを持っていないのだと言い訳して）。文壇が面白みを見出したのは、この小説の主人公――著名だが二流のゲイのイギリス人作家ケネス・トゥーミー――のモデルが、人を食い物にすることで悪名高いサマセット・モームであり、そこにノエル・カワード、アレック・ウォー、P・G・ウッドハウスが少しばかり加えられているということだった。有名な冒頭の一文で、81歳のトゥーミーは「稚児」と一緒にベッドにいたところ、大司教の不意の訪問を受ける。一方、プロットの軸になるのは、トゥーミーが目撃した奇跡のような出来事である。シカゴの病院にいた末期患者の子どもが、司祭のカルロ・カンパナティによって治療されたのだ。この出来事はのちに恐ろしい影響を及ぼすことになる。その子どもは成長して凶悪なカリフォルニアのカルト指導者になるのである。

トゥーミーがさまざまな有名人の名前を挙げながら、1920年代のパリ、ナチスドイツ、黄金時代のハリウッドなど、世紀を転がり抜けていくのを追うのは実に楽しい。しかし*Earthly Powers*で最も興味深いのは——そして、ボウイが共鳴した理由だと思うのは——世の中の出来事は悪魔の摂理の支配下にあるという恐ろしい確信だ。生涯カトリック教徒だったバージェスはこれをひしひしと感じていて、『オブザーヴァー』紙でマーティン・エイミス〔64ページ〕にこう言っている。「悪の力の存在を信じている——私自身、マラヤ〔現在のマレーシアで、バージェスは同地の植民地局で働いていた〕で黒魔術に支配された。たとえば、ナチスドイツで起きたことについてはA・J・P・テイラー〔歴史家。ヒトラーは決して特別な「悪」ではなく、第二次世界大戦の原因はヒトラーだけにあるのではないと論じた〕のような説明はできない。非常に悪質な現実がどこかにある……」。

最後に、手がかりに飢えたボウイマニアのために指摘すると、*Earthly Powers*にはジョン・フォードの17世紀の復讐悲劇『あわれ彼女は娼婦』('Tis Pity She's a Whore)へのほのめかしが数多くあり、トゥーミーの彫刻家の妹ホーテンスとの近親相姦に近い関係を強調している。ボウィはその戯曲のタイトルを（若干変えて）『★（ブラックスター）』のなかでは少し騒々しい一曲「ティズ・ア・ピティ・シー・ワズ・ア・ホア」——フェラチオをしながら財布を盗む娼婦の話——に使った。フォードの戯曲では、主人公のジョヴァンニが妹のアナベラに並々ならぬ思いを抱いていて、冒頭でそのことをボナヴェンチュラ修道士に相談する。「では、私が彼女の兄として生まれたために／私の歓びは永遠に彼女のベッドから退けられてしまうのでしょうか？」。*Earthly Powers* では、トゥーミーはホーテンスへの思いについて性科学者のハヴロック・エリスに相談する。これは実にバージェスらしいジョークだ。

これを聴きながら 「'Tis a Pity She Was a Whore」（再び）

気に入ったら、これも ウィリアム・ボイド *The New Confessions*

Bowie's Book

97

バード・アーティスト

ハワード・ノーマン

1994年

コカインの刺激だけでは足りないかのように、ボウイはスタジオで次から次へとエスプレッソを飲み、自分をしゃきっとさせていた。長年活動をともにしたギタリストのケヴィン・アームストロングによれば、ボウイはどこでレコーディングをしようと必ず「キューバ・ゴールド」のコーヒーを業務用サイズで届けてもらっていたという。

しかし、誰もがそれを創造に役立つものだと考えるわけではない。ハワード・ノーマンの陰気に面白い小説『バード・アーティスト』（土屋晃訳、文藝春秋）の語り手である鳥類画家《バード・アーティスト》のファビアン・ヴァスは、カフェインの悪影響について率直に語る。つまり、描くときに手が震えたり、不安で集中力が保てなかったりするということだ。これは一日に20杯から30杯のコーヒーを飲んでいる結果である。問題はカフェイン中毒をほとんどの人が理解していないこと、あるいはその症状を助長する長く寒い冬だと、彼は言う。

ファビアンが住むウィットレス・ベイは、ニューファンドランドの東海岸にある、風変わりな、閉鎖的な村である。もくもくと湧き上がる噂話と人々のちぐはぐな正直さのために、何でもすぐに皆に知られてしまうため、隠し事をしようとするのは無駄なようだ。ファビアンが何かを隠したり、何かを見つけたりするのが得意だということではない。彼は、自分の母親が父親の不在時に灯台守のボソ・オーガストと不倫をしていることを、村のなかで最後に知るのだ。ファビアンは冒頭の段落で、ボソを殺したことを私たちに明かす。しかし、それから話が進んでいくと、ん？　何かおかしいが、それが何なのかよくわからない、という感じがしてくる。その何かは、ファビアンの性格だけではない。彼は狭量で妄執じみていて、多種多様な地元の鳥を精密に描くこと以外にほとんど興味を持っていないとはいえ。

　彼はしばしば回り道をする。しかしながら、彼の飲んだくれのガールフレンド、マーガレットが言うような「村いちばんのバカ」とは程遠い。彼はむしろある種の天才《サヴァン》だ。彼の独特さは『バード・アーティスト』の独特さであり、スノードーム小説とも呼びうるこの作品の世界をかたちづくる要素になっている。この小説は、世界をミニチュアにして見せるが、そこではその組み立ての冷たく人工的な感じ――実際にそんなふうに話したり振る舞ったりする人はどこにもいない――が重要なポイントのひとつなのだ。

　ボウイはなぜこの作品を気に入ったのだろうか？　考えられるのは、ドライで機知に富み、1990年代のイギリスのカルト的テレビコメディ『リーグ・オブ・ジェントルマン』を不思議に思い出させるということだ。すべてのページに、何かしら笑えるところがある。ファビアンが手厳しいバード・アーティストの師匠アイザック・スプレイグから手紙で指導を受ける話（彼は手紙の結びにいつも「上達を願って」と書いてきた）から、ファビアンをコーラ・ホリーという会ったこともない遠い親戚と結婚させようとする両親の悲惨な企てまで。結婚の贈り物として、ファビアンは彼女にシマアジという珍しい水面採餌ガモの絵を描く。

これを聴きながら 「The Loneliest Guy」

気に入ったら、これも E・アニー・プルー『シッピング・ニュース』（上岡伸雄訳、集英社文庫）

Bowie's Book

98

Puckoon

スパイク・ミリガン

1963年

1958年のある月曜日の夜、11歳のデヴィッド・ジョーンズはラジオのそばで『ザ・グーン・ショー』がはじまるのを待っている。むずむずして、*The Eagle*〔漫画雑誌〕の最新号はすでに3回読んでしまった。いま彼が欲しているのは、混じりけのない破壊的な馬鹿馬鹿しさ、もう少し大人になると「シュール」と認識するようになる類のユーモアだ。ネディー・シーグーン、エックルズ、ヘラクレス・グリットパイプ＝シン、そしてとりわけピーター・セラーズ演ずるブルーボトルの話をもっと聞きたくてしかたがない。(ブルーボトルはお菓子に釣られて危険な馬鹿げたことをする少年で、お約束のセリフは「この汚い、腐ったブタ野郎！ 殺《や》りやがったな！」だ)。

ボウイは物事がどのようにつくられているか、誰につくられているかということにすでに興味があったから、『ザ・グーン・ショー』の脚本を主に書いているのが、スター演者のひとりでもあるスパイク・ミリガンだと知っていた。また、番組の成功と引き換えにミリガンが払った代償についても知っていただろう。それはストレスによる慢性的な神経衰弱だ。ボウイは、そのときが初めてではなく、間違いなく最後でもないが、芸術的な才能といわゆる狂気と呼ばれているものとのあいだには結びつきがあるのだろうかと考えた。グーンのキャストのなかで、ミリガンはとりわけ特別だった――「子どものころ、いつもみんな真似してた」と、ボウイの幼馴染のジョージ・アンダーウッドは言っている。

時は進んで1963年。デヴィッドは16歳になり、ほかにも興味の対象がたくさんあった――女の子、ジャズ、リトル・リチャード、女の子、バンドを組むこと。しかしスパイク・ミリガンへの信仰心は長年揺らいでおらず、彼の最初の小説が出るとすぐに読んだ。うれしいことに、それはまさに望んでいたとおりのものだった。物語の舞台である架空の町パックーンは、アイルランドの小さな町だが、国境委員会が北アイルランドとアイルランド自由国のあいだの新たな国境線をその町に通すことに決め、二分されてしまう。この小説でとりわけあっと言わせるのは、パブの半分が一方の国に属し（そして酒税が低い）、もう半分はもう一方に属すという設定だ。最も笑える登場人物は怠け者のダン・ミリガンで、彼はしょっちゅう第四の壁「フィクションの世界と現実の世界のあいだの境界」を破って自らの運命について愚痴をこぼす。

ボウイのことを知る人は、彼は愛嬌があり、とことん馬鹿になれたと口をそろえる。*Puckoon*（パックーン）こそ、彼が「馬鹿」の博士号をとるために学んだ大学だったのではないだろうか。

これを聴きながら 「We Are Hungry Men」(グーン的な効果音が使われている)

気に入ったら、これも ジョン・レノン『らりるれレノン――ジョン・レノン・ナンセンス作品集』(佐藤良明訳、筑摩書房)

99 The Sound of the City チャーリー・ジレット 1970年

一部のアーティストは、批評家のやることに無関心なふりをする。だから、ボウイが音楽ジャーナリストの意見に進んで興味を示していたのは面白い。ロックについて書かれたもののなかで彼が好きだったのは、主に学問的なもの、さらに言えばクソ真面目なものだった。彼のリストには、ポップミュージックの滑稽な面にも目を向ける馬鹿げたゴシップ本——たとえば、サイモン・ネイピア＝ベルの『この胸のときめきを』やジャイルズ・スミスの *Lost In Music*（音楽におぼれて）など——は含まれていない。

その代わりに彼がリストに入れているのは、自分が最も多くを学んだ本——10代のころに自分が夢中になったものについて高尚に説明してくれた本——であるようだ。チャーリー・ジレットはランカシャー生まれの作家・DJで、ニック・コーン（41ページ）と並んで誰よりも早くロックを真剣にとらえ、1965年にはイングランドを離れてニューヨークのコロンビア大学に行き、ロックをテーマに修士研究を行った。そこから発展したのが、1970年に出版された最初の著書 *The Sound of the City: The Rise of Rock 'n' Roll*（街の音——ロックンロールの興隆）である。コーンの*Awopbopaloobop Alopbamboom*と同じように、ボウイはこれをマニュアルとして読んだのかもしれない。そうだとしたら、それは優れた判断だった。ジレットはのちにマネージャー、スカウトとしても成功し、イアン・デューリーやエルヴィス・コステロ、ダイアー・ストレイツなどの未来のスターを発掘、宣伝しているから、彼の意見は信頼できたわけだ。

避けられないこととして、この本の人名録のような細部の多くは、いまとなっては骨董品のようで、意味を持たない。しかし、より視野の広い洞察は新鮮なままだ。特に面白いのは、ロックンロールが１９６０年代後半――コーンが興味を失いはじめたころ――に「シニカル」なポップ（モンキーズ）と「シリアス」なロック（ザ・バンド）に分かれたという話である。ボウイは自分が柵のどちら側にいたいのかしばらく悩んでいたことだろう。まったく異なる柵を思い描いていたかのようなときもあった。「ラフィング・ノーム」を書いた人物が『ロウ』をつくったというのはなかなか理解しがたい。しかもそのどちらも素晴らしいということは。

ここで、「人格というものが、間断なき見事な演技の連なりだとしたら……」という、フィッツジェラルドが書いていたこと（１７６ページ）が思い出される。ジレットは、１９４０年代のオーディエンスはシナトラのイメージと個人としての彼を進んでごっちゃにしていたから、彼のイメージが曲と同じくらい重要になったと考察しているが、ボウイがそれに瞠目していたことは想像に難くない。ボウイも真似したシナトラのささやくような《クルーニング》歌い方が重要だったのは、それを聴く女性たちが、自分に向けて歌われているように感じることができたからだ。

一方、リトル・リチャードの芝居がかった感情表現の白人版と言えるジョニー・レイは、どんな曲でも泣き崩れることができた。むせび泣き、ため息をつき、あえぎ、そのあまりの激しさのために、ステージを下りて気持ちを落ち着かせなければならなかった。ボウイはそこまで露骨になることはなかったが、舞台演出はつねに彼の方法論の中心にあった。ステージ上でジギー・スターダストの終焉を宣言したときから、２００４年６月にドイツ・シェーセルのハリケーン・フェスティヴァルで行われたリアリティ・ツアーの最後の公演でもがいていたときまで［この公演の直後にボウイは心臓疾患で緊急入院し、残りの公演はすべてキャンセル、以後長きにわたって半引退状態となった］。そのとき彼は、ファンのことを思うあまり、痛みなどないというふりをしようとしていたのだ。

これを聴きながら 「Rock 'n' Roll Suicide」

気に入ったら、これも チャーリー・ジレット Making Tracks: Atlantic Records and the Growth of a Multi-billion-dollar Industry

100 ウィルソン氏の驚異の陳列室

ローレンス・ウェシュラー

1995年

ロサンゼルスのカルヴァー・シティを何気なく訪れた人は、ヴェニス大通りに面する「ジュラシック・テクノロジー博物館」と書かれた目立たない入口が異次元への扉だとは決して思わないだろう。しかし、一歩足を踏み入れると、そこにはこんな展示が待っている。カメルーンの「異臭蟻」（ある菌を吸い込むと、その菌が脳のなかで成長し、やがて身体を食い尽くされて、頭部から突き出た釘のようなものが残るだけとなる）、昔のおねしょの治療法（2匹の死んだネズミをのせたトースト）、神経生理学者のジェフリー・ソナベンド（鯉の記憶経路に関する研究が頓挫したことで神経衰弱になったのち、とある記憶喪失症のリート歌手からインスピレーションを受け、人間の記憶に関する斬新な新理論を打ち立てた）、極小彫刻（たとえば、針の穴に収まるほど小さい、髪の毛でつくられた教皇ヨハネ・パウロ二世）、1688年にメアリー・デイヴィスという女性の頭から取り除かれた角、などなど、まだまだたくさんある……。

『ウィルソン氏の驚異の陳列室』（大神田丈二訳、みすず書房）を書いた『ニューヨーカー』誌のライター、ローレンス・ウェシュラーは当初、この博物館は大げさな冗談に違いないと思った。あるいは独創的ないたずらのアートか、ロバート・ウィルソンとハンス・ペーター・クーンの《HG》〔H・G・ウェルズの『タイムマシン』をモチーフのひとつにしたインスタレーション作品〕のようなタイムトラベルのインスタレーションだろうと。しかし、その構成や風変わりなオーナー――元実験映画制作者のデイヴィッド・ウィルソン――の徹底的な真面目さは、より複雑な意図があるのではないかと思わせた。魅了されたウェシュラーは、繰り返しそこを訪れ、そのたびに幾重ものアイロニーにからめとられた。

しかし、それは本当にアイロニーだったのだろうか？　というのも、たとえばウェシュラーが驚いたように、この博物館のすべてのものが（少なくとも、私たちの一般的な理解の仕方において）「偽物」というわけではない。展示の文脈は誇張されているとはいえ、メアリー・デイヴィスの「角」はたしかに本物だ。それは、いまでは簡単に取り除けるであろう嚢胞にすぎない。実のところ、この博物館は、ルネッサンスの時代と、裕福な蒐集家が旅行中に見つけたエキゾティックな珍品を保管していた「驚異の陳列室」への先祖返りなのである。その目的は、世界の不思議さに子どものように驚いてもらい、科学、思索、魔術の境界を曖昧にすることだ。その境界にボウイが惹かれていたことを私たちは知っている。なぜなら、彼のリストにはその領域の本がたくさんあるからだ――『魔の聖堂』（129ページ）、『神々の沈黙』（171ページ）、『ストレンジ・ワールド Part 3』（261ページ）、『ソングライン』（296ページ）。ウェシュラーが経済学者のジョン・メイナード・ケインズを引用して指摘しているように、アイザック・ニュートンは最初の科学者であっただけでなく、最後の錬金術師でもあった。魔術的思考は、一夜にして科学的、合理主義的思考に変わったわけではないのだ。

たっぷり頭を悩ませた末、ウェシュラーは、ジュラシック・テクノロジー博物館（ちなみに現存していて、ピューリッツァー賞候補になったこの本から多大な恩恵を受けている）は博物館であり、博物館批評であり、博物館賛歌であると結論づける。つまるところ、重要なのは、「真実」であるかということだけではなく、真摯であるかということなのだ。

これと似た事例が頭に浮かぶ。ボウイの作品は虚構だったかもしれない――それはまったく問題ではないし、ブライアン・エプスタインがビートルズに彼らがキャヴァーン・クラブで好んで着ていたレザージャケットではなくスーツを着せたとき以来、虚構性はポップミュージックのパフォーマンスの中心にある――が、個人的、職業的危機にあったわずかなときを除いて、真摯でないことはほとんどなかった。それゆえ彼と彼の曲は長く残るのだ。それゆえ世界中であれほど多くの人が彼の死にショックを受けたのだ。そしてそれゆえ私たちは、彼のお気に入りの100冊が何だったかについて、たとえ遠くからでも気にせずにはいられないのだ。

これを聴きながら「I Can't Give Everything Away」

気に入ったら、これも ローレンス・ウェシュラー *True to Life: Twenty-Five Years of Conversations with David Hockney*

謝辞

まず初めに、本書の生みの親であり、私にこの企画を託してくれたブラッキー・ブックスのハン・マルティ・セルベラ、そして英国・ブルームズベリーの編集者アレクシス・カーシュバウム、米国・ギャラリー・ブックス／サイモン&シュスターの編集者ララ・ブラックマンと彼女の跡を継いだレベッカ・ストロベル、ならびにエージェントのアントニー・トッピングとグリーン&ヒートンのすべての方々に感謝申し上げる。緻密な校正をしてくれたポリー・ワトソンとジョン・イングリッシュには敬意を表する。また、ローレン・ワイブラウ、アンジェリーク・トラン・ヴァン・サン、ヘティー・トゥケ、シドニー・モリス、ジェニスタ・テート＝アレクサンダーにも感謝する。

引用を許可していただいた以下の方々や機関にも感謝申し上げる。T・S・エリオットの「空ろな人間たち」と*Selected Essays*、ジョージ・スタイナーの『青ひげの城にて』はフェイバー&フェイバー、*I Am Iman* はブース＝クリボーン・エディションズ、*From Station to Station: Travels with Bowie 1973-1976* はジェフ・マコーマック、ニック・コーンの *I Am Still the Greatest Says Johnny Angelo* はノー・イグジット・プレス、フランク・オハラの 'A Step Away from Them' はカーカネット、ジェームズ・ボールドウィンの『次は火だ』はアイリーン・エイハーン（ジェームズ・ボールドウィン・エステート）、キングズリー・エイミスの Memoirs（ハッチンソン刊）はランダムハウス・グループにそれぞれ許可をいただいた。

本書が実現したのは、この何年ものあいだに、一緒にデヴィッド・ボウイについて語り合ったすべての方々、とりわけ『タイム・アウト』誌の元同僚たちのおかげでもある――そしてもちろん、執筆中に物理的にも精神的にも協力してくれた方々がいる。また、以下の方々にも感謝申し上げる。ジェイク・アーノット、マット・ベイカー、リチャード・ベイカー、サイモン&サオコ・ブレンディス、ウィリアム・ボイド、デイヴィッド・バックリー、ポール・バーストン、ローラ・リー・デイヴィーズ、ピーター・アール、アリス・フィッシャー、ケイティ・フォレイン、レベッカ・グレイ、ウィル・グローヴ＝ホワイト、故クリス・ヘムブレイド、シャーロット・ヒギンズ、アントニア・ホジソン、マシュー・ホトプフ、ポール・ハワース、ナイジェル・ケンドル、ジョン・ルイス、トビー・リット、プリーザ・マッキャン、ジョー・マグラス、ジュリア&デヴィッド・ニューマン、アレックス・オコーネル、ブライアン・オコーネル、ニコラス・ペッグ、アリス・ロイソーン、エマ・ステイプルズ、ザンティ・シルヴェスター、マット・ソーン、ポール・トリンカ、ピート・ワッツ、ドミニク・ウェルズ、リー・ウィルソン。私の質問に非常に丁寧に答えてくれたジョージ・アンダーウッド（www.georgeunderwood.com）、草稿を読んで有益なコメントをくれるなど、ありとあらゆる面でお世話になったピート・パフィーディースには特に感謝する。

最後に、限りない愛と忍耐、優しさで支えてくれた妻のキャシー・ニューマン、娘のスカーレット（お気に入りの曲は「火星の生活」）とモリー（お気に入りの曲は「マジック・ダンス」）に感謝したい。

［注］ボウイの最初のソロアルバム『デヴィッド・ボウイ』（1967年）との混同を避けるため、2作目のアルバム（1969年に発売され、イギリスではこちらも『デヴィッド・ボウイ』と題された）は、慣例に従って『スペイス・オディティ』と呼んでいる。このタイトルは1972年にRCAから再発売されたときにつけられたもので、2009年に元のタイトルに戻されるまでずっとその名で通っていた。

参考文献

ヴィクトリア・ブロークス、ジェフリー・マーシュ『デヴィッド・ボウイ・イズ』野中モモ訳、スペースシャワーネットワーク、2013年、復刻版2017年
オーウェン・デイビーズ『世界で最も危険な書物――グリモワールの歴史』宇佐和通訳、柏書房、2010年
ボブ・ディラン『ボブ・ディラン自伝』菅野ヘッケル訳、SBクリエイティブ、2005年
ミック・ファレン『アナキストに煙草を』赤川夕起子訳、メディア総合研究所、2009年
ピーター＆レニ・ギルマン『デヴィッド・ボウイ――神話の裏側』野間けい子訳、CBS・ソニー出版、1987年
バーニー・ホスキンス『グラム！――真実のベルベット・ゴールドマイン』今野雄二訳、徳間書店、1998年
イアン・マクドナルド『ビートルズと60年代』奥田祐士訳、キネマ旬報社、1996年
サイモン・レイノルズ『ポストパンク・ジェネレーション 1978-1984』野中モモ・新井崇嗣訳、シンコーミュージック・エンタテイメント、2005年
アレクサンダー・ローブ『錬金術と神秘主義――ヘルメス学の博物館』Masayuki Kosaka 訳、タッシェン・ジャパン、2004年
アレックス・ロス『20世紀を語る音楽』柿沼敏江訳、みすず書房、2010年
デイヴィッド・トゥープ『音の海――エーテルトーク、アンビエント・サウンド、イマジナリー・ワールド』佐々木直子訳、水声社、2008年
トニー・ヴィスコンティ『ボウイ、ボランを手がけた男トニー・ヴィスコンティ自伝』前むつみ訳、シンコーミュージック・エンタテイメント、2017年
ピーター・ワシントン『神秘主義への扉――現代オカルティズムはどこから来たか』白幡節子・門田俊夫訳、中央公論新社、1999年

Brian Appleyard, *The Pleasures of Peace: Art and Imagination in Post-war Britain* (Faber, 1989)
Andy Beckett, *When the Lights Went Out: Britain in the Seventies* (Faber, 2009)
Harold Bloom, *How to Read and Why* (Fourth Estate, 2000)
Michael Bracewell, *England Is Mine: Pop Life in Albion from Wilde to Goldie* (Flamingo, 1998)
David Buckley, *Strange Fascination: Bowie – The Definitive Story* (Virgin Books, 2005)
Kevin Cann, *Any Day Now: David Bowie – The London Years 1947–1974* (Channel, 2010)
John Carey, *What Good are the Arts?* (Faber, 2005)
Angela Carter, *Nothing Sacred: Selected Writings* (Virago, 1982)
Malcolm Cowley, *A Second Flowering: Works and Days of the Lost Generation* (Andre Deutsch, 1973)
Eoin Devereux, Aileen Dillane and Martin J. Power, *David Bowie: Critical Perspectives* (Routledge, 2015)
Peter Doggett, *The Man Who Sold the World: David Bowie and the 1970s* (Bodley Head, 2011)
Simon Frith and Howard Horne, *Art Into Pop* (Routledge, 1987)
Peter Gay, *Modernism: The Lure of Heresy from Baudelaire to Beckett and Beyond* (Heinemann, 2007)
Simon Goddard, *Ziggyology: A Brief History of Ziggy Stardust* (Ebury, 2013)
Jonathon Green, *Days in the Life: Voices from the English Underground 1961–1971* (Minerva, 1989)
John Haffenden, *Novelists in Interview* (Methuen, 1985)
David Hepworth, *1971: Never a Dull Moment* (Bantam, 2016)
Iman, *I Am Iman* (Booth-Clibborn Editions, 2001)
Dylan Jones, *David Bowie: A Life* (Preface, 2017)
Shawn Levy, *Ready, Steady, Go! Swinging London and the Invention of Cool* (Fourth Estate, 2002)
Geoff MacCormack, *From Station to Station: Travels with Bowie 1973–1976* (Genesis, 2007)
Ian Macdonald, *The People's Music* (Pimlico, 2003)

Neil Macgregor, *Germany: Memories of a Nation* (Allen Lane, 2014)

Barry Miles, *In the Sixties* (Cape, 2002)

Barry Miles and Chris Charlesworth, *David Bowie Black Book* (Omnibus, 1980)

Leslie George Mitchell, *Bulwer-Lytton: The Rise and Fall of a Victorian Man of Letters* (Continuum, 2003)

Paul Morley, *The Age of Bowie* (Simon & Schuster, 2016)

Charles Shaar Murray, *Shots from the Hip* (Penguin, 1991)

Charles Shaar Murray and Roy Carr, *David Bowie: An Illustrated Record* (Eel Pie Publishing, 1981)

Philip Norman, *John Lennon* (HarperCollins, 2008)

Mark Paytress, *Bowie Style* (Omnibus, 2000)

Nicholas Pegg, *The Complete David Bowie* (Titan, 2016)

Kenneth Pitt, *Bowie: The Pitt Report* (Omnibus, 1980)

Simon Reynolds, *Shock and Awe: Glam Rock and Its Legacy* (Faber, 2017)

Mick Rock/David Bowie, *Moonage Daydream: The Life and Times of Ziggy Stardust* (Genesis Publications, 2002)

Dominic Sandbrook, *White Heat: A History of Britain in the Swinging Sixties* (Abacus, 2009)

Jon Savage, *Time Travel – From the Sex Pistols to Nirvana: Pop, Media and Sexuality 1977–96* (Vintage, 1997)

Bob Stanley, *Yeah Yeah Yeah: The Story of Modern Pop* (Faber, 2014)

George Tremlett, *David Bowie: Living on the Brink* (Century, 1996)

Paul Trynka, *Starman: David Bowie* (Sphere, 2010)

D. J. Taylor, *Orwell: The Life* (Chatto & Windus, 2003)

———, *Bright Young People: The Rise and Fall of a Generation 1918–1940* (Chatto & Windus, 2007)

Rob Young, *Electric Eden: Unearthing Britain's Visionary Music* (Faber, 2010)

また、ロジャー・グリフィンのウェブサイトBowie Golden Yearsにアーカイヴされている古いインタヴューや記事を大いに活用したほか、クリス・オリアリーの素晴らしいブログPushing Ahead of the Dame（2冊の本として出版された）には何度も刺激を受けた——読むといつも興奮して、一気に読んでしまう。デヴィッド・ボウイについての優れた本はたくさんあるが、特にひとつを挙げるとしたら、ニコラス・ペッグのThe Complete David Bowieだろう。繰り返し改訂されているこの本は、包括性、細かさ、批評眼という点で目を見張るものがある。

ゲイリー・ラックマンのボウイとコリン・ウィルソン、死んだナチをめぐる話は、ラックマンのウェブサイトに載っていたもので、以下で読むことができる。https://garylachman.co.uk/2016/01/11/the-david-bowie-colin-wilson-story/

訳者あとがき

この世を去ってから5年が経ったいまも、デヴィッド・ボウイは世界のあちこちでニュースになり、出版物もいろいろと刊行されている。自分について書かれたものを読むのが好きだったという彼は、いまそれらを読むことができたら、どのような感想を抱くだろうか。

本書『Bowie's Books——デヴィッド・ボウイの人生を変えた100冊』(原題:*Bowie's Books: The Hundred Literary Heroes Who Changed His Life*)は、ジャーナリスト・作家のキャトリン・モランいわく、「これまで書かれることのなかった、書かれる必要のあったボウイ本」であり、そのテーマは、ずばり、「本」である。

2013年に公開された、ボウイが選ぶ100冊の本のリストは、日本でも話題を呼んだ。世界文学の名作が並んだこのリストは、本や文学が好きな人にとってはそれだけでも楽しめるだろうし、これから世界文学を読む人にとってのガイドにもなるだろう。「モッズの本」が多いと本書で言われているとおり、戦後イギリスの時代の空気が色濃く反映されているが、そのあたりの傾向を、現代日本の世界文学と比較するのも面白い。そして、ボウイファンにしてみれば、すぐに納得できるチョイスもあれば不思議なチョイスもあるこのリストは、想像力を刺激してくれるものだろう。

本書の著者のジョン・オコーネルは、このリストで挙げられている本とボウイの人生や作品とのつながりを解き明かしたら面白いだろうと考えた。12歳のころからボウイの大ファンであり、いつかボウイについての本を書きたいと思っていた音楽ジャーナリストの彼は、100冊それぞれについて考察を行い、この本を書き上げた。たとえば、ビート・ジェネレーションの代表作である『オン・ザ・ロード』がボウイに大きな影響を与えたということはよく言われているが、オコーネルはその影響を具体的に論じている。また、『ボヴァリー夫人』と「火星の生活」(Life on Mars?)を鮮やかに結びつけるなど、あっと言わせる推論もある。

100冊を論じるなかで、オコーネルはボウイの全年代の作品、活動、人生をまんべんなく紹介しており、通して読むことでボウイのキャリアを俯瞰することもできる。100冊の並び順は、一見順不同のようにも見えるが、実は巧みに並べられているようで、前から順番に読むと、流れ(アルバムやライヴの曲順のような)が感じられる。つまみ読みをされる方もいるだろうが、ぜひ一度、順番に読んでいただきたい。私は訳しているとき、最後の2編でうるうるしてしまった。このエンディングは、選曲もニクい。

そのように感じられるのは、本書にオコーネルのボウイ愛が詰まっているからだろう。本書は決して客観的なボウイ論ではない。そのため、著者の考えに納得がいかないと感じられるところもあるかもしれない。それは、ボウイの作品の解釈だけではなく、本の解釈についても言えることだ。しかし、そのような反応はごく自然なことだし、むしろ歓迎すべきことだと思う。というのも、どんなふうにも聴けるのがボウイの魅力だし、どんなふうにも読めるのが本や文学の魅力だからだ。本書を通じて、あらためてその魅力を感じ、多彩なボウイの音楽と彼が愛した本を楽しんでいただけたら幸いである。

本書の翻訳にあたっては、100冊のなかで邦訳のあるものは適宜それを参考にした。明記したところを除いて、訳文を直接引用してはいないが、それらがなければ翻訳の作業はずっと大変なものになっていただろう。それらの本の出版に携わられた翻訳者、編集者、関係者のみなさまに感謝申し上げたい。そして、意外な場所でボウイと出会った経験を持つ、ボウイを愛する本書の編集者、亜紀書房の足立恵美さんにお礼申し上げる。

2021年9月

菅野楽章

著者｜ジョン・オコーネル｜John O'Connell

1972年生まれ。音楽ジャーナリスト。『タイム・アウト』のシニア・エディター、『ザ・フェイス』の音楽コラムニストをつとめたのち、現在はフリーランスとなり、主に『タイムズ』と『ガーディアン』に寄稿している。2002年に実際にボウイにインタヴューを行った。ロンドン在住。

訳者｜菅野楽章｜かんの・ともあき

1988年生まれ。訳書にエリス『帝国のベッドルーム』（河出書房新社）、ラッド『世界でいちばん虚無な場所——旅行に幻滅した人のためのガイドブック』（柏書房）、パイン『ホンモノの偽物——模造と真作をめぐる8つの奇妙な物語』、レンジ『1924——ヒトラーが"ヒトラー"になった年』、クラカワー『ミズーラ——名門大学を揺るがしたレイプ事件と司法制度』（以上、亜紀書房）などがある。

Bowie's Books——デヴィッド・ボウイの人生を変えた100冊

2021年10月4日　第1版第1刷発行

著者　**ジョン・オコーネル**

訳者　**菅野楽章**

発行者　**株式会社亜紀書房**

〒101-0051
東京都千代田区神田神保町1-32
電話(03)5280-0261
振替00100-9-144037
https://www.akishobo.com

装丁　**岩瀬聡**

DTP　**山口良二**

印刷・製本　**株式会社トライ**　https://www.try-sky.com

Printed in Japan
ISBN978-4-7505-1716-2　C0073